La République
et le
Concordat de 1801

PAR

GEORGES RAUX

> « Les lois civiles trouvent quelquefois des
> obstacles à changer des abus établis, parce qu'ils
> sont liés à des choses qu'elles doivent respecter :
> dans ce cas, une disposition indirecte marque
> plus le bon esprit du législateur qu'une autre
> qui frapperait sur la chose même. »
>
> MONTESQUIEU, *Esprit des lois*, liv. XXV, ch. V.

PARIS

ANCIENNE MAISON QUANTIN

LIBRAIRIES-IMPRIMERIES RÉUNIES

7, rue Saint-Benoît

MAY ET MOTTEROZ, DIRECTEURS

1895

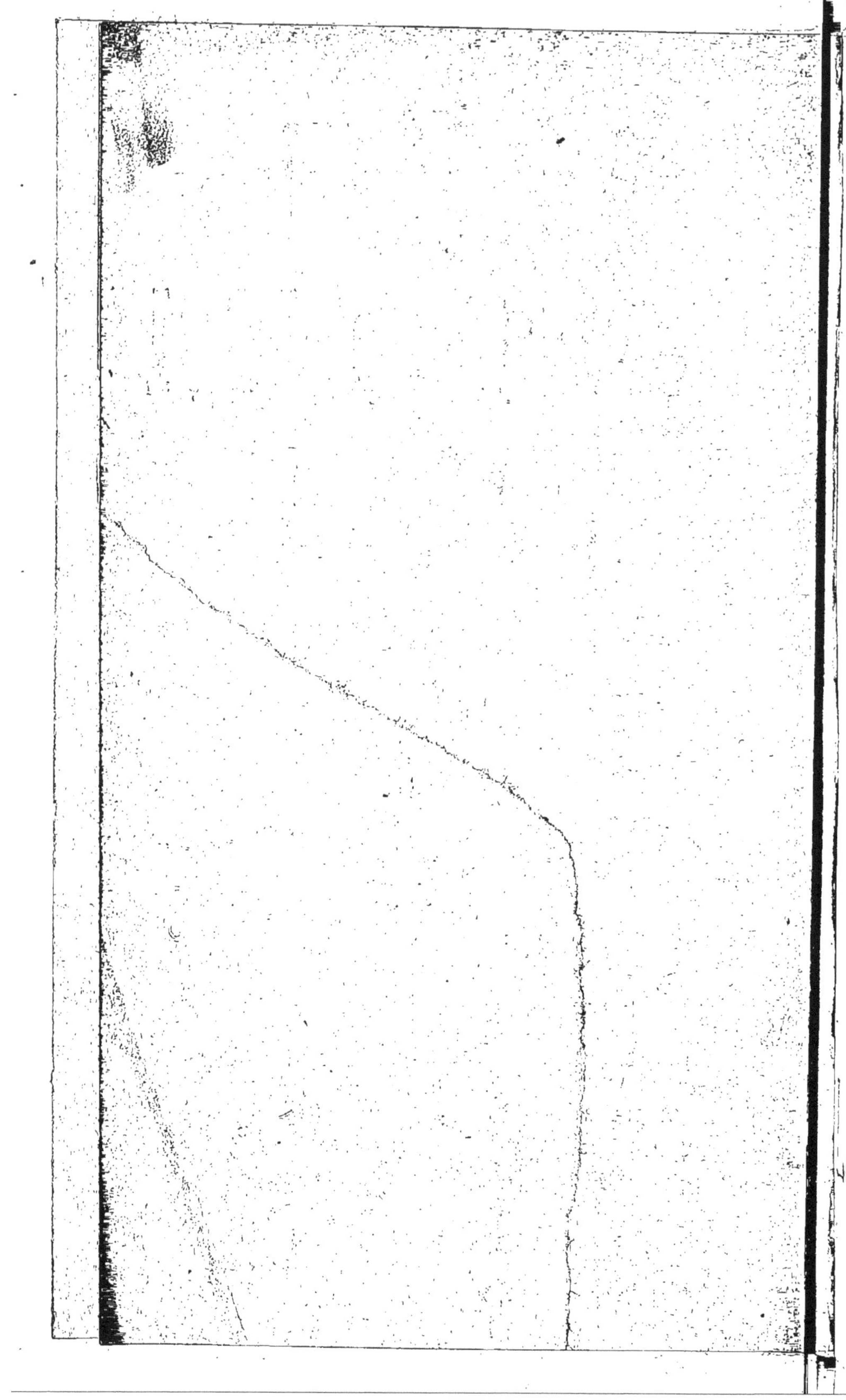

LA RÉPUBLIQUE

ET

LE CONCORDAT DE 1801

LA RÉPUBLIQUE

ET LE

CONCORDAT DE 1801

PAR

GEORGES RAUX

> « Les lois civiles trouvent quelquefois des
> obstacles à changer des abus établis, parce qu'ils
> sont liés à des choses qu'elles doivent respecter :
> dans ce cas, une disposition indirecte marque
> plus le bon esprit du législateur qu'une autre
> qui frapperait sur la chose même. »
>
> MONTESQUIEU, *Esprit des lois*, liv. XXV, ch. v.

PARIS

ANCIENNE MAISON QUANTIN

LIBRAIRIÉS-IMPRIMERIES RÉUNIES

7, rue Saint-Benoît

MAY ET MOTTEROZ, DIRECTEURS

1895

AVANT-PROPOS

Dans le discours magistral qu'il prononça, le 9 mars dernier, à Montbrison, M. le sénateur Waldeck-Rousseau développait éloquemment cette pensée que beaucoup des réformes politiques dont le Gouvernement républicain doit rechercher l'accomplissement ne pourront être sûrement réalisées et ne porteront tous leurs fruits qu'autant qu'elles seront poursuivies avec une patience prudente, exclusive de toute hâte qui serait contraire au sentiment public. L'orateur constatait, d'ailleurs, que cette vérité avait déjà manifestement pénétré bien des esprits, et que, sur nombre de questions, les discussions purement doctrinales, maintenues d'abord dans la région absolue des principes, s'étaient ensuite sagement transformées en une étude des faits et des contingences, susceptible d'aboutir à des solutions vraiment pratiques, à des résultats féconds et durables. M. Waldeck-Rousseau citait comme exemple de ce progrès politique la question de la séparation de l'Église et de l'État : longtemps, cette séparation a été réclamée avec énergie comme pouvant être effectuée sans délai ; mais ses partisans, reconnaissant enfin que l'esprit public n'est pas suffisamment préparé pour une telle mesure, ont perdu de leur nombre et de leur ardeur, et « qui s'en préoccupe aujourd'hui » ?

Les paroles de M. Waldeck-Rousseau paraissaient justifiées, sur ce dernier point, par l'attitude bien nette qu'avait prise la Chambre des députés dans sa séance du 16 février 1895, à l'occasion de la discussion générale du budget des cultes. A la majorité considérable de 379 voix contre 111, la Chambre avait repoussé une proposition tendant à ce que « le budget des cultes soit aboli, ainsi que le Concordat et les Articles organiques » ; elle avait ensuite décidé de passer à la discussion des chapitres du budget des cultes pour l'exercice 1895. Cette discussion ne souleva aucun incident, et les différents chapitres furent successivement adoptés, sans aucune modification des crédits proposés par la Commission du budget[1].

Dans ces conditions, il était permis de considérer comme solidement établi ce fait qu'aux yeux des pouvoirs publics, la question des rapports de la République française et du clergé catholique doit continuer, pour un long avenir encore, à être résolue dans le sens du maintien de la convention du 26 messidor an IX, intervenue, pour régler ces rapports, entre le premier consul Bonaparte et le pape Pie VII.

Mais la loi de finances du 16 avril dernier a donné lieu à de graves incidents.

Sur l'inspiration du cardinal Langénieux, archevêque de Reims, la majorité des évêques français a bruyamment réclamé contre les obligations fiscales imposées par cette loi aux congrégations religieuses, et, dans nombre de diocèses, les prêtres du clergé séculier, au mépris des dispositions formelles de la loi du 18 germinal an X, ont tenu, sans l'autorisation

---

1. Séance du 18 février 1895.

préalable du Gouvernement, des assemblées ayant pour but de rédiger et de rendre publiques des protestations concernant le même objet.

Un seul prélat, M. Fuzet, évêque de Beauvais, scandalisé par de telles démarches, eut la dignité de faire remarquer que l'établissement de nouveaux impôts n'engage aucunement la conscience des catholiques, et que, par conséquent, les communautés ont le devoir de les acquitter, ce qui appartient à César devant être rendu à César. Il ajoutait que les martyrs, à qui l'on affectait de se comparer, avaient combattu pour leur foi et non pour leur bourse.

Les protestations du clergé contre la loi de finances étaient d'autant moins fondées, qu'il est facile d'établir qu'en substituant la taxe d'abonnement aux droits d'accroissement, cette loi, bien loin d'aggraver les charges des communautés religieuses, a atténué dans une mesure sensible celles que leur imposait la législation de 1884. Les évêques ne l'ignorent pas. Ils savent bien aussi qu'ils ne peuvent guère espérer le retrait d'une loi votée par une Chambre dont le mandat est encore éloigné de son terme. Mais, le mot d'ordre du cléricalisme étant de s'élever systématiquement contre toutes les lois de la République qui peuvent affirmer le principe de la soumission due par l'Église au pouvoir civil, on est parti en guerre, sans réfléchir que la campagne n'était pas motivée et qu'elle avait peu de chances d'aboutir au succès de ses auteurs.

Dans le même temps, les débats auxquels a donné lieu, à la Chambre des députés[1], l'interpellation de M. Rabier, député d'Orléans, sur l'ingérence de la politique cléricale dans notre armée, ont mis en plein jour les tentatives du clergé pour gagner à la cause catholique cette force immense et admirablement disciplinée, qui, heureusement, n'a d'autre souci que l'honneur et la défense du pays.

On a vu aussi récemment, dans plusieurs villes importantes, les prêtres catholiques, en dépit des décisions de l'autorité civile, conduire dans les rues des processions dont le but était de provoquer des manifestations en faveur du clergé, et dont le résultat fut de troubler parfois assez gravement la tranquillité publique.

1. Séance du 20 mai 1895.

Ces manœuvres démontrent clairement que les ministres du culte catholique persistent dans leur esprit de révolte contre le régime politique adopté par la France ; elles doivent ouvrir enfin les yeux de ceux qui ont pu croire que l'Église se ralliait à la République sans arrière-pensée, et que le temps était venu de ne plus voir en elle une ennemie de l'État[1].

Les incidents que nous venons de rappeler n'ont pas été sans émouvoir l'opinion, et la question des rapports de l'Église et de l'État s'est de nouveau posée devant la Chambre des députés, dans sa séance du 12 juillet dernier, sous la forme d'une interpellation de M. René Goblet, relative à une lettre adressée à M. le ministre des cultes par M. Sonnois, archevêque de Cambrai, dans laquelle ce prélat s'était permis de critiquer, dans des termes pleins

---

1. Dans son ouvrage sur *la République et la politique de l'Église*, le Père Maumus, dominicain, affirme que les catholiques qui se déclarent prêts à se rapprocher pacifiquement de la République ne sont « ni des menteurs, ni des hypocrites ». Il est facile d'apprécier quelle créance on peut accorder à cette assertion, lorsque l'on voit le même auteur soutenir, un peu plus loin, que l'Église, non seulement n'a jamais pris aucune part active aux horreurs de l'Inquisition et de la Saint-Barthélemy, mais que même elle en a été la principale victime !

d'impertinence, les mesures de la loi du 16 avril 1895 visant les communautés religieuses.

Or la Chambre, à la suite de cette interpellation, adopta un ordre du jour impliquant le maintien et l'application du Concordat; mais le vote eut lieu par 294 voix contre 193, c'est-à-dire à une majorité de 101 voix seulement.

Il y a donc lieu de remarquer que la majorité concordataire qui, dans la séance du 16 février dernier, s'était affirmée par 268 voix, s'est amoindrie, à un intervalle de quelques mois et sous l'influence des événements récents, dans une proportion de plus de moitié.

Convient-il de voir dans ce changement considérable un mouvement d'opinion des pouvoirs publics en faveur de la séparation de l'Église et de l'État et de la suppression du budget des cultes?

Si ce mouvement est réel, il doit fixer d'autant plus l'attention que de nouveaux conflits sont à prévoir.

Aux termes de l'article 8 de la loi de finances du 16 avril 1895, les congrégations religieuses qui sont encore débitrices des droits d'accroissement établis par la loi du 29 décembre 1884 doivent se libérer dans un délai de six mois, qui expire le 16 octobre prochain. Or les congrégations ont reçu d'un comité spécial formé pour la résistance à la loi nouvelle des instructions qui les invitent « à ne rien payer et à se cantonner dans l'attitude passive ». Dans un discours plein d'arrogance, M. Trégaro, évêque de Séez, vient d'annoncer que le clergé séculier viendra en aide aux congrégations pour combattre avec la plus grande énergie ce que ce prélat fanatique appelle « une loi de spoliation ». Enfin, on assure que M. Fava, évêque de Grenoble, a menacé d' « excommunication » les congrégations de son diocèse qui verseraient au Trésor les droits d'accroissement.

En dépit des prescriptions de la loi de 1893 qui a imposé aux fabriques des églises l'obligation de produire leurs comptes dans un délai déterminé, des retards considérables sont constatés, qui dénotent manifestement l'intention d'éluder cette loi. Une circulaire ministérielle récente a dû rappeler aux conseils de fabriques que ces retards engagent la responsabilité personnelle des comptables et rendent les conseils collectivement passibles de mesures sévères.

En ce moment même, le « Comité des droits du Pape », qui siège à Paris, organise des manifestations dont le but est de provoquer, notamment sous la forme de pèlerinages à Lourdes, un mouvement d'opinion en faveur du rétablissement du pouvoir temporel du Pontife romain.

Indépendamment de ces faits précis et actuels, il faut prévoir les éventualités diverses que comporte nécessairement, à brève échéance, la lutte entreprise par le clergé catholique contre nos institutions libérales de toute nature, lutte recommandée par Léon XIII, comme l'a révélé le cardinal Rampolla, dans le but d'influer sur les prochaines élections législatives.

Il convient d'envisager aussi que la mort de Léon XIII, né en 1810, peut, d'un moment à l'autre, donner à la question religieuse dans notre pays un redoublement d'acuité. Le Pape actuel a maintes fois conseillé à l'épiscopat français d'éviter la violence dans ses attaques contre les lois républicaines; non pas que ces conseils soient inspirés au Pontife par ce prétendu libéralisme que d'aucuns se plaisent à lui prêter, sans réfléchir que Libéralisme et Papauté

sont deux termes antinomiques, inconciliables,
mais parce que Léon XIII estime que les manœuvres de l'Église, qui peut user de patience
puisqu'elle se croit éternelle, lui procureront
le succès d'autant plus sûrement qu'elles seront
plus silencieuses et qu'elles éveilleront moins
l'attention du pouvoir civil. Or il est visible
que ceux de nos prélats qui, par crainte du
scandale, ont obéi aux ordres de Rome, ne l'ont
fait qu'avec regret ; ils espèrent bien que, sous
le successeur de Léon XIII, semblable retenue
ne leur sera plus imposée, et qu'ils pourront
alors combattre nos institutions plus ouvertement et avec toute l'impétuosité haineuse
qu'elles éveillent en eux.

Il est donc certain que les menées cléricales
ne tarderont pas à occuper de nouveau l'opinion.
Des discussions s'ouvriront encore au parlement
sur l'opportunité de la séparation de l'Église et
de l'État, par voie d'abrogation du Concordat et
de suppression du budget des cultes.

Pour nous, nous pensons que, si violente que
puisse devenir la rébellion du clergé catholique,
la sagesse politique commande hautement aux
républicains de conserver dans cette occurrence

tout leur sang-froid et de ne pas renoncer à la législation concordataire.

La considération des avantages que le clergé tire de cette législation ne saurait, à nos yeux, l'emporter sur celle des pouvoirs importants dont elle arme le gouvernement français en face de l'Église. Le terrain le plus solide sur lequel la République puisse se tenir pour repousser les entreprises du cléricalisme, c'est celui du Concordat et des Articles organiques, qui en sont le « boulevard », comme les a heureusement qualifiés M. Raymond Poincaré, ministre de l'instruction publique, des beaux-arts et des cultes. La rupture de la convention de messidor aurait pour effet inévitable, en offrant à l'Eglise une plus grande liberté, de faciliter ses attaques contre le pouvoir civil; ceux qui demandent cette rupture pour séparer l'Église de l'État nous paraissent ressembler à des gens de bien qui, pour rompre tous rapports avec les malfaiteurs, se proposeraient de déchirer le Code pénal. Ils oublient, d'ailleurs, que la majorité de leurs concitoyens n'est pas encore moralement prête à accepter cette séparation.

En prévision des événements prochains, nous

avons cru faire œuvre utile en essayant d'exposer dans ce livre les motifs pour lesquels, suivant nous, le maintien du Concordat continue à s'imposer. Nous avons, d'ailleurs, donné à ce travail les développements nécessaires pour éviter des recherches aux personnes qui ne seraient pas familiarisées avec la question si intéressante des rapports de l'Église catholique et de l'État français.

Paris, 7 septembre 1895.

LA RÉPUBLIQUE

ET

LE CONCORDAT DE 1801

CHAPITRE PREMIER

Coup d'œil sur les rapports de l'État et de l'Église catholique en France avant le Concordat de 1801.

Dans les pays où la religion catholique est celle de la majorité des citoyens, la situation respective de l'État et de l'Église peut être l'une des suivantes :

1° L'État et l'Église sont étroitement unis ; le catholicisme est la religion exclusive de l'État ; les lois canoniques sont admises au rang des lois politiques et le gouvernement en assure lui-même le respect et la sanction ; le pouvoir temporel est subordonné au pouvoir spirituel ; c'est le régime de la *théocratie*, qui « met l'État dans la sacristie » ;

2° L'État est séparé de l'Église ; l'un et l'autre sont réciproquement indépendants ; c'est *l'Église libre dans l'État libre*, selon la formule de Cavour et de

Montalembert ; les lois de l'État ne sont pas nécessairement conformes aux canons ecclésiastiques ;   .

3° Les rapports de l'État et de l'Église sont réglés par un *Concordat :* l'État reconnaît l'Église catholique, mais il se réserve une part d'autorité dans les affaires ecclésiastiques [1].

S'appuyant sur les paroles du Christ : « Toute puissance m'a été donnée dans le ciel et sur la terre », l'Église a toujours poursuivi et rêve encore la suprématie théocratique dans son exercice le plus absolu. L'histoire intégrale de ses efforts incessants pour réaliser cet idéal excéderait le cadre du travail que nous entreprenons. Nous nous bornerons à rappeler,

[1]. Les dangers du régime théocratique n'ont pas besoin d'être démontrés. Quant à l'indépendance réciproque de l'État et de l'Église, Voltaire la jugeait ainsi : « S'il est deux autorités suprêmes, deux administrations qui aient leurs droits séparés, l'une fera sans cesse effort contre l'autre. Il en résultera nécessairement des chocs perpétuels, des guerres civiles, l'anarchie, la tyrannie. Les fonctions des ministres, leurs biens, leurs prétentions, leur manière d'enseigner la morale, de prêcher le dogme, de célébrer les cérémonies, les peines spirituelles, en un mot tout ce qui intéresse l'ordre civil doit être soumis à l'autorité du prince et à l'inspection des magistrats. » — Proudhon pensait de même : « L'hypothèse de deux pouvoirs indépendants ayant chacun leur monde à part, tels que le pouvoir spirituel et le pouvoir temporel, est contraire à la nature des choses, une utopie, une absurdité. Entre le pouvoir spirituel et le pouvoir temporel, il n'y a pas de conciliation possible, il ne peut y avoir qu'une subordination. La société, dont le Gouvernement est l'expression, est-elle de la Révolution ou de la Révélation ? procède-t-elle de l'homme ou de Dieu ? A-t-elle son principe dans le droit ou dans le dogme ? Le christianisme est-il son serviteur ou son auteur ? Selon que vous répondrez à la question, vous aurez déclaré la prépondérance du temporel sur le spirituel ou du spirituel sur le temporel. »

pour le temps passés, les prétentions exorbitantes des papes Grégoire VII et Boniface VIII.

C'est Grégoire VII qui proclamait que « le sacerdoce est à la royauté ce que l'or est au plomb; que le prêtre a été institué par Dieu, tandis que les princes doivent leur origine aux hommes d'orgueil, de rapine et de meurtre qui ont opprimé les nations; que si le pape juge les choses spirituelles, à plus forte raison peut-il juger les temporelles, et que, lorsque Dieu a confié à Pierre le pouvoir de lier et de délier, il n'a point fait d'exception pour les rois ». Cette pensée que l'Église doit exercer sur l'organisation sociale l'influence supérieure que l'âme exerce sur le corps humain se retrouve dans la bulle *Unam sanctam* [1] que publia Boniface VIII au cours de sa lutte contre Philippe le Bel. « Nous croyons, disait ce pontife, et confessons une Église sainte, catholique et aposto-lique, hors laquelle il n'y a point de salut. L'Église est unique; c'est un corps qui n'a qu'un chef, et non pas deux, comme un monstre. Ce seul chef est Jésus-Christ, et saint Pierre, son vicaire, et le successeur de saint Pierre. Nous apprenons par l'Évangile que, dans cette Église et sous sa puissance, sont deux glaives, le temporel et le spirituel : l'un doit être em-ployé par l'Église et par la main du pontife, l'autre par l'Église et par la main des rois et des guerriers, sur l'ordre et la permission du pontife. Or il faut

---

1. Une bulle ou une encyclique pontificale est habituellement désignée par les deux mots qui la commencent.

qu'un glaive soit soumis à l'autre, que la puissance temporelle soit soumise à la puissance spirituelle, autrement elles ne seraient pas ordonnées, et elles doivent l'être, comme le dit l'Apôtre. Suivant le témoignage de la vérité, la puissance spirituelle doit instituer la temporelle, et la juger si elle s'égare. Nier que les princes soient soumis à l'Église, c'est admettre deux principes, comme les Manichéens. » S'adressant directement au roi de France, Boniface VIII disait encore [1] : « Dieu nous a constitué, quoique indigne, sur les rois et les royaumes, pour arracher, détruire, disperser, édifier, planter, en son nom et par sa doctrine. Ne te laisse donc pas persuader que tu n'aies pas de supérieur et que tu ne sois pas soumis au chef de la hiérarchie ecclésiastique ; qui pense ainsi est un insensé, qui le soutient est un infidèle. »

Les échecs subis par Grégoire VII et Boniface VIII et la fin misérable de ces deux papes n'ont pas découragé leurs successeurs, et si nous franchissons plusieurs siècles marqués par les tribulations de la papauté pour arriver à l'époque contemporaine, nous retrouvons encore chez les Pontifes Romains une aspiration aussi ardente à la domination universelle. Certes, le prestige des papes a perdu beaucoup de son éclat ; cet astre éblouissant qui brillait à Rome et qui se flattait d'éclairer les sociétés humaines de sa lumière vivifiante, comme le soleil envoie sa chaleur aux planètes, a singulièrement pâli ; le pouvoir tem-

---

1. Dans la bulle *Ausculta, fili.*

porel des États s'est dégagé dans une grande mesure des étreintes de l'Église et a forcé la papauté à se renfermer d'une manière de plus en plus exclusive dans l'exercice de son autorité spirituelle; mais l'Église ne veut voir dans cette situation qu'un temps d'épreuve, conforme aux desseins inscrutables de Dieu, et qui sera certainement suivi du triomphe définitif, puisque la promesse lui a été donnée par son divin fondateur que les portes de l'enfer ne prévaudraient jamais contre elle. En attendant, l'Église continue à proclamer ses droits suprêmes et à proférer l'anáthème contre quiconque les révoque en doute. C'est dans le *Syllabus* [1], publié par Pie IX, à la suite de son encyclique *Quanta cura*, du 8 décembre 1864, que se trouvent réunies les différentes maximes destinées à établir le principe de la subordination complète du pouvoir civil au pouvoir spirituel. Et, afin de procurer à cette thèse un appui en face des protestations de l'esprit moderne, Pie IX, en 1870, a fait décerner au souverain pontife, par le concile du Vatican, un brevet d'infaillibilité doctrinale.

Son successeur, Léon XIII, s'est attaché, à son tour, dans des écrits multiples, à démontrer que le pouvoir de l'Église doit s'imposer à la société entière, en raison du but surnaturel que celle-ci a le devoir de poursuivre. Citons seulement ce passage de l'ency-

---

1. Le *Syllabus* est un recueil des opinions et des doctrines « réprouvées, proscrites et condamnées » par l'Église catholique. — Voir le texte complet de ce célèbre et étrange document à la fin du présent volume (annexe 3).

clique *Immortale Dei* [1] : « Il est évident que la société politique doit satisfaire par des actes publics de
religion aux nombreux et très importants devoirs par
lesquels elle est liée envers Dieu. Si la nature et la
raison imposent à chacun de nous en particulier
l'obligation d'honorer Dieu et de lui rendre un culte,
parce que nous dépendons de sa puissance et parce
que, sortis de lui, nous devons retourner à lui, la
société civile est astreinte à une loi semblable... A cette
immense multitude d'hommes, Dieu lui-même a
donné des magistrats investis d'une autorité de commandement. A leur tête, il en a préposé un qui est le
chef de tous, dont il a voulu faire le maître de vérité
le plus grand et le plus sûr, et à qui il a confié les
clefs du royaume des cieux... Bien que composée
d'hommes, comme la société civile, cette société de
l'Eglise, soit à cause de la fin qui lui est assignée, soit
à cause des moyens dont elle se sert pour atteindre
cette fin, est surnaturelle et spirituelle. Elle se
distingue donc et elle diffère de la société civile. En
outre, et ceci est de la plus haute conséquence, elle
constitue une société parfaite dans son genre et dans
ses droits parce que, de l'expresse volonté et par la
grâce de son fondateur, elle possède en elle-même
et par elle-même toutes les ressources qui sont
nécessaires à son existence et à son action. Et, comme
la fin à laquelle tend l'Église est la plus noble de
toutes, de même *son pouvoir l'emporte sur tous les*

1. Du 1er novembre 1885.

autres pouvoirs et ne peut en aucune façon être subordonné ni assujetti à la puissance civile. »

Cette thèse de la souveraineté du pouvoir de l'Église sur le pouvoir de l'État a inspiré nombre d'écrivains dévoués aux intérêts catholiques. Naturellement, tous défendent et développent les vues exprimées par le maître infaillible. « Si l'Église, dit M. F. Butel [1], doit être indépendante de l'État, celui-ci ne peut être en toute chose indépendant de l'Église... Qui niera que la fin de l'Église, consistant à conduire les hommes au souverain bonheur par des voies surnaturelles, l'emporte infiniment sur la fin de l'État, dont l'essence est de procurer aux sujets la félicité temporelle, c'est-à-dire un intérêt secondaire et passager ? Si l'on nous accorde ces vérités, il faut nécessairement en arriver aux conclusions suivantes : en premier lieu, l'Église, en tant que société extérieure, doit être indépendante de l'État; en second lieu, *l'État doit être subordonné à l'Église.* »

D'après l'abbé J.-L. Lenoir [2], « l'Église a sur l'État une prééminence non seulement de dignité et d'honneur, ce qui lui revient en raison de son caractère, mais encore *une supériorité de véritable juridiction...* S'il est vrai, en effet, que le bonheur éternel l'emporte sur le bonheur temporel, les lois qui tendent au premier l'emportent également sur celles qui visent directement au second. Nous affirmons donc que l'État est soumis à l'Église directement en ma-

1. *Le Péril de la séparation de l'Église et de l'État,* 1888.
2. *Les Rapports de l'Église et de l'État,* 1886.

tières spirituelles, indirectement en matières temporelles ou politiques... L'Etat est directement soumis
à l'Église en matières spirituelles ; c'est-à-dire que,
dans toutes les choses qui, par leur nature ou leur
destination, appartiennent au domaine spirituel,
comme la foi, le culte et ses cérémonies, comme tous
les éléments matériels que nécessitent l'existence
sociale, la conservation et la mission de l'Église,
l'État non seulement ne peut pas entraver les décisions de l'Eglise, mais doit les respecter et faire tout
ce qui dépend de lui pour en assurer l'entière et libre
exécution. S'il n'en était pas ainsi, que deviendrait
l'indépendance de l'Eglise ? Où serait la toute-puis-
sance d'action que le Christ lui a confiée en l'envoyant accomplir son œuvre dans l'univers?... L'État
est soumis indirectement à l'Église en matières temporelles ou politiques, en ce sens que l'Etat doit, dans
ses actes comme dans ses lois, tenir compte de la loi
morale, supérieure à toutes les lois humaines...
L'Église, ayant seule la mission d'interpréter cette loi
et de la faire appliquer, s'impose donc par elle à l'État
comme autorité, *même en matières temporelles.* »

Ainsi, l'Église entend régner seule dans le domaine
spirituel, sans y admettre la moindre intervention du
pouvoir civil ; mais elle prétend gouverner également
le domaine des matières temporelles, et, si elle consent à vivre à côté des États existants, c'est, comme
dit M. H. Depasse [1], « à condition qu'elle dispose

---

1. *Le Cléricalisme,* 1880.

librement de tout et qu'ils ne disposent librement de rien ». — « L'Église catholique romaine, remarque justement Draper [1], forme un système beaucoup plus politique que religieux. Son principe est que l'autorité appartient au clergé, l'obéissance aux laïques. La forme républicaine qu'elle affectait au commencement s'est fondue par degrés dans un absolutisme centralisé, ayant un homme, un vice-Dieu à sa tête. Cette Église proclame que son mandat divin s'étend au gouvernement civil des peuples, qu'elle a le droit de faire servir l'État à ses desseins, mais que l'État n'a pas celui d'intervenir dans ses affaires. »

L'Église réclame donc l'omnipotence et elle la veut tout entière. Montalembert l'a déclaré : « L'Église est tout ou elle n'est rien. »

Heureusement, elle n'est que quelque chose. Dans notre pays, du moins, l'Église n'a jamais pu prendre sur le pouvoir temporel la prépondérance absolue qu'elle convoitait. Ses tendances dominatrices ont été combattues par les rois de France, et bien avant que Louis IX eût édicté la Pragmatique sanction de 1268, des décisions du pouvoir civil avaient été prises dans le but de limiter les empiétements des papes sur le domaine temporel, empiétements que leur puissance morale ne leur rendait que trop faciles.

La Pragmatique de Louis IX et, plus tard, celle rendue par Charles VII, à Bourges, en 1438, proclamaient que la couronne relève de Dieu seul; enle-

____

1. *Conflict of religion and science.*

vaient aux papes la nomination aux évêchés et aux
abbayes, pour la transférer aux chapitres des Églises ;
attribuaient aux conciles généraux la supériorité sur
les papes ; interdisaient les levées d'argent imposées
en France par la cour de Rome ; restreignaient les
effets de l'excommunication et de l'interdit ; édictaient
que les bulles ou lettres apostoliques aussi bien que
les actes des conciles ne pourraient être reçus en
France qu'avec l'approbation du roi ; en outre, elles
établissaient la dépendance des conciles vis-à-vis du
roi ; celui-ci jugeait en dernier ressort toutes les questions de discipline ecclésiastique ; *l'appel comme d'abus*
était institué.

Mais les Pragmatiques, il faut le remarquer,
n'étaient que des édits rendus par le pouvoir royal
seul, sans aucune participation du pouvoir spirituel.
Aussi leur application provoquait-elle de la part de
ce dernier des réclamations incessantes et soulevait-
elle des difficultés sérieuses auxquelles il devint nécessaire de mettre un terme. C'est alors que fut inau-
guré, en France, le régime des *Concordats*, contrats
passés entre la royauté et la papauté pour déterminer
nettement les droits et obligations réciproques des
parties, et revêtant, par conséquent, un véritable
caractère synallagmatique.

Le premier Concordat fut celui conclu en 1516
entre François Ier et le pape Léon X. Ce traité, qui
comprenait 36 articles, assurait à la royauté d'importantes prérogatives dans les choses de l'Église. Le
point capital était que la nomination des évêques et

de tous les bénéficiaires ecclésiastiques appartenait désormais au roi, l'institution canonique étant seule réservée au Saint-Siège. L'Église était aussi considérablement affaiblie dans ses moyens d'action, car il était défendu aux tribunaux ecclésiastiques de s'ingérer dans aucune des causes portées devant les magistrats royaux.

La nomination des évêques par le roi tendait à créer une Église nationale qui, tout en respectant l'autorité du pape dans les matières religieuses, reconnaissait que l'indépendance du roi dans le domaine temporel devait être entière; cette attitude de l'Église de France s'affermit et se caractérisa de plus en plus nettement. Nous la voyons enfin encouragée et soutenue par le cardinal Richelieu lui-même, et c'est Bossuet, évêque de Meaux, qui, après avoir proclamé le droit divin de la monarchie, rédigea, en 1682, *la Déclaration du clergé de France*. Cette déclaration, qui reçut force de loi, peut se résumer dans les quatre articles suivants :

1. — Dieu n'a donné à saint Pierre et à ses successeurs aucune puissance, ni directe ni indirecte, sur les choses temporelles ;

2. — L'Église gallicane approuve les décrets adoptés par le concile de Constance dans les sessions IV et V, lesquelles déclarent les conciles œcuméniques supérieurs au pape dans le spirituel ;

3. — Les règles, les usages reçus dans le royaume et l'Église gallicane doivent demeurer inébranlables;

4. — Les décisions du pape, en matière de doc-

trine, ne sont irréformables qu'après que l'Eglise les a acceptées.

Ces propositions soulevèrent la plus vive opposition de la part de la papauté, et Louis XIV eut la faiblesse de consentir, dès 1693, que leur enseignement ne serait plus imposé aux facultés de théologie. Le premier consul Bonaparte décrétera de nouveau cet enseignement.

Le concordat de 1516 demeura en vigueur jusqu'en 1789. « La Révolution le brisa comme tout ce qui se rattachait au catholicisme, comme elle eût brisé le catholicisme lui-même, si les ennemis de cette religion avaient eu le pouvoir autant que la volonté de l'anéantir. Il est certain, en effet, qu'une haine violente contre l'ancienne religion nationale, haine qui souvent s'exalta jusqu'au délire, caractérisa le mouvement révolutionnaire et fut commune aux divers partis qui composèrent ce mouvement... La religion catholique avait été la religion de l'Etat sous une monarchie absolue, et dans un temps où la tolérance religieuse n'était guère comprise et encore moins pratiquée... L'Église s'était donc trouvée, par la force des choses, associée à un système d'intolérance et compromise dans des actes de despotisme contre lesquels la Révolution devait réagir avec un despotisme et une violence plus intolérante encore. Le clergé était un corps privilégié, et les privilèges étaient devenus odieux à la nation. Le clergé enfin possédait de grands biens... La philosophie du xviiie siècle avait rendu l'Église solidaire de tous les torts de l'ancien régime et avait battu en brèche avec une ardeur égale les autels et les abus ; or ce fut au souffle de cette philosophie incrédule que s'éleva l'orage révolutionnaire. A l'ardeur des philosophes se joignit, dans les Assemblées Constituante et Législative, l'hostilité sourde, mais tenace, d'un assez grand nombre de jansénistes. Enfin, il naquit bientôt, sous les pas de la Révolution, des classes entières d'hommes attachés par leurs passions ou leurs intérêts à consommer la ruine de l'ancienne Église, les prêtres apostats et les acquéreurs de biens nationaux... Et, cependant, à l'aurore de la Révolution, quand tout germe de division semblait se fondre aux premiers rayons de la liberté naissante, il y eut des heures d'un élan si pur, d'un enthousiasme si vrai, qu'on aurait pu concevoir de meilleures espérances. On sait ce qui en advint ; la liberté religieuse fut proclamée en tête de toutes les constitutions qui se succédèrent depuis 1789 jusqu'à l'an VIII ; mais en la proclamant toujours, on ne la respecta jamais. La loi qui mit les biens du clergé à la disposition de la nation commença la scission entre la Révolution et l'Église. On ne s'en tint pas là ; les lois essentielles de l'Église ne tardèrent pas à être violées par la constitution civile du clergé... Dès lors, la rupture fut consommée. La constitution civile enfanta le schisme et, bientôt après, la persécution... A la Terreur succéda un régime moins violent qui permit de respirer, sans ramener pourtant ni la liberté pour le culte, ni la sécurité pour ses ministres. Mais la foi, qui, naissante, grandissait sous l'effort des colères païennes,

avait, durant tant de siècles, poussé de profondes
racines dans le sol français ; et, dès qu'un moment
de lassitude chez les gouvernants, ou de réaction
dans l'opinion publique, permettait au sentiment religieux de se manifester, il donnait des preuves écla-
tantes de sa vitalité. « De nombreuses pétitions, disait
aux Cinq-Cents Robert (de la Côte-d'Or), vous sont
adressées de tous les points de la République ; partout on vous demande le rétablissement du culte. »
(Séance du 27 prairial an V.) A la même époque,
Camille Jordan se fit l'interprète éloquent du mouvement religieux qui s'opérait dans les esprits, et son
rapport sur les cultes produisit une sensation profonde. Il y demandait que la liberté religieuse cessât
d'être une lettre morte, et que, du frontispice de la
Constitution, elle passât dans les lois d'une constante
application. Les paroles de Camille Jordan trouvèrent
de l'écho dans les conseils, que les élections com-
mençaient à remplir d'hommes nouveaux, et la loi du
7 fructidor an V abrogea les lois qui frappaient les
prêtres insermentés. Mais le Directoire et la plupart
des hommes en place, sortis de la Révolution, étaient,
à l'égard de la religion catholique, restés fidèles aux
tendances de la Convention : suspendues momenta-
nément, les rigueurs furent reprises après le coup
d'État du 18 fructidor et se prolongèrent jusqu'au
18 brumaire. Le régime sorti de cette dernière journée
avait mis le gouvernement tout entier dans les mains
d'un seul homme, et le génie de cet homme était si
vaste, sa volonté si ferme, que rien ne devait échapper

à son action toute-puissante. De lui donc, et de lui seul, allait dépendre le régime auquel l'Église serait soumise [1]. »

Avant d'exposer les conditions dans lesquelles fut conclu le Concordat de 1801, disons tout de suite, pour n'y plus revenir, que l'histoire enregistre encore deux autres Concordats conclus entre la France et la papauté : ceux de 1813 et de 1817. Le Concordat de 1813 a été, au lendemain même de sa signature, révoqué par Pie VII ; celui de 1817, conclu entre ce pape et Louis XVIII, ne reçut pas en France l'adhésion des Chambres législatives. Ces deux actes sont donc restés sans application.

1. *Dictionnaire général de la politique*, par Maurice Block, 1873.

CHAPITRE II

Historique du Concordat de 1801.

Bonaparte n'avait pas de foi religieuse. Dans ses proclamations d'Égypte, il professa pour le Coran un respect égal à celui que, dans d'autres circonstances, il témoignait pour l'Évangile. En 1797, il avait dit publiquement que la « religion faisait partie des préjugés que le peuple français avait à vaincre ».

Mais le premier consul rêvait l'Empire. Or, pour parvenir à ce degré suprême, il lui fallait l'appui des masses; et comme celles-ci revenaient visiblement à la foi catholique, le sûr moyen de conquérir leur sympathie était d'assurer le rétablissement officiel de la religion et la sécurité de son culte. L'Église à son tour ne manquerait pas de se mettre complètement au service de celui qui lui aurait ainsi rendu la vie; elle disposerait les consciences en sa faveur et le pape serait heureux de verser l'huile sacrée sur le front de ce nouvel élu de Dieu. Quand La Fayette, au cours des négociations avec Rome, dit à Bonaparte : « Vous avez envie de vous faire casser la petite fiole sur la tête », celui-ci ne protesta pas; il se contenta de répondre, en souriant : « Nous verrons, nous verrons. » « Le premier consul, dit Mme de Staël, savait que si le clergé reprenait une consistance politique, son influence ne pourrait que seconder les intérêts du despotisme ; ce qu'il voulait, c'était préparer les voies pour son arrivée au trône. Il lui fallait un clergé comme des chambellans, comme des titres, comme des décorations, enfin, comme toutes les anciennes cariatides du pouvoir. C'est lui qui a recomposé le clergé pour le faire servir à ses desseins[1]. »

En projetant le rapprochement de la France avec Rome, le premier consul poursuivait donc un but exclusivement politique et le triomphe de sa propre ambition. Mais il avait à lutter contre les résistances que ses vues rencontraient dans les classes élevées de la société et principalement dans son entourage immédiat. On lui faisait des objections de toute nature ; on lui conseillait de demeurer étranger aux choses religieuses, ou bien, s'il croyait indispensable le rétablissement de l'ancienne religion, de s'en instituer lui-même le chef ; on lui demandait aussi de s'employer plutôt à la victoire du protestantisme. Il eut réponse pour tous et fit des conversions en mettant en avant les intérêts du bien public, soutenus par une argumentation fort habile.

Les résultats que Bonaparte visait en cherchant à se réconcilier avec la papauté, et les raisons qu'il faisait valoir pour justifier ses projets aux yeux de ses

1. *Considérations sur la Révolution française.*

contradicteurs, ont été indiqués par Thiers[1] dans un exposé intéressant que nous reproduisons :

« La tâche qu'il s'était proposée, facile en apparence, puisqu'il s'agissait de satisfaire à un besoin public très réel, était cependant fort épineuse. Les hommes qui l'entouraient, presque sans exception, étaient peu disposés au rétablissement de l'ancien culte; et ces hommes, magistrats, guerriers, littérateurs ou savants, étaient les auteurs de la Révolution française, les vrais, les uniques défenseurs de cette Révolution alors décriée, ceux avec lesquels il fallait la terminer, en réparant ses fautes, en consacrant définitivement ses résultats raisonnables et légitimes. Le premier consul avait donc à contrarier vivement ses collaborateurs, ses soutiens, ses amis. Ces hommes, pris dans les rangs des révolutionnaires modérés, n'avaient pas, avec Robespierre et Saint-Just, versé le sang humain, et il leur était facile de désavouer les grands excès de la Révolution; mais ils avaient partagé les erreurs de l'Assemblée constituante, répété en souriant les plaisanteries de Voltaire..... Des savants comme Laplace, Lagrange, et surtout Monge, disaient au premier consul qu'il allait abaisser devant Rome la dignité de son gouvernement et de son siècle. M. Roederer, le plus fougueux monarchiste du temps, celui qui voulait le plus promptement, le plus complètement possible, le retour à la monarchie, voyait cependant avec peine le projet de rétablir l'ancien

1. *Histoire du Consulat et de l'Empire.*

culte. M. de Talleyrand lui-même, le prôneur assidu de tout ce qui pouvait rapprocher le présent du passé, et la France de l'Europe, M. de Talleyrand, l'ouvrier en second, mais l'ouvrier utile et zélé de la paix générale, voyait néanmoins avec assez de froideur ce qu'on appelait la paix religieuse. Il voulait bien qu'on ne persécutât plus les prêtres; mais, gêné par des souvenirs personnels, il ne désirait guère qu'on rétablît l'ancienne Église catholique, avec ses règles et sa discipline. Les compagnons d'armes du général Bonaparte, les généraux qui avaient combattu sous ses ordres, dépourvus la plupart d'éducation première, nourris des vulgaires railleries des camps, quelques-uns des déclamations des clubs, répugnaient à la restauration du culte. Quoique entourés de gloire, ils semblaient craindre le ridicule qui pouvait les atteindre au pied des autels. Enfin, les frères du général Bonaparte, vivant beaucoup avec les lettrés du temps, encore imbus des écrits du dernier siècle, craignant pour le pouvoir de leur frère tout ce qui avait l'apparence d'une résistance sérieuse, et ne sachant pas voir qu'au delà de cette résistance intéressée ou peu éclairée des hommes qui approchaient le Gouvernement, il y avait le besoin réel et déjà senti des masses populaires, lui déconseillaient fortement ce qu'ils regardaient comme une réaction imprudente et prématurée.

« On assiégeait donc le premier consul de conseils de toute espèce. Les uns lui disaient de ne pas se mêler des affaires religieuses, de se borner à ne plus persécuter les prêtres, et de laisser les assermentés et les insermentés s'entendre comme ils pourraient. Les autres, reconnaissant le danger de l'indifférence et de l'inaction, l'engageaient à saisir l'occasion au vol, à se faire sur-le-champ le chef d'une Église française et à ne plus laisser ainsi dans les mains d'une autorité étrangère l'immense pouvoir de la religion. D'autres, enfin, lui proposaient de pousser la France vers le protestantisme et lui disaient que, s'il donnait l'exemple en se faisant protestant, elle suivrait cet exemple avec empressement.

« Le premier consul résistait de toutes les forces et de sa raison et de son éloquence. Il réfutait successivement les systèmes erronnés qu'on lui proposait, et le faisait par des arguments précis, nets, décisifs.

« Au système qui consistait à ne pas se mêler du tout des affaires religieuses, il répondait que l'indifférence, tant prônée par certains esprits dédaigneux, était peu de mise chez un peuple que l'on venait de voir, par exemple, envahir une église et menacer de la saccager, parce qu'on avait refusé la sépulture à une actrice chérie du public. Comment rester indifférent dans un pays qui, avec la prétention d'être indifférent, l'était si peu? Le premier consul demandait, d'ailleurs, comment on ferait pour ne pas s'en mêler, quand les prêtres assermentés ou non assermentés se disputaient entre eux les édifices du culte et venaient invoquer à chaque instant l'intervention de l'autorité publique, pour saisir les uns et dessaisir les autres. Il demandait comment on ferait, lorsque le clergé constitutionnel, déjà peu suivi par la population croyante, serait abandonné tout à fait par elle, et que le clergé qui avait refusé le serment, seul écouté et suivi, serait exclusivement en possession d'exercer le culte, comme comme il arrivait déjà, et le pratiquerait dans des réunions clandestines. Ne faudrait-il pas restituer enfin le temporel du culte à ceux qui en auraient conquis le spirituel? Ne serait-ce pas là s'en mêler? Et puis, ces prêtres dont la Révolution avait pris la dotation territoriale, il fallait bien les faire vivre, et pour cela leur donner des appointements sur le budget de l'État, ou souffrir qu'ils organisassent, à titre de contributions volontaires, un vaste système d'impôt, dont le produit s'élèverait à une somme de trente à quarante millions, dont la distribution appartiendrait à eux seuls, peut-être à une autorité étrangère, et peut-être même irait un jour, à l'insu du Gouvernement, alimenter en Vendée les vieux soldats de la guerre civile. Quoi qu'on fît, le Gouvernement serait donc arraché malgré lui à son inaction, soit qu'il eût à maintenir le bon ordre, soit qu'il eût à disposer des édifices du culte, soit enfin qu'il eût à payer lui-même les prêtres ou à surveiller leur mode de payement. Il aurait ainsi la charge de gouverner, sans en avoir les avantages, sans pouvoir, en s'emparant de l'administration religieuse, par un sage accord avec le Saint-Siège, ramener le clergé au Gouvernement, l'associer à ses intentions réparatrices, rétablir le repos dans les familles, tranquilliser les mourants, les acquéreurs de biens nationaux, les prêtres mariés, etc.,

tous les hommes enfin compromis au service de la
Révolution.

« L'inaction était donc un pur rêve, suivant le premier consul, et, de plus, une duperie, imaginée par
des gens qui n'avaient aucune idée pratique en fait
de gouvernement.

« Quant à la pensée de créer une Église française,
indépendante, comme l'Église anglaise, de toute suprématie étrangère, et au lieu d'un chef spirituel placé
au dehors, ayant un chef temporel placé à Paris, qui
ne serait autre que le Gouvernement lui-même, c'est-
à-dire le premier consul, il la trouvait aussi vaine que
digne de mépris. Lui, homme de guerre, portant l'épée
et les éperons, livrant des batailles, se ferait chef
d'Église, espèce de pape, réglant la discipline et le
dogme! Mais on voulait le rendre aussi odieux que
Robespierre, l'inventeur du culte de l'Être suprême,
ou aussi ridicule que La Réveillère-Lépeaux, l'inventeur de la théophilanthropie! Qui donc le suivrait? Qui
donc lui composerait un troupeau de fidèles? Ce ne
seraient pas les chrétiens orthodoxes assurément, formant d'ailleurs le grand nombre des catholiques, et
ne voulant pas suivre même de saints prêtres qui
n'avaient eu d'autre tort que celui de prêter le serment ordonné par les lois. Ce seraient quelques mauvais ecclésiastiques, quelques moines échappés de
leurs couvents, habitués des clubs, ayant vécu de
scandales ou voulant en vivre encore, et attendant
du chef de la nouvelle Église qu'il permît le mariage
des prêtres! Il n'aurait pas même pour lui l'abbé

Grégoire, qui, tout en demandant le retour à la primitive Eglise, tenait cependant à rester en communion avec le successeur de saint Pierre ! Il n'aurait pas même La Réveillère-Lépeaux, qui voulait réduire le culte à quelques chants religieux, à quelques fleurs déposées sur un autel ! Et c'est là l'Église dont on prétendait le faire chef ! C'était le rôle auquel on voulait réduire le vainqueur de Marengo et de Rivoli, le restaurateur de l'ordre social ! Et c'étaient les amis ombrageux de la liberté qui lui proposaient un tel projet ! Mais, en supposant que ce projet réussît, ce qui d'ailleurs était impossible, et qu'à son pouvoir temporel déjà immense le premier consul réunît le pouvoir spirituel, il deviendrait le plus redoutable des tyrans, il serait le maître des corps et des âmes, il ne serait pas moins que le sultan de Constantinople, qui est à la fois le chef de l'État, de l'armée et de la religion ! Du reste, c'était là une vaine hypothèse ; il ne serait qu'un tyran dérisoire, car il ne réussirait qu'à produire le schisme le plus sot de tous. Lui, qui voulait être le pacificateur de la France et du monde, terminer toutes les divisions politiques et religieuses, serait l'auteur d'un nouveau schisme, un peu plus absurde et pas moins dangereux que les précédents. Oui, sans doute, disait le premier consul, il me faut un pape, mais un pape qui rapproche au lieu de diviser, qui réconcilie les esprits, les réunisse et les donne au Gouvernement sorti de la Révolution, pour prix de la protection qu'il en aura obtenue. Et pour cela il me faut le vrai pape catholique, apostolique et romain, celui qui siège au Vatican. Avec les armées françaises et des égards, j'en serai toujours suffisamment le maître. Quand je relèverai les autels, quand je protégerai les prêtres, quand je les nourrirai et les traiterai comme les ministres de la religion méritent d'être traités en tous pays, il fera ce que je lui demanderai, dans l'intérêt du repos général. Il calmera les esprits, les réunira sous sa main et les placera sous la mienne. Hors de là, il n'y a que continuation et aggravation du schisme désolant qui nous dévore, et pour moi, un immense et ineffaçable ridicule.

« Quant à l'idée de pousser la France au protestantisme, elle paraissait au premier consul plus que ridicule, elle lui paraissait odieuse. D'abord, il croyait qu'il n'y réussirait pas davantage. On s'imaginait à tort, suivant lui, qu'en France on pouvait tout ce qu'on voulait. C'était une erreur peu honorable pour ceux qui la commettaient, car ils supposaient la France sans conscience et sans opinion. Il ferait, disait-on, tout ce qu'il voudrait ; oui, répondait-il, mais dans le sens des besoins vrais et sentis de la France. Il le pouvait mieux, plus puissamment qu'un autre, mais il ne pouvait rien contre le mouvement actuel des esprits. Ce mouvement portait vers le rétablissement de toutes les choses essentielles dans une société ; la religion était la première. Je suis bien puissant aujourd'hui, s'écriait le premier consul ; eh bien, si je voulais changer la vieille religion de la France, elle se dresserait contre moi et me vaincrait. Savez-vous

quand le pays était hostile à la religion catholique?
C'est quand le Gouvernement, d'accord avec elle,
brûlait des livres, envoyait à Rome Calas et La Barre;
mais, soyez-en sûrs, si je me faisais l'ennemi de la
religion, tout le pays se mettrait avec elle. Je change-
rais les indifférents en croyants, en catholiques sincères. Je serais un peu moins raillé peut-être en voulant pousser le protestantisme qu'en voulant me faire
le patriarche d'une Église gallicane, mais je devien-
drais bientôt l'objet de la haine publique. Est-ce que
le protestantisme est la vraie religion de la France?
Est-ce qu'il est la religion qui, après de longues
guerres civiles, après mille combats, l'a définitivement emporté comme plus conforme aux mœurs, au
génie de notre nation? Ne voit-on pas ce qu'il y a de
violent à vouloir se mettre à la place d'un peuple,
pour lui créer des goûts, des habitudes, des souvenirs
même qu'il n'a pas? Qui pourrait être ému, en France,
dans ces prêches où personne n'est allé dans son
enfance, et dont l'aspect froid et sévère convient si
peu aux mœurs de notre nation? On croit peut-être
que c'est un avantage de ne pas dépendre d'un chef
étranger. On se trompe. Il faut un chef partout, en
toutes choses. Il n'y a pas une plus admirable institution que celle qui maintient l'unité de la foi et prévient, autant du moins qu'il est possible, les querelles
religieuses. Il n'y a rien de plus odieux qu'une foule
de sectes se disputant, s'invectivant, se combattant à
main armée, si elles sont dans leur première chaleur, ou, si elles ont pris l'habitude de vivre à côté

les unes des autres, se regardant d'un œil jaloux, formant dans l'État des coteries qui se soutiennent, poussent leurs sujets, écartent ceux des sectes rivales, et donnent au Gouvernement des embarras de toute espèce. Les querelles de sectes sont les plus insupportables que l'on connaisse. La dispute est le propre de la science ; elle l'anime, la soutient, la conduit aux découvertes. La dispute, en fait de religion, à quoi conduit-elle, sinon à l'incertitude, à la ruine de toute croyance? D'ailleurs, lorsque l'activité des esprits se dirige vers les controverses théologiques, ces controverses sont tellement absorbantes, qu'elles détournent de la pensée de l'homme toutes les recherches utiles. On rencontre rarement ensemble une grande controverse théologique et de grands travaux de l'esprit. Les querelles religieuses sont ou cruelles, ou sanguinaires, ou sèches, stériles, amères ; il n'y en a pas de plus odieuses. L'examen en fait de science, la foi en matière de religion, voilà le vrai, l'utile. L'institution qui maintient l'unité de la foi, c'est-à-dire le pape, gardien de l'unité catholique, est une institution admirable. On reproche à ce chef d'être un souverain étranger. Ce chef est étranger, en effet, et il faut en remercier le ciel. Quoi! dans le même pays, se figure-t-on une autorité pareille à côté du Gouvernement de l'État? Réunie au Gouvernement, cette autorité deviendrait le despotisme des sultans; séparée, hostile peut-être, elle produirait une rivalité affreuse, intolérable. Le pape est hors de Paris, et cela est bien ; il n'est né ni à Madrid, ni à Vienne, et c'est pourquoi nous supportons son autorité spirituelle. A Vienne, à Madrid, on est fondé à en dire autant. Croit-on que, s'il était à Paris, les Viennois, les Espagnols consentiraient à recevoir ses décisions? On est donc trop heureux qu'il réside hors de chez soi, et qu'en résidant hors de chez soi, il ne réside pas chez des rivaux, qu'il habite dans cette vieille Rome, loin de la main des empereurs d'Allemagne, loin de celle des rois de France ou des rois d'Espagne, tenant la balance entre les souverains catholiques, penchant toujours un peu vers le plus fort, et se relevant bientôt si le plus fort devient oppresseur.

« Ce sont les siècles qui ont fait cela; et ils l'ont bien fait. Pour le gouvernement des âmes, c'est la meilleure, la plus bienfaisante institution qu'on puisse imaginer. Je ne soutiens pas ces choses, ajoutait le premier consul, par entêtement de dévot, mais par raison. Tenez, disait-il un jour à Monge, celui des savants de cette époque qu'il aimait le plus, et qu'il avait sans cesse auprès de lui, tenez, ma religion, à moi, est bien simple. Je regarde cet univers si vaste, si compliqué, si magnifique, et je me dis qu'il ne peut être le produit du hasard, mais l'œuvre quelconque d'un être inconnu, tout-puissant, supérieur à l'homme autant que l'univers est supérieur à nos plus belles machines. Cherchez, Monge, aidez-vous de vos amis, les mathématiciens et les philosophes, vous ne trouverez pas une raison plus forte, plus décisive, et, quoi que vous fassiez pour la combattre, vous ne l'infirmerez pas. Mais cette vérité est trop succincte pour l'homme ; il veut savoir sur lui-même, sur son avenir, une foule de secrets que l'univers ne dit pas. Souffrez que la religion lui dise tout ce qu'il éprouve le besoin de savoir, et respectez ce qu'elle aura dit. Il est vrai que ce qu'une religion avance, d'autres le nient. Quant à moi, je conclus autrement que M. de Volney. De ce qu'il y a des religions différentes, qui naturellement se contredisent, il conclut contre toutes ; il prétend qu'elles sont toutes mauvaises. Moi, je les trouverais plutôt toutes bonnes, car toutes au fond disent la même chose. Elles n'ont tort que lorsqu'elles veulent se proscrire ; mais c'est là ce qu'il faut empêcher par de bonnes lois. La religion catholique est celle de notre patrie, celle dans laquelle nous sommes nés ; elle á un gouvernement profondément conçu, qui empêche les disputes, autant qu'il est possible de les empêcher avec l'esprit disputeur des hommes ; ce gouvernement est hors de Paris, il faut nous en applaudir ; il n'est pas à Vienne ; il n'est pas à Madrid, il est à Rome, c'est pourquoi il est acceptable. Si, après l'institution de la papauté, il y a quelque chose d'aussi parfait, ce sont les rapports avec le Saint-Siège de l'Église gallicane, soumise et indépendante tout à la fois ; soumise dans les matières de foi, indépendante quant à la police des cultes. L'unité catholique et les articles de Bossuet, voilà le vrai régime religieux : c'est celui qu'il faut rétablir. Quant au protestantisme, il a droit à la protection la plus ferme du Gouvernement ; ceux qui le professent ont un droit absolu au partage égal des avantages sociaux ; mais il n'est pas la religion de la France. Les siècles en ont décidé. En proposant au Gouvernement de le faire prévaloir, on propose une violence et une impossibilité. D'ailleurs, qu'y a-t-il de plus hideux que le schisme? Qu'y a-t-il de plus affaiblissant pour une nation? Quelle est, de toutes les guerres civiles, celle qui entre le plus profondément dans les cœurs, qui trouble plus douloureusement les familles? C'est la guerre religieuse. Il nous faut la finir. La paix avec l'Europe est faite; maintenons-la tant que nous pourrons; mais la paix religieuse est la plus urgente de toutes. Celle-là conclue, nous n'avons plus rien à craindre. Il est douteux que l'Europe nous laisse tranquilles bien long-temps, ni qu'elle nous souffre toujours aussi puissants que nous le sommes; mais, quand la France sera unie comme un seul homme, quand les Vendéens, les Bretons, marcheront dans nos armées avec les Bourguignons, les Lorrains, les Francs-Comtois, nous n'aurons plus à craindre l'Europe, fût-elle tout entière réunie contre nous.

« C'étaient là les discours que le premier consul tenait sans cesse à ses conseillers intimes, à MM. Cambacérès et Lebrun, qui partageaient son avis, à MM. de Talleyrand, Fouché, Rœderer, qui ne le partageaient pas, à une foule de membres du Conseil d'État, du Corps législatif, qui, en général, étaient dans d'autres idées. Il y mettait une chaleur, une constance sans égales. Il ne voyait rien de plus utile, de plus urgent, que de finir les divisions religieuses, et s'y appliquait avec une ardeur qu'il apportait dans les choses regardées par lui comme capitales... Il avait arrêté son plan. »

L'exposé qui précède permet d'entrevoir, dès maintenant, quel sera l'esprit général du Concordat. Bonaparte était décidé à se rapprocher de la papauté ; force lui était, toutefois, de tenir compte de l'opposition que ses projets soulevaient dans beaucoup d'esprits. Il se proposait de faire des concessions à l'Église ; mais il fallait qu'elles fussent assez limitées pour ne pas donner lieu à des mécontentements trop vifs. Il projeta donc un contrat qui reconnaîtrait aux catholiques le droit d'exercer leur religion, mais qui en même temps placerait l'Église, vis-à-vis de l'État, dans une subordination aussi complète que possible.

Ce fut le 3 juin 1800, dans une allocution au clergé de Milan, que Bonaparte annonça publiquement son intention de réconcilier la France avec le chef de l'Église, et, le 18 du même mois, à l'occasion d'un *Te Deum* chanté dans la cathédrale de cette ville pour rendre grâces au ciel de la victoire de Marengo, il fit part au cardinal Martiniana, évêque de Verceil, de son désir d'entrer le plus tôt possible en négociations avec le Saint-Siège. Sur la communication qui lui fut faite de ces ouvertures par le cardinal, Pie VII, dont le pontificat allait être illustré dès son début par un événement si considérable pour la catholicité, fit exprimer toute sa joie au premier consul.

Dans l'esprit de Bonaparte, les principales stipulations du Concordat à intervenir étaient les suivantes : libre exercice de la religion catholique et publicité de son culte, sous réserve de règlements de police destinés à assurer la tranquillité publique ; démission imposée à tous les évêques anciens titulaires ; nouvelle circonscription diocésaine ; réduction du nombre des sièges épiscopaux ; composition d'un clergé nouveau formé d'ecclésiastiques de tous les partis ; nomination des évêques par le premier consul ; institution par le pape ; nomination des curés par les évêques ; promesse de soumission au gouvernement établi ; traitement sur le budget de l'État ; renonciation aux biens de l'Église et reconnaissance complète de la vente de ces biens.

Les négociations furent longues, car la cour de Rome se refusait à souscrire à toutes ces conditions capitales. Elle demandait surtout que la religion catholique fût déclarée religion de l'État, et qu'aucune restriction ne fût apportée à l'exercice du culte ; elle répugnait à se séparer des évêques qui lui étaient restés fidèles et à admettre que le nouveau clergé pût comprendre des évêques constitutionnels.

Les représentants du pape, c'est-à-dire le cardinal Consalvi, son premier ministre ; Spina, archevêque de Corinthe, et le Père Caselli, général des Barnabites, ne purent triompher de la volonté du premier consul, dont les idées étaient défendues par l'abbé Bernier, habile théologien, et M. de Talleyrand, ministre des affaires étrangères. Bonaparte témoigna du mécontentement que lui causait la lenteur des pourparlers, et menaça même de tout rompre s'ils n'aboutissaient pas dans les délais qu'il imposait. Il ne négligea aucun moyen d'intimidation pour contraindre le Saint-Siège à céder, et il alla jusqu'à permettre, au moment même de la présence à Paris du cardinal Consalvi, une réunion publique des évêques constitutionnels, répondant, aux plaintes du cardinal à ce sujet, qu'il n'avait pas cru devoir interdire ce concile, attendu que, ne sachant pas encore si le traité projeté avec Rome serait définitivement conclu, il devait réserver complètement l'avenir. « Vous savez, ajouta-t-il en riant, quand on ne peut pas s'arranger avec Dieu, on s'arrange avec le diable. »

Enfin, les représentants des deux parties contractantes parvinrent à tomber d'accord, et un décret du 23 messidor an IX (12 juillet 1801) désigna, pour signer le Concordat, au nom du premier consul, Joseph Bonaparte, Crétet, ministre de l'intérieur, et l'abbé Bernier.

Quelques incidents dus à l'opposition de ceux qui, dans l'entourage du premier consul, blâmaient encore le Concordat, retardèrent la signature de cet acte jusqu'au 26 messidor (15 juillet). L'échange des ratifications eut lieu deux mois après (10 septembre 1801).

Cependant le Concordat ne fut pas publié immédiatement. L'article premier de cette convention portait que « la religion catholique, apostolique et romaine serait librement exercée en France, et que son culte serait public, en se conformant aux règlements de police que le gouvernement jugerait nécessaires pour la tranquillité publique ». Il fallait donc préparer ces règlements, dont la rédaction appartenait exclusivement à l'autorité française. Elle fut confiée au conseiller d'État Portalis, dont le travail reçut l'approbation du premier consul. Ces dispositions concernant l'organisation du culte reçurent le nom d'*Articles organiques;* ils furent présentés au Tribunat et au Corps législatif en même temps que la convention du 26 messidor, et, sur le vote favorable de ces Assemblées, les deux projets furent convertis en une loi unique, le 18 germinal an X (8 avril 1802).

Il est temps de faire connaître le texte de cette loi, qui fut promulguée par le premier consul, le 28 du même mois.

CHAPITRE III

Texte du Concordat et des Articles Organiques [1].

LOI RELATIVE A L'ORGANISATION DES CULTES

Du 18 germinal an X de la République une et indivisible.

Au nom du peuple français, BONAPARTE, premier Consul, proclame loi de la République le décret suivant, rendu par le Corps législatif, le 18 germinal an X, conformément à la proposition faite par le Gouvernement le 15 dudit mois, communiquée au Tribunat le même jour.

DÉCRET

La Convention passée à Paris, le 26 messidor an IX, entre le Pape et le Gouvernement Français, et dont les ratifications ont été échangées à Paris le 23 fructidor an IX (10 septembre 1801), ainsi que les articles organiques de ladite Convention, dont la

1. Ce texte est extrait du *Bulletin des lois de la République*, n° 172.

teneur suit, seront promulgués et exécutés comme des lois de la République.

CONVENTION entre le Gouvernement Français et Sa Sainteté Pie VII, échangée le 23 fructidor an IX (10 septembre 1801).

Le Premier Consul de la République Française, et Sa Sainteté le Souverain Pontife Pie VII, ont nommé pour leurs plénipotentiaires respectifs;

Le Premier Consul, les citoyens Joseph BONAPARTE, conseiller d'État; CRÉTET, conseiller d'État, et BERNIER, docteur en théologie, curé de Saint-Laud d'Angers, munis de pleins pouvoirs;

Sa Sainteté, Son Éminence Monseigneur Hercule CONSALVI, cardinal de la sainte Église romaine, diacre de Sainte-Agathe *ad Suburram*, son secrétaire d'État; Joseph SPINA, archevêque de Corinthe, prélat domestique de Sa Sainteté, assistant du trône pontifical, et le Père CASELLI, théologien consultant de Sa Sainteté, pareillement munis de pleins pouvoirs en bonne et due forme;

Lesquels, après l'échange des pleins pouvoirs respectifs, ont arrêté la convention suivante :

CONVENTION ENTRE LE GOUVERNEMENT FRANÇAIS ET SA SAINTETÉ PIE VII.

Le Gouvernement de la République Française reconnaît que la religion catholique, apostolique et romaine est la religion de la grande majorité des citoyens français.

Sa Sainteté reconnaît également que cette même religion a retiré et attend encore, en ce moment, le plus grand bien et le plus grand éclat de l'établissement du culte catholique en France, et de la profession particulière qu'en font les Consuls de la République.

En conséquence, d'après cette reconnaissance mutuelle, tant pour le bien de la religion que pour le maintien de la tranquillité intérieure, ils sont convenus de ce qui suit :

Art. 1er. — La religion catholique, apostolique et romaine sera librement exercée en France : son culte sera public, en se conformant aux règlements de police que le Gouvernement jugera nécessaires pour la tranquillité publique.

II. — Il sera fait par le Saint-Siège, de concert avec le Gouvernement, une nouvelle circonscription des diocèses français.

III. — Sa Sainteté déclarera aux titulaires des évêchés français qu'elle attend d'eux avec une ferme confiance, pour le bien de la paix et de l'unité, toute espèce de sacrifices, même celui de leurs sièges.

D'après cette exhortation, s'ils se refusaient à ce sacrifice commandé par le bien de l'Église (refus néanmoins auquel Sa Sainteté ne s'attend pas), il sera pourvu, par de nouveaux titulaires, au gouvernement des évêchés de la circonscription nouvelle, de la manière suivante.

IV. — Le Premier Consul de la République nommera, dans les trois mois qui suivront la publication de la bulle de Sa Sainteté, aux archevêchés et évêchés de la circonscription nouvelle. Sa Sainteté conférera l'institution canonique, suivant les formes établies par rapport à la France avant le changement de gouvernement.

V. — Les nominations aux évêchés qui vaqueront dans la suite seront également faites par le Premier Consul, et l'institution canonique sera donnée par le Saint-Siège, en conformité de l'article précédent.

VI. — Les évêques, avant d'entrer en fonctions, prêteront directement, entre les mains du Premier Consul, le serment de fidélité qui était en usage avant le changement de gouvernement, exprimé dans les termes suivants :

« Je jure et promets à Dieu, sur les saints évangiles,
« de garder obéissance et fidélité au Gouvernement
« établi par la Constitution de la République Fran-
« çaise. Je promets aussi de n'avoir aucune intelli-
« gence, de n'assister à aucun conseil, de n'entretenir
« aucune ligue, soit au dedans, soit au dehors, qui
« soit contraire à la tranquillité publique ; et si, dans
« mon diocèse ou ailleurs, j'apprends qu'il se trame
« quelque chose au préjudice de l'État, je le ferai
« savoir au Gouvernement. »

VII. — Les ecclésiastiques du second ordre prêteront le même serment entre les mains des autorités civiles désignées par le Gouvernement.

VIII. — La formule de prière suivante sera récitée

à la fin de l'office divin, dans toutes les églises catholiques de France :

Domine, salvam fac Rempublicam;
Domine, salvos fac Consules.

IX. — Les évêques feront une nouvelle circonscription des paroisses de leurs diocèses qui n'aura d'effet que d'après le consentement du Gouvernement.

X. — Les évêques nommeront aux cures.

Leur choix ne pourra tomber que sur des personnes agréées par le Gouvernement.

XI. — Les évêques pourront avoir un chapitre dans leur cathédrale, et un séminaire pour leur diocèse, sans que le Gouvernement s'oblige à les doter.

XII. — Toutes les églises métropolitaines, cathédrales, paroissiales et autres non aliénées, nécessaires au culte, seront remises à la disposition des évêques.

XIII. — Sa Sainteté, pour le bien de la paix et l'heureux rétablissement de la religion catholique, déclare que ni elle, ni ses successeurs, ne troubleront en aucune manière les acquéreurs des biens ecclésiastiques aliénés, et qu'en conséquence, la propriété de ces mêmes biens, les droits et revenus y attachés, demeureront incommutables entre leurs mains ou celles de leurs ayants cause.

XIV. — Le Gouvernement assurera un traitement convenable aux évêques et aux curés dont les diocèses et les paroisses seront compris dans la circonscription nouvelle.

XV. — Le Gouvernement prendra également des mesures pour que les catholiques français puissent, s'ils le veulent, faire en faveur des églises, des fondations.

XVI. — Sa Sainteté reconnaît dans le Premier Consul de la République Française les mêmes droits et prérogatives dont jouissait près d'elle l'ancien Gouvernement.

XVII. — Il est convenu entre les parties contractantes que, dans le cas où quelqu'un des successeurs du Premier Consul actuel ne serait pas catholique, les droits et prérogatives mentionnés dans l'article ci-dessus, et la nomination aux évêchés, seront réglés, par rapport à lui, par une nouvelle convention.

Les ratifications seront échangées à Paris dans l'espace de quarante jours.

Fait à Paris, le 26 messidor an IX.

> Signé : Joseph Bonaparte; Hercules, cardinalis Consalvi; Crétet; Joseph, archiep. Corinthi; Bernier; F. Carolus Caselli[1].

1. Le texte latin de la convention du 26 messidor an IX figure à la fin du présent volume (annexe 1).

ARTICLES ORGANIQUES

DE LA CONVENTION DU 26 MESSIDOR AN IX.

TITRE Ier

Du régime de l'Église Catholique dans ses rapports généraux avec les droits et la police de l'État.

Art. Ier. — Aucune bulle, bref, rescrit, décret, mandat, provision, signature servant de provision, ni autres expéditions de la Cour de Rome, même ne concernant que les particuliers, ne pourront être reçus, publiés, imprimés, ni autrement mis à exécution, sans l'autorisation du Gouvernement.

II. — Aucun individu se disant nonce, légat, vicaire ou commissaire apostolique, ou se prévalant de toute autre dénomination, ne pourra, sans la même autorisation, exercer sur le sol français, ni ailleurs, aucune fonction relative aux affaires de l'Église gallicane.

III. — Les décrets des synodes étrangers, même ceux des conciles généraux, ne pourront être publiés en France avant que le Gouvernement en ait examiné la forme, leur conformité avec les lois, droits et franchises de la République française, et tout ce qui, dans leur publication, pourrait altérer ou intéresser la tranquillité publique.

IV. — Aucun concile national ou métropolitain, aucun synode diocésain, aucune assemblée délibérante n'aura lieu sans la permission expresse du Gouvernement.

V. — Toutes les fonctions ecclésiastiques seront gratuites, sauf les oblations qui seraient autorisées et fixées par les règlements.

VI. — Il y aura recours au Conseil d'État, dans tous les cas d'abus de la part des supérieurs et autres personnes ecclésiastiques.

Les cas d'abus sont : l'usurpation ou l'excès de pouvoir, la contravention aux lois et règlements de la République, l'infraction des règles consacrées par les canons reçus en France, l'attentat aux libertés, franchises et coutumes de l'Église gallicane, et toute entreprise ou tout procédé qui, dans l'exercice du culte, peut compromettre l'honneur des citoyens, troubler arbitrairement leur conscience, dégénérer contre eux en oppression, ou en injure, ou en scandale public.

VII. — Il y aura pareillement recours au Conseil d'État, s'il est porté atteinte à l'exercice public du culte et à la liberté que les lois et les règlements garantissent à ses ministres.

VIII. — Le recours compétera à toute personne intéressée. A défaut de plainte particulière, il sera exercé d'office par les préfets.

Le fonctionnaire public, l'ecclésiastique ou la personne qui voudra exercer ce recours, adressera un mémoire, détaillé et signé, au conseiller d'État chargé

de toutes les affaires concernant les cultes, lequel sera
tenu de prendre, dans le plus court délai, tous les renseignements convenables; et, sur son rapport, l'affaire
sera suivie et définitivement terminée dans la forme
administrative, ou renvoyée, selon l'exigence des cas,
aux autorités compétentes.

TITRE II

Des ministres.

SECTION PREMIÈRE

Dispositions générales.

IX. — Le culte catholique sera exercé sous la direction des archevêques et des évêques dans leurs diocèses, et sous celle des curés dans leurs paroisses.

X. — Tout privilège portant exemption ou attribution de la juridiction épiscopale est aboli.

XI. — Les archevêques et évêques pourront, avec
l'autorisation du Gouvernement, établir dans leurs
diocèses des chapitres cathédraux et des séminaires.
Tous autres établissements ecclésiastiques sont supprimés.

XII. — Il sera libre aux archevêques et évêques
d'ajouter à leur nom le titre de *citoyen* ou celui de
monsieur. Toutes autres qualifications sont interdites.

SECTION II

Des archevêques ou métropolitains.

XIII. — Les archevêques consacreront et installeront leurs suffragants. En cas d'empêchement ou de refus de leur part, ils seront suppléés par le plus ancien évêque de l'arrondissement métropolitain.

XIV. — Ils veilleront au maintien de la foi et de la discipline dans les diocèses dépendant de leur métropole.

XV. — Ils connaîtront des réclamations et des plaintes portées contre la conduite et les décisions des évêques suffragants.

SECTION III

Des évêques, des vicaires généraux et des séminaires.

XVI. — On ne pourra être nommé évêque avant l'âge de trente ans, et si on n'est originaire Français.

XVII. — Avant l'expédition de l'arrêté de nomination, celui ou ceux qui seront proposés seront tenus de rapporter une attestation de bonne vie et mœurs, expédiée par l'évêque dans le diocèse duquel ils auront exercé les fonctions du ministère ecclésiastique ; et ils seront examinés sur leur doctrine par un évêque et deux prêtres, qui seront commis par le Premier Consul, lesquels adresseront le résultat de leur examen au conseiller d'État chargé de toutes les affaires concernant les cultes.

XVIII. — Le prêtre nommé par le Premier Consul fera les diligences pour rapporter l'institution du Pape.

Il ne pourra exercer aucune fonction avant que la bulle portant son institution ait reçu l'attache du Gouvernement, et qu'il ait prêté en personne le serment prescrit par la convention passée entre le Gouvernement français et le Saint-Siège.

Ce serment sera prêté au Premier Consul ; il en sera dressé procès-verbal par le secrétaire d'État.

XIX. — Les évêques nommeront et institueront les curés. Néanmoins, ils ne manifesteront leur nomination, et ils ne donneront l'institution canonique, qu'après que cette nomination aura été agréée par le Premier Consul.

XX. — Ils seront tenus de résider dans leurs diocèses ; ils ne pourront en sortir qu'avec la permission du Premier Consul.

XXI. — Chaque évêque pourra nommer deux vicaires généraux, et chaque archevêque pourra en nommer trois ; ils les choisiront parmi les prêtres ayant les qualités requises pour être évêques.

XXII. — Ils visiteront annuellement et en personne une partie de leur diocèse, et, dans l'espace de cinq ans, le diocèse tout entier.

En cas d'empêchement légitime, la visite sera faite par un vicaire général.

XXIII. — Les évêques seront chargés de l'organisation de leurs séminaires, et les règlements de cette organisation seront soumis à l'approbation du Premier Consul.

XXIV. — Ceux qui seront choisis pour l'enseignement dans les séminaires souscriront la déclaration faite par le clergé de France en 1682 et publiée par un édit de la même année; ils se soumettront à y enseigner la doctrine qui y est contenue, et les évêques adresseront une expédition en forme, de cette soumission, au conseiller d'État chargé de toutes les affaires concernant les cultes.

XXV. — Les évêques enverront, toutes les années, à ce conseiller d'État, le nom des personnes qui étudieront dans les séminaires et qui se destineront à l'état ecclésiastique.

XXVI. — Ils ne pourront ordonner aucun ecclésiastique s'il ne justifie d'une propriété produisant au moins un revenu annuel de trois cents francs, s'il n'a atteint l'âge de vingt-cinq ans, et s'il ne réunit les qualités requises par les canons reçus en France.

Les évêques ne feront aucune ordination avant que le nombre des personnes à ordonner ait été soumis au Gouvernement et par lui agréé.

SECTION IV

Des curés.

XXVII. — Les curés ne pourront entrer en fonctions qu'après avoir prêté, entre les mains du préfet, le serment prescrit par la Convention passée entre le

3.

Gouvernement et le Saint-Siège. Il sera dressé procès-verbal de cette prestation par le Secrétaire général de la préfecture, et copie collationnée leur en sera délivrée.

XXVIII. — Ils seront mis en possession par le curé ou le prêtre que l'évêque désignera.

XXIX. — Ils seront tenus de résider dans leurs paroisses.

XXX. — Les curés seront immédiatement soumis aux évêques dans l'exercice de leurs fonctions.

XXXI. — Les vicaires et desservants exerceront leur ministère sous la surveillance et la direction des curés.

Ils seront approuvés par l'évêque et révocables par lui.

XXXII. — Aucun étranger ne pourra être employé dans les fonctions du ministère ecclésiastique sans la permission du Gouvernement.

XXXIII. — Toute fonction est interdite à tout ecclésiastique, même Français, qui n'appartient à aucun diocèse.

XXXIV. — Un prêtre ne pourra quitter son diocèse pour aller desservir dans un autre sans la permission de son évêque.

SECTION V

Des chapitres cathédraux et du gouvernement
des diocèses pendant la vacance du siège.

XXXV. — Les archevêques et évêques qui voudront user de la faculté qui leur est donnée d'établir des chapitres ne pourront le faire sans avoir rapporté l'autorisation du Gouvernement, tant pour l'établissement lui-même que pour le nombre et le choix des ecclésiastiques destinés à les former.

XXXVI. — Pendant la vacance des sièges, il sera pourvu par le métropolitain, et, à son défaut, par le plus ancien des évêques suffragants, au gouvernement des diocèses.

Les vicaires généraux de ces diocèses continueront leurs fonctions, même après la mort de l'évêque, jusqu'à son remplacement.

XXXVII. — Les métropolitains, les chapitres cathédraux seront tenus, sans délai, de donner avis au Gouvernement de la vacance des sièges, et des mesures qui auront été prises pour le gouvernement des sièges vacants.

XXXVIII. — Les vicaires généraux qui gouverneront pendant la vacance, ainsi que les métropolitains ou capitulaires, ne se permettront aucune innovation dans les usages et coutumes des diocèses.

TITRE III

Du Culte.

XXXIX. — Il n'y aura qu'une liturgie et un catéchisme pour toutes les églises catholiques de France.

XL. — Aucun curé ne pourra ordonner des prières

publiques extraordinaires dans sa paroisse, sans la permission spéciale de l'évêque.

XLI. — Aucune fête, à l'exception du dimanche, ne pourra être établie sans la permission du Gouvernement.

XLII. — Les ecclésiastiques useront, dans les cérémonies religieuses, des habits et ornements convenables à leur titre; ils ne pourront, dans aucun cas ni sous aucun prétexte, prendre la couleur et les marques distinctives réservées aux évêques.

XLIII. — Tous les ecclésiastiques seront habillés à la française et en noir.

Les évêques pourront joindre à ce costume la croix pastorale et les bas violets.

XLIV. — Les chapelles domestiques, les oratoires particuliers, ne pourront être établis sans une permission expresse du Gouvernement, accordée sur la demande de l'évêque.

XLV. — Aucune cérémonie religieuse n'aura lieu hors des édifices consacrés au culte catholique, dans les villes où il y a des temples destinés à différents cultes.

XLVI. — Le même temple ne pourra être consacré qu'à un même culte.

XLVII. — Il y aura, dans les cathédrales et paroisses, une place distinguée pour les individus catholiques qui remplissent les autorités civiles et militaires.

XLVIII. — L'évêque se concertera avec le préfet pour régler la manière d'appeler les fidèles au service divin par le son des cloches. On ne pourra les sonner pour toute autre cause, sans la permission de la police locale.

XLIX. — Lorsque le Gouvernement ordonnera des prières publiques, les évêques se concerteront avec le préfet et le commandant militaire du lieu pour le jour, l'heure et le mode d'exécution de ces ordonnances.

L. — Les prédications solennelles appelées *sermons*, et celles connues sous le nom de *stations* de l'Avent et du Carême, ne seront faites que par des prêtres qui en auront obtenu une autorisation spéciale de l'évêque.

LI. — Les curés, aux prônes des messes paroissiales, prieront et feront prier pour la prospérité de la République française et pour les consuls.

LII. — Ils ne se permettront dans leurs instructions aucune inculpation directe ou indirecte, soit contre les personnes, soit contre les autres cultes autorisés dans l'État.

LIII. — Ils ne feront au prône aucune publication étrangère à l'exercice du culte, si ce n'est celles qui seront ordonnées par le Gouvernement.

LIV. — Ils ne donneront la bénédiction nuptiale qu'à ceux qui justifieront, en bonne et due forme, avoir contracté mariage devant l'officier civil.

LV. — Les registres tenus par les ministres du culte n'étant et ne pouvant être relatifs qu'à l'administration des sacrements, ne pourront, dans aucun cas, suppléer les registres ordonnés par la loi pour constater l'état civil des Français.

LVI. — Dans tous les actes ecclésiastiques et religieux, on sera obligé de se servir du calendrier d'équinoxe établi par les lois de la République ; on désignera les jours par les noms qu'ils avaient dans le calendrier des solstices.

LVII. — Le repos des fonctionnaires publics sera fixé au dimanche.

TITRE IV

De la circonscription des archevêchés,
des évêchés et des paroisses ; des édifices destinés au culte
et du traitement des ministres.

SECTION PREMIÈRE

De la circonscription des archevêchés et des évêchés.

LVIII. — Il y aura en France dix archevêchés ou métropoles et cinquante évêchés.

LIX. — La circonscription des métropoles et des diocèses sera faite conformément au tableau ci-joint.

SECTION II

De la circonscription des paroisses.

LX. — Il y aura au moins une paroisse dans chaque justice de paix.

Il sera, en outre, établi autant de succursales que le besoin pourra l'exiger.

LXI. — Chaque évêque, de concert avec le préfet, réglera le nombre et l'étendue de ces succursales. Les plans arrêtés seront soumis au Gouvernement et ne pourront être mis à exécution sans son autorisation.

LXII. — Aucune partie du territoire français ne pourra être érigée en cure ou en succursale sans l'autorisation expresse du Gouvernement.

LXIII. — Les prêtres desservant les succursales sont nommés par les évêques.

SECTION III

Du traitement des ministres.

LXIV. — Le traitement des archevêques sera de 15,000 francs.

LXV. — Le traitement des évêques sera de 10,000 francs.

LXVI. — Les curés seront distribués en deux classes.

Le traitement des curés de la première classe sera porté à 1,500 francs, celui des curés de la seconde classe à 1,000 francs.

LXVII. — Les pensions dont ils jouissent en exécution des lois de l'Assemblée constituante seront précomptées sur leur traitement.

Les conseils généraux des grandes communes pourront, sur leurs biens ruraux ou sur leurs octrois, leur accorder une augmentation de traitement, si les circonstances l'exigent.

LXVIII. — Les vicaires et desservants seront choisis parmi les ecclésiastiques pensionnés en exécution des lois de l'Assemblée constituante.

Le montant de ces pensions et le produit des oblations formeront leur traitement.

LXIX. — Les évêques rédigeront les projets de règlement relatifs aux oblations que les ministres du culte sont autorisés à recevoir pour l'administration des sacrements. Les projets de règlement rédigés par les évêques ne pourront être publiés, ni autrement mis à exécution, qu'après avoir été approuvés par le Gouvernement.

LXX. — Tout ecclésiastique pensionnaire de l'État sera privé de sa pension, s'il refuse, sans cause légitime, les fonctions qui pourront lui être confiées.

LXXI. — Les conseils généraux de département sont autorisés à procurer aux archevêques et évêques un logement convenable.

LXXII. — Les presbytères et les jardins attenants, non aliénés, seront rendus aux curés et aux desservants des succursales. A défaut de ces presbytères, les conseils généraux des communes sont autorisés à leur procurer un logement et un jardin.

LXXIII. — Les fondations qui ont pour objet l'entretien des ministres et l'exercice du culte ne pourront consister qu'en rentes constituées sur l'État; elles seront acceptées par l'évêque diocésain et ne pourront être exécutées qu'avec l'autorisation du Gouvernement.

LXXIV. — Les immeubles, autres que les édifices

destinés au logement et les jardins attenants, ne pourront être affectés à des titres ecclésiastiques, ni possédés par les ministres du culte, à raison de leurs fonctions.

SECTION IV

Des édifices destinés au culte.

LXXV. — Les édifices anciennement destinés au culte catholique, actuellement dans les mains de la nation, à raison d'un édifice par cure et par succursale, seront mis à la disposition des évêques par arrêtés du préfet du département.

Une expédition de ces arrêtés sera adressée au conseiller d'État chargé de toutes les affaires concernant les cultes.

LXXVI. — Il sera établi des fabriques pour veiller à l'entretien et à la conservation des temples, à l'administration des aumônes.

LXXVII. — Dans les paroisses où il n'y aura pas d'édifice disponible pour le culte, l'évêque se concertera avec le préfet pour la désignation d'un édifice convenable.

TABLEAU DE LA CIRCONSCRIPTION
DES NOUVEAUX ARCHEVÊCHÉS ET ÉVÊCHÉS
DE FRANCE

PARIS, archevêché, comprendra dans son diocèse le départe-
tement de la Seine;
    Troyes, l'Aube et l'Yonne;
    Amiens, la Somme et l'Oise;
    Soissons, l'Aisne;
    Arras, le Pas-de-Calais;
    Cambray, le Nord;
    Versailles, Seine-et-Oise, Eure-et-Loir;
    Meaux, Seine-et-Marne, Marne;
    Orléans, Loiret, Loir-et-Cher.

MALINES, archevêché, les Deux-Nèthes, la Dyle;
    Namur, Sambre-et-Meuse;
    Tournay, Jemmape;
    Aix-la-Chapelle, la Roer, Rhin-et-Moselle;
    Trèves, la Sarre;
    Gand, l'Escaut, la Lys;
    Liège, Meuse-Inférieure, Ourthe;
    Mayence, Mont-Tonnerre.

BESANÇON, archevêché, Haute-Saône. le Doubs, le Jura;
    Autun, Saône-et-Loire, la Nièvre;
    Metz, la Moselle, les Forêts, les Ardennes;
    Strasbourg, Haut-Rhin, Bas-Rhin;
    Nancy, la Meuse, la Meurtne, les Vosges;
    Dijon, Côte-d'Or, Haute-Marne.

LYON, archevêché, le Rhône, la Loire, l'Ain;
    Mende, l'Ardèche, la Lozère;
    Grenoble, l'Isère;
    Valence, la Drôme;
    Chambéry, le Mont-Blanc, le Léman.

Aix, archevêché, le Var, les Bouches-du-Rhône;
    Nice, Alpes-Maritimes;
    Avignon, Gard, Vaucluse;
    Ajaccio, le Golo, le Liamone;
    Digne, Hautes-Alpes, Basses-Alpes.

Toulouse, archevêché, Haute-Garonne, Ariège;
    Cahors, le Lot, l'Aveyron;
    Montpellier, l'Hérault, le Tarn;
    Carcassonne, l'Aude, les Pyrénées-Orientales;
    Agen, Lot-et-Garonne, le Gers;
    Baïonne, les Landes, Hautes-Pyrénées, Basses-Pyrénées.

Bordeaux, archevêché, la Gironde;
    Poitiers, les Deux-Sèvres, la Vienne;
    La Rochelle, la Charente-Inférieure, la Vendée;
    Angoulême, la Charente, la Dordogne.

Bourges, archevêché, le Cher, l'Indre;
    Clermont, l'Allier, le Puy-de-Dôme;
    Saint-Flour, la Haute-Loire, le Cantal;
    Limoges, la Creuse, la Corrèze, la Haute-Vienne.

Tours, archevêché, Indre-et-Loire;
    Le Mans, Sarthe, Mayenne;
    Angers, Maine-et-Loire;
    Nantes, Loire-Inférieure;
    Rennes, Ille-et-Vilaine;
    Vannes, le Morbihan;
    Saint-Brieux, Côtes-du-Nord;
    Quimper, le Finistère.

Rouen, archevêché, la Seine-Inférieure;
    Coutances, la Manche;
    Bayeux, le Calvados;
    Séez, l'Orne;
    Évreux, l'Eure.

Soit la présente loi revêtue du sceau de l'État, insérée au Bulletin des lois, inscrite dans les registres des autorités judiciaires et administratives, et le Ministre de la Justice chargé d'en surveiller la publication. A Paris, le 28 germinal an X de la République.

> Signé : Bonaparte, Premier Consul. Contre-signé : le secrétaire d'État, Hugues B. Maret. Et scellé du sceau de l'État.

Vu, le Ministre de la Justice, signé : Abrial.

CHAPITRE IV

Les diverses questions qui se rattachent au Concordat.

A peine le texte de la loi du 18 germinal an X fut-il connu à Rome, que Pie VII protesta contre la partie de cette loi formée des articles organiques. Sous le prétexte qu'ils avaient été rédigés sans l'intervention de la cour de Rome, il prétendit que ces articles étaient tout à fait étrangers à la convention du 26 messidor an IX, et qu'en raison de l'assujettissement où ils plaçaient le clergé de France vis-à-vis de l'autorité civile, l'Église ne pouvait, en ce qui la concernait, reconnaître aucun caractère obligatoire à la plupart de leurs dispositions. Pie VII écrivit à Bonaparte, le 27 mai 1802 : « Nous vous supplions ardemment de faire en sorte que les *Articles organiques,* qui nous étaient inconnus, reçoivent les modifications nécessaires. Notre cardinal-légat vous fera, à ce sujet, connaître plus particulièrement nos désirs. » En effet, le cardinal Caprara adressa, le 18 août 1803, à M. de Talleyrand, ministre des affaires extérieures, une longue lettre dans laquelle il développait les réclamations du Saint-Siège, s'efforçant de démontrer que les articles organiques avaient « une extension plus grande que le Concordat », et se plaignant qu'ils asservissaient l'Église de France au pouvoir temporel. — En 1804, Bonaparte, devenu empereur, ayant sollicité Pie VII de venir, à Paris, présider la cérémonie du sacre, le Pontife subordonna son consentement à la promesse qui lui serait faite d'une revision des articles organiques. Lorsque Pie VII, qui avait obtenu cette promesse, mais rien de plus, prononça, le 10 juin 1809, l'excommunication de Napoléon Ier, la bulle *Quum Memoranda* rappela encore que le Concordat avait été violé par les articles organiques.

Depuis cette époque, l'Église de France et ses amis n'ont jamais cessé de s'élever contre les articles organiques ; au cours des dernières années écoulées, leurs récriminations ont encore donné lieu, tant au Sénat et à la Chambre des députés qu'en dehors du Parlement, à des incidents et à des débats que tout le monde se rappelle.

Les partisans des articles organiques soutiennent, au contraire, que ces articles sont liés indissolublement au Concordat, que leurs dispositions sont strictement renfermées dans la limite des droits du gouvernement français, et qu'elles ont le même caractère synallagmatique que la convention du 26 messidor an IX.

Que faut-il en penser? Telle est une des questions les plus importantes qui se rattachent à l'interprétation du Concordat.

L'article 14 du Concordat dispose que le Gouvernement assurera un traitement convenable aux évêques et aux curés dont les diocèses et les paroisses seront compris dans les circonscriptions nouvelles déterminées en vertu des articles 2 et 9.

Les uns prétendent que ce traitement est, en réalité, une indemnité payée au clergé, en raison de la spoliation dont la Révolution l'a rendu victime, en mettant les biens de l'Église à la disposition de la nation. Pour eux, le traitement des ecclésiastiques est une dette de l'État, qui ne saurait s'en dégager sous aucun prétexte, et, alors même que le Concordat viendrait à être abrogé, ce traitement devrait continuer à être servi aux ayants droit. Selon les autres, les évêques et les curés sont de véritables fonctionnaires, et c'est à ce titre exclusivement qu'ils reçoivent un traitement ; ils ne sont nullement des créanciers de l'État, et non seulement leur droit à ce traitement n'est pas imprescriptible, mais ils peuvent même en être privés par mesure disciplinaire, d'une manière temporaire ou définitive.

De cette divergence de vues est née la question dite « du budget des cultes », dont la discussion revient si fréquemment, notamment au sein du Parlement, à l'occasion du vote des lois de finances.

A cette question du budget des cultes se lie naturellement celle de la séparation de l'Église et de l'État, car, pour les partisans de cette séparation, le traitement des ecclésiastiques doit être supprimé en même temps que le Concordat.

Toutefois, ceux qui adhèrent à l'idée de la séparation ne sont pas d'accord sur le caractère que devrait avoir cette mesure et sur toutes les conditions dans lesquelles il conviendrait de l'appliquer.

La séparation serait, pour les uns, l'indépendance réciproque des deux pouvoirs. L'État cesserait d'allouer un traitement aux membres du clergé ; il n'interviendrait plus dans les nominations aux sièges épiscopaux et aux cures ; il renoncerait à toute mesure particulière ayant pour but de discipliner le corps ecclésiastique, qui, dès lors, ne serait plus passible, vis-à-vis de l'État, que du droit commun applicable à tous les citoyens. L'Église, par conséquent, ne relèverait plus, dans son domaine propre, que du droit canonique ; elle pourvoirait elle-même aux vacances dans les fonctions ecclésiastiques et assurerait la subsistance du clergé par tels moyens qu'elle jugerait convenables. Ce serait l'Église libre dans l'État libre.

Aux yeux des autres séparatistes, une scission pure et simple présenterait les plus graves inconvénients ; car l'Église ne manquerait pas d'abuser de la liberté qui lui serait rendue, et l'État se trouverait désarmé en face d'elle. Il faut donc, à leur sens, dénoncer le Concordat, mais édicter en même temps toute une série de dispositions sévères spécialement destinées à prévenir les empiétements du clergé sur le pouvoir temporel et à l'empêcher de troubler l'ordre public.

Enfin se présentent ceux qui pensent que le Concordat doit être maintenu. Suivant eux, sa rupture offrirait de sérieux dangers. Est-il certain, en effet, que la séparation aurait pour conséquence, ainsi que l'espèrent ses partisans, de discréditer et de ruiner l'Eglise ? N'est-il pas à craindre, au contraire, que la suppression des traitements, par exemple, ne donne à la dénonciation du Concordat un caractère de persécution dont l'Église pourrait retirer le plus grand profit, tant sous le rapport matériel qu'au point de vue moral ? On dit, il est vrai, que l'autorité de l'État serait sauvegardée par des lois nouvelles. Mais est-on sûr de pouvoir les faire et surtout de pouvoir les appliquer ? Le Code pénal n'offre-t-il pas des moyens de coercition suffisants ?

D'ailleurs, est-il bien exact de dire que, comme d'aucuns le prétendent, le Concordat et les articles organiques ne fournissent pas au pouvoir civil des armes assez puissantes ?

En supposant même que la loi du 18 germinal an X ait perdu de sa force à travers le temps, n'est-il pas possible de lui rendre une vigueur réelle en l'appliquant rigoureusement, et, au besoin, en complétant les articles organiques — ce que le Gouvernement a le droit de faire — par les sanctions dont quelques-uns sont dépourvus ? L'opinion générale, enfin, est-elle suffisamment préparée à la suppression du Concordat ?

Quant à l'Église elle-même, quel est son sentiment ? Demande-t-elle la rupture du Concordat ou désire-t-elle le maintien de ce traité ?

On voit, par cet exposé, quelles questions multiples tirent leur origine du régime concordataire qui préside actuellement aux rapports de l'État français avec l'Église catholique, apostolique et romaine, et de

4

l'hypothèse d'une séparation de ces deux puissances.

Nous nous proposons d'indiquer les solutions que ces questions paraissent susceptibles de recevoir, et nous commencerons, à cet effet, par un examen détaillé des dispositions du Concordat et de celles des Articles organiques.

CHAPITRE V

Examen analytique du Concordat.

Le préambule de cette convention est ainsi conçu :

Le Gouvernement de la République française reconnaît que la religion catholique, apostolique et romaine est la religion de la grande majorité des citoyens français.

Sa Sainteté reconnaît également que cette même religion a retiré et attend encore en ce moment le plus grand bien et le plus grand éclat de l'établissement du culte catholique en France et de la profession particulière qu'en font les consuls de la République.

En conséquence, d'après cette reconnaissance mutuelle, tant pour le bien de la religion que pour le maintien de la tranquillité intérieure, ils sont convenus de ce qui suit.

« Ainsi sont consacrées l'abolition d'une religion dominante et la sécularisation de l'Etat[1]. »

1. Émile Ollivier, *l'Église et l'État au concile du Vatican*, 1879.

Jusqu'à la Révolution, le catholicisme était en France la religion de l'État lui-même, et cette situation lui inspirait, à l'égard des autres religions, cette intolérance qui eut pour fruits la Saint-Barthélemy et la révocation de l'Édit de Nantes.

En 1789, la déclaration des Droits de l'homme et des citoyens proclama la liberté, pour tout individu, d' « exercer le culte religieux auquel il est attaché ». Ce principe fut inscrit également dans les Constitutions qui suivirent, et, dans une circulaire adressée, le 12 janvier 1800, aux administrations centrales des départements, Fouché, ministre de la police, s'exprimait ainsi : « Le Gouvernement veut que tous les cultes soient libres et qu'aucun ne soit dominant... Si le despotisme a besoin d'une religion exclusive, la République demande des religions amies et hospitalières... Le Gouvernement ne voit dans les sectes religieuses que des Français, et la loi, dans toute la latitude de sa justice et de sa bienfaisance, n'aperçoit que des républicains... Que tous les cultes soient donc libres et égaux. »

Le pape Pie VII, néanmoins, fit tous ses efforts, lors de la négociation du Concordat, pour obtenir que cet acte déclarât expressément la religion catholique seule religion officielle de l'État français, et pour qu'elle recouvrât ainsi tous ses anciens privilèges ; mais il ne parvint pas à vaincre la volonté du premier consul, et il fallut se contenter d'une simple reconnaissance de ce fait qu'en France le catholicisme a plus d'adhérents que les autres cultes. Dans un discours prononcé, en

1802, au Corps législatif, Portalis dit à ce sujet : « Dans la disposition par laquelle on déclare que cette religion est celle des trois consuls et de la grande majorité de la nation, on s'est borné à énoncer deux faits qui sont incontestables, sans entendre, par cette énonciation, attribuer au catholicisme aucun des caractères politiques qui seraient inconciliables avec notre nouveau système de législation. Le catholicisme est, en France, dans le moment actuel, la religion des membres du Gouvernement, et non celle du Gouvernement même ; il est la religion de la majorité du peuple français, et non celle de l'État. Ce sont là des choses qu'il n'est pas permis de confondre. »

Ainsi, la religion catholique n'est aujourd'hui, dans notre pays, qu'une religion tolérée, au même titre que celles qui émargent comme elle au budget des cultes, c'est-à-dire le protestantisme, le culte israélite et le culte musulman.

Cette égalité blesse l'orgueil de l'Église romaine ; ceux qui la déclarent légitime encourent l'anathème pontifical. Dans son *Syllabus* de 1864, Pie IX réprouve, proscrit et condamne ceux qui disent « qu'il est libre à chaque homme d'embrasser et de professer la religion qu'il aura réputée vraie d'après la lumière de la raison », « que le protestantisme n'est pas autre chose qu'une forme diverse de la même vraie religion chrétienne, forme dans laquelle on peut être agréable à Dieu aussi bien que dans l'Église catholique », et « qu'à notre époque, il n'est pas utile que la religion catholique soit considérée comme l'unique religion

4.

de l'État, à l'exclusion de tous les autres cultes [1] ».

Léon XIII, à son tour, regrette les beaux jours où la religion romaine dominait les autres cultes et l'État lui-même : « Il fut un temps, dit-il avec mélancolie, où la philosophie de l'Évangile gouvernait les États. A cette époque, l'influence de la sagesse chrétienne et sa divine vertu pénétraient les lois, les institutions, les mœurs des peuples, tous les rangs et tous les rapports de la société civile. Alors la religion instituée par Jésus-Christ, solidement établie dans le degré de dignité qui lui est dû, était partout florissante, grâce à la faveur des princes et à la protection légitime des magistrats. Alors le sacerdoce et l'empire étaient liés entre eux par une heureuse concorde et l'amical échange de bons offices... Tous ces biens dureraient encore, si l'accord des deux puissances avait persévéré ; et il y avait lieu d'en espérer de plus grands encore si l'autorité, si l'enseignement, si les avis de l'Église avaient rencontré une docilité plus fidèle et plus constante [2]. »

L'Église catholique repousse avec horreur la tolérance religieuse ; aussi souffre-t-elle de la cohabitation qui lui est imposée, dans notre pays, avec trois autres cultes rivaux, auxquels l'État reconnaît les mêmes titres. M. H. Taine a exprimé ses angoisses : « Rien de plus odieux à l'Église catholique que cette polygamie affichée et pratiquée, cette subvention accordée indifféremment à tous les cultes, ce patro-

1. Propositions XV, XVIII et LXXVII.
2. Encyclique *Immortale Dei*, du 1er novembre 1885.

nage commun plus insultant que l'abandon, cette égalité de traitement qui met sur le même pied la chaire de vérité et les chaires de mensonge, le ministère de salut et les ministères de perdition[1]. »

Il est bien certain, cependant, que la neutralité de l'État à l'égard des diverses religions est commandée impérieusement par la logique. Du moment, en effet, qu'aucune d'elles ne justifie de titres réellement supérieurs à ceux que ses voisines font valoir, il n'existe aucune raison pour qu'elles soient traitées différemment par le pouvoir civil. L'Église catholique, il est vrai, amoncelle les raisonnements pour prouver que seule elle a droit de régner sur les âmes par le caractère de certitude qu'offrent ses dogmes ; mais cette certitude est loin d'être reconnue de tout le monde. Dans une étude sur l'encyclique *Immortale Dei*[2], M. d'Hulst reproduit l'extrait suivant d'un article du journal *le Temps* : « Le point de départ de ces raisonnements, c'est l'évidence prétendue de la vérité religieuse. Mais cette première affirmation est précisément celle que nous ne comprenons plus. S'il y a quelque chose qui doit ressortir pour la conscience publique de toutes les discussions du passé, c'est au contraire le caractère inévident des choses de la foi, et c'est sur cette base, la plus universelle et la plus solide de toutes, que sont fondées la liberté de conscience et la tolérance civile en toutes ces matières. » Ces observations sont parfaitement justes, et puisque M. d'Hulst recon-

---

1. *Revue des Deux Mondes*, livraison du 15 mai 1891.
2. Étude intitulée : *le Droit chrétien et le Droit moderne*, 1886.

naît lui-même que *l'autorité ne se conçoit pas sans la certitude*, il est rationnel que l'État n'accorde à aucun culte une prééminence quelconque sur les autres. Ajoutons que si un tel privilège pouvait être concédé, ce n'est pas à la religion catholique qu'il nous paraîtrait revenir, les dogmes bassement superstitieux qui la composent la rendant la moins digne d'un hommage particulier[1].

Quoi qu'il en soit, cette religion s'est vu retirer par le Concordat de 1801 la situation prépondérante de religion d'État qu'elle avait occupée jusqu'à la Révolution, et, selon toute vraisemblance, l'avenir ne la lui rendra jamais.

ARTICLE PREMIER. — *La religion catholique, apostolique et romaine sera librement exercée en France; son culte sera public, en se conformant aux règlements de police que le Gouvernement jugera nécessaires pour la tranquillité publique.*

Par cet article, la religion catholique, qui avait été persécutée pendant la Terreur, recouvre en France

1. Les religions ont généralement pour bases l'existence de Dieu et l'immortalité de l'âme. Étant donné que la vérité de ces deux principes n'a jamais été démontrée, il s'ensuit que les systèmes entiers de dogmes et de préceptes qu'on en fait dériver n'offrent pas à la raison humaine des motifs d'acquiescement suffisants; la confiance irréfléchie de la foi peut seule leur accorder quelque solidité. Reconnaissons cependant que le principe du libre arbitre, base des sociétés plus essentielle encore que les croyances religieuses, et si universellement regardé comme vrai, n'est lui-même qu'un postulat.

son droit de cité; mais, si son exercice et son culte y sont désormais tolérés, ce n'est qu'à la condition absolue qu'ils ne porteront aucune atteinte à la tranquillité publique, et qu'ils ne contreviendront pas aux règlements de police que le Gouvernement jugera nécessaires pour assurer ce résultat.

Or, ces règlements de police, ce sont précisément les *articles organiques*[1].

Nous avons rappelé plus haut que, lors de la publication de la loi du 18 germinal an X, le pape Pie VII avait protesté contre les articles organiques : il alléguait que leurs dispositions étaient contraires à l'esprit du Concordat, et qu'ils avaient été rédigés à l'insu et sans la participation du Saint-Siège. « Pour persuader aux lecteurs superficiels et vulgaires, dit Consalvi[2], que ces articles organiques avaient été acceptés par le Pape, on les avait frauduleusement placés sous la date du *Concordat.* »

Cette assertion du cardinal est inexacte, puisque, comme nous l'avons vu, la loi consacrant la convention conclue entre le Gouvernement français et la Cour de Rome n'applique la date du 26 messidor an IX qu'au Concordat proprement dit, et non aux articles organiques.

Il est également faux que les articles organiques fussent inconnus de Pie VII lors de leur apparition. Le Gouvernement français, il est vrai, n'en avait pas,

1. Discours de M. de Freycinet au Sénat, séance du 9 décembre 1891.
2. *Mémoires.*

au préalable, concerté officiellement le texte avec le Saint-Siège lui-même; mais celui-ci en avait eu certainement connaissance par le cardinal Caprara, à qui le projet en avait été communiqué. « La loi des *articles organiques*, dit M. Thiers [1], était pour le Gouvernement français *un acte tout intérieur, qui le regardait seul, et qui, à ce titre, ne devait pas être soumis au Saint-Siège. Il suffisait qu'elle ne contînt rien de contraire au Concordat*, pour que la Cour de Rome ne fût pas raisonnablement fondée à se plaindre. La lui soumettre, c'était se préparer des difficultés insurmontables, difficultés plus grandes, plus nombreuses que celles qu'avait rencontrées le Concordat lui-même. Le Premier Consul n'avait garde de s'y exposer... Il est bien vrai que, plus tard, ces articles sont devenus l'un des griefs de la Cour de Rome contre Napoléon, mais ils furent un prétexte plutôt qu'un grief véritable. *Ils avaient été, du reste, communiqués au cardinal Caprara*, qui ne parut point révolté à leur lecture, à en juger, toutefois, par ce qu'il écrivit à sa cour. Il fit quelques réserves et conseilla au Saint-Père de ne point s'en affliger, espérant, disait-il, qu'ils ne seraient pas exécutés à la rigueur. »

Les articles organiques étaient donc connus de Pie VII dès avant leur publication; mais, comme ils avaient soulevé un certain mécontentement parmi les cardinaux, le Pontife, pour dégager sa responsabilité aux yeux du Sacré-Collège, crut devoir les désap-

---

1. *Histoire du Consulat et de l'Empire.*

prouver publiquement, et, pour donner plus complètement le change, chargea Caprara lui-même d'adresser une réclamation à M. de Talleyrand.

En admettant même, d'ailleurs, que le Pape ignorât réellement alors, dans leurs détails, les dispositions des articles organiques, sa protestation n'en était pas mieux fondée; car, en souscrivant purement et simplement l'article premier de la Convention du 26 messidor an IX, Pie VII avait, par ce fait même, accepté d'avance les règlements, quels qu'ils fussent, que le Gouvernement français jugerait à propos d'édicter dans le but de garantir l'ordre public contre les effets possibles du rétablissement officiel de la religion catholique dans notre pays. Si le Pontife n'a pas su prévoir la portée éventuelle de ces règlements, ce manque de clairvoyance vient sans doute de ce que l'assistance divine lui a fait défaut dans une circonstance où, semble-t-il, elle aurait dû l'illuminer tout particulièrement.

Au surplus, nous verrons bientôt que les articles organiques n'outrepassent en rien les droits de police du Gouvernement français vis-à-vis de l'Église et qu'ils ne comportent que l'application stricte du Concordat.

Bien que la légitimité des articles organiques ne puisse faire aucun doute pour tout esprit de bonne foi, elle a été contestée, en maintes occasions, par les ultramontains, jaloux de suivre l'exemple de Pie VII; mais les jurisconsultes, notamment Dupin[1], l'ont

1. *Manuel du droit ecclésiastique français*, 1860.

démontrée d'une manière irréfutable. Les débats parlementaires également en ont souvent fait ressortir toute l'évidence. Il suffit de rappeler à ce sujet les discussions qui ont eu lieu, à la fin de 1891, au Sénat et à la Chambre des députés[1] et qui, en résumé, établissent solidement ce principe : que les articles organiques font partie intégrante du Concordat et sont obligatoires pour les parties contractantes au même titre que cette convention elle-même.

Quelques-uns des *articles organiques* ont été, depuis 1802, abrogés sur la demande de l'Église; mais il ne faut pas en conclure, comme le font ceux qui réclament pour elle une indépendance indéfinie, que l'illégalité de ces articles a été ainsi reconnue : le Gouvernement français a seulement cru pouvoir, sur certains points, renoncer à ses prérogatives et adoucir, dans l'application, le caractère nettement coercitif que Bonaparte avait entendu donner au Concordat.

Certains écrivains[2] soutiennent que les règlements de police visés à l'article premier de cette convention étaient motivés par les circonstances exceptionnelles de l'époque, qu'ils ne devaient avoir qu'une durée momentanée, et que, par conséquent, leur maintien constitue aujourd'hui un excès de pouvoir de l'autorité civile. Rien ne justifie cette interprétation, les termes de l'article premier ne comportant aucune restriction

---

1. Voir les numéros du *Journal officiel* des 10, 12 et 13 décembre 1891.

2. Paul Besson, *De la séparation de l'Église et de l'État;* dom François Chamard, *la Révolution et le Concordat,* etc.

quant à la durée d'application de ces règlements. Il est certain, au contraire, que ce texte absolu leur confère une validité perpétuelle et que le Gouvernement a le droit d'en faire l'application toutes les fois que la nécessité s'en impose. Nous ajoutons même que, pour les raisons développées plus haut, le pouvoir civil peut, sans illégalité, compléter les *Articles organiques* par telles mesures nouvelles qu'il jugerait utiles pour assurer leur exécution, sanctionner leurs dispositions, ou étendre leur domaine d'action.

En résumé, les *Articles organiques* ne sont autres que les règlements mêmes que le Concordat reconnaît au pouvoir civil le droit d'édicter. Ils sont donc obligatoires pour l'Église, et l'État peut, de sa seule autorité, les modifier à toute époque, dans tel sens qu'il lui convient.

Article 2. — *Il sera fait par le Saint-Siège, de concert avec le Gouvernement, une nouvelle circonscription des diocèses français.*

En 1800, le nombre de ces diocèses était de 158. Bonaparte comprit qu'eu égard aux dispositions de l'opinion publique, il ne serait pas opportun de faire consacrer par l'État l'existence d'un haut personnel ecclésiastique trop considérable. Il pensait, d'ailleurs, que l'épiscopat français serait soumis d'autant plus complètement au pouvoir civil, que le nombre de ses membres serait plus restreint. Enfin, comme un traitement devait désormais être accordé aux évêques, il importait de ne pas imposer, de ce chef, au budget national des charges trop lourdes.

La réduction du nombre des diocèses fut donc décidée, non, toutefois, sans que le Saint-Siège s'efforçât d'obtenir, sur ce point, des concessions aussi larges que possible. On finit par s'arrêter au chiffre de 10 pour les sièges métropolitains et à celui de 50 pour les sièges épiscopaux. (Loi organique, art. 58.)

ARTICLE 3. — *Sa Sainteté déclarera aux titulaires des évéchés français qu'elle attend d'eux avec une ferme confiance, pour le bien de la paix et de l'unité, toute espèce de sacrifices, même celui de leurs sièges.*

D'après cette exhortation, s'ils se refusaient à ce sacrifice commandé par le bien de l'Église (refus néanmoins auquel Sa Sainteté ne s'attend pas), il sera pourvu, par de nouveaux titulaires, au gouvernement des évéchés de la circonscription nouvelle de la manière suivante.

ARTICLE 4. — *Le Premier Consul de la République nommera, dans les trois mois qui suivront la publication de la bulle de Sa Sainteté, aux archevéchés et évéchés de la circonscription nouvelle. Sa Sainteté conférera l'institution canonique suivant les formes établies par rapport à la France avant le changement de gouvernement.*

Une fois admis le principe du remaniement des diocèses, « il fallait s'occuper de la transition, c'est-à-dire du passage de l'état présent à l'état prochain qu'on voulait créer. Comment faire à l'égard des sièges existants? Comment s'entendre avec ces ecclésiastiques de toute espèce, évêques ou simples prêtres, les uns *assermentés* et attachés à la Révolution, pratiquant publiquement le culte dans les églises, les autres *insermentés*, émigrés ou rentrés, exerçant clandestinement les fonctions de leur ministère, et la plupart hostiles?... On s'adresserait aux titulaires anciens qui vivaient encore, et le Pape leur demanderait leur démission. S'ils la refusaient, il prononcerait leur déposition, et, quand on aurait ainsi fait table rase, alors on tracerait sur la carte de France soixante nouveaux diocèses. Pour les remplir, le Premier Consul nommerait soixante prélats, pris indistinctement dans les *assermentés* ou *insermentés*, mais plutôt dans ces derniers, qui étaient les plus nombreux, les plus considérés, les plus chers aux fidèles. Il choisirait les uns et les autres parmi les ecclésiastiques dignes de la confiance du Gouvernement, respectables par leurs mœurs et réconciliés avec la Révolution française. Ces prélats, nommés par le Premier Consul, seraient institués par le Pape[1]. »

Ce projet, conçu par Bonaparte, fut proposé au Saint-Siège, qui fit de grandes difficultés pour y souscrire. Il lui répugnait de sacrifier d'anciens et fidèles serviteurs et de consentir à ce que, dans les circonscriptions nouvelles, ils fussent remplacés par des évêques qui avaient prêté serment à la Constitution

---

1. Thiers, *Histoire du Consulat et de l'Empire.*

civile de 1790. Mais la volonté du Premier Consul fut invincible : « Le Pape, disait-il au cardinal Caprara, a promis, une fois les démissions données, de réconcilier avec l'Église, sans aucune distinction, tous ceux qui se soumettraient au Concordat. Il l'a promis, il faut qu'il tienne sa parole. Je la lui rappellerai... Je mêlerai donc quelques évêques constitutionnels aux évêques que vous appelez fidèles ; je les choisirai bien, j'en choisirai peu, mais il y en aura. Vous les réconcilierez avec l'Église romaine ; je les obligerai à être soumis au Concordat, et tout ira bien. Du reste, c'est chose résolue, n'y revenez plus[1]. » Devant cette résolution, Caprara conseilla au Pape de céder : « N'irritons pas cet homme, lui écrivait-il ; lui seul nous soutient dans ce pays, où tout le monde est contre nous. Si son zèle se refroidissait un instant, ou si par malheur il venait à mourir, il n'y aurait plus de religion en France[2]. »

Pie VII se résigna donc. Il adressa aux évêques insermentés un bref leur demandant leur démission : « Nous sommes forcé, disait-il, par la nécessité des temps, qui exerce aussi sur nous sa violence, de vous annoncer que votre réponse doit nous être envoyée dans dix jours, et que cette réponse doit être absolue et non dilatoire, de manière que si nous ne la recevions pas telle que nous la souhaitons, nous serions forcé de vous regarder comme si vous aviez refusé d'acquiescer à notre demande. » Le Pontife eut soin,

1. Thiers, *Histoire du Consulat et de l'Empire.*
2. *Ibid.*

bien entendu, d'exposer aussi qu'il avait fait tout ce qui dépendait de lui pour leur épargner ce sacrifice. Quant aux évêques constitutionnels, le bref qui les concernait « était paternel aussi, respirait l'indulgence la plus douce, mais ne parlait pas de démission, vu que l'Église n'avait jamais reconnu les constitutionnels comme évêques légitimes. Il leur demandait d'abjurer d'anciennes erreurs, de rentrer dans le sein de l'Église, et de terminer un schisme qui était à la fois un scandale et une calamité. C'était une manière de provoquer leur démission sans la réclamer, car la réclamer eût été une reconnaissance de leur titre que le Saint-Siège ne pouvait faire[1]. »

Les évêques constitutionnels, désireux de seconder les vues du Premier Consul, déclarèrent, en masse et sans hésitation, renoncer à leurs sièges. Les évêques non assermentés ne montrèrent pas le même désintéressement ; leur attitude ne justifia pas la « ferme confiance » exprimée par Pie VII dans la convention du 26 messidor. Il leur était dur de rendre leurs sièges, au moment où ils auraient pu en jouir paisiblement. Une grande partie d'entre eux refusèrent de donner leur démission ; ils demandaient qu'un concile fût réuni pour examiner la mise en demeure formulée par le Saint-Siège, qu'ils accusaient de commettre un abus d'autorité. Ils étaient, d'ailleurs, encouragés à la résistance par Louis XVIII, qui redoutait la réconciliation de la France avec Rome.

1. Thiers, *Histoire du Consulat et de l'Empire.*

Pie VII ne s'attarda pas à discuter avec des gens qui comprenaient si mal les « nécessités du temps ». La bulle *Qui Christi Domini*[1] trancha la question : « Nous voyons avec la plus vive amertume, est-il dit dans ce document, que si, d'un côté, les libres démissions d'un grand nombre d'évêques nous sont parvenues, d'un autre côté celles de plusieurs autres évêques ont éprouvé du retard, ou leurs lettres n'ont eu pour objet que de développer les motifs qui tendent à retarder leur sacrifice. Vouloir adopter ces délais, ce serait exposer la France, dépouillée de ses pasteurs, à de nouveaux périls : non seulement le rétablissement de la religion catholique serait retardé, mais, ce qui est surtout à craindre, sa position deviendrait de jour en jour plus critique et plus dangereuse, et nos espérances s'évanouiraient insensiblement. Dans cet état de choses, c'est pour nous un devoir, non seulement d'écarter les dangers qui pourraient s'élever, mais encore de préférer à toute considération, quelque grave qu'elle puisse être, la conservation de l'unité catholique et celle de la religion, et de faire sans délai tout ce qui est nécessaire pour consommer l'utile et glorieux ouvrage de sa restauration. C'est pourquoi nous dérogeons à tout consentement des archevêques et des évêques légitimes, des chapitres, et des différentes églises et de tous autres ordinaires. Nous leur interdisons l'exercice de toute juridiction ecclésiastique quelle qu'elle soit. Nous

1. Datée du 29 novembre 1801.

déclarons nul et sans valeur tout ce qu'aucun d'eux pourrait faire dans la suite en vertu de cette juridiction ; en sorte que les différentes églises archiépiscopales et cathédrales et les diocèses qui en dépendent, soit en totalité, soit en partie, suivant la nouvelle circonscription qui va être établie, doivent être regardés, et sont dans la réalité libres et vacants, de telle sorte que l'on puisse en disposer de la manière qui sera ci-dessous indiquée. » Suit le tableau de la nouvelle circonscription des diocèses.

Conformément à l'article 4 de la convention du 26 messidor an IX, le Premier Consul, dès que fut publiée la bulle *Qui Christi Domini*, désigna les titulaires des nouveaux sièges épiscopaux et métropolitains. Parmi eux figurèrent deux archevêques et dix évêques constitutionnels. Pie VII leur conféra l'institution canonique.

Nous avons rapporté que, sur l'invitation formelle du Pape à se démettre de leurs sièges, une partie des évêques insermentés avaient protesté contre cette injonction, dans laquelle ils voyaient un abus d'autorité. La mesure prise par Pie VII est, en effet, unique dans l'histoire de l'Église. Dupin fait, à ce sujet, cette judicieuse observation : « Cet article 3 contient un excès de pouvoir manifeste. Cette mesure a été, de la part du Pape, un attentat aux droits des évêques de France, un véritable coup d'État. Tout ce que les conjonctures avaient de grave a bien pu servir de texte pour essayer de l'excuser ou de l'expliquer, mais ne saurait le légitimer. Il ne faut pas que les ultramontains regardent un fait aussi exorbitant comme un précédent dont la cour de Rome puisse jamais s'autoriser pour croire qu'elle est en droit de priver et de déposséder à son bon plaisir des évêques français de leurs sièges, ou pour attenter d'une manière quelconque à leurs droits[1]. »

ARTICLE 5. — *Les nominations aux évêchés qui vaqueront dans la suite seront également faites par le Premier Consul, et l'institution canonique sera donnée par le Saint-Siège, en conformité de l'article précédent.*

Le droit de nommer les archevêques et les évêques, conféré au Premier Consul par l'article 4 de la convention du 26 messidor an IX, ne s'appliquait pas seulement aux désignations des nouveaux titulaires des diocèses constitués en vertu de cette convention. Par l'article 5, il se trouve également dévolu au chef de l'État pour toutes les nominations qu'il y aura lieu de faire dans l'avenir, afin de pourvoir aux vacances des sièges métropolitains ou épiscopaux.

Nous n'avons pas besoin d'insister sur l'importance de ces dispositions, qui ont pour but de donner au Gouvernement français le moyen de constituer un clergé dévoué aux intérêts nationaux et de combattre l'ultramontanisme. Souvent, il est vrai, un curé devenu évêque ne conserve pas vis-à-vis du pouvoir

1. *Manuel du droit ecclésiastique français.*

civil les dispositions qu'il montrait avant sa nomination. Comme on l'a dit, « un gallican, c'est un curé qui arrive ; un ultramontain, c'est un curé arrivé[1] ». Il n'en est pas moins certain que, par un choix attentif, le Gouvernement est en mesure de n'appeler à la prélature que des sujets offrant les garanties qu'il doit rechercher.

Le pouvoir dont le chef de l'État est armé par le droit de nommer les évêques est si considérable que le célèbre abbé Rosmini le considérait comme un fléau pour l'Église[2]. Il aurait voulu que ce droit fût réservé exclusivement au Pape ou aux chapitres diocésains.

Ce vœu, il faut l'espérer, ne sera jamais réalisé en France. Dans certains pays, comme la Belgique et l'Italie, le Gouvernement n'intervient pas dans la nomination des évêques ; mais cet exemple serait dangereux à suivre : « Le droit de nomination, dit M. Émile Ollivier[3], a été sagement attribué par le Concordat au chef de l'État, et cette disposition ne doit pas être abandonnée. La nomination de l'évêque par le prince n'est ni un droit inhérent au pouvoir laïque, ni une concession purement gracieuse du Saint-Siège : c'est une conséquence nécessaire de la révolution disciplinaire qui a exclu les laïques des élections épiscopales. L'intervention des laïques dans

1. Discours de M. Dide au Sénat, séance du 9 décembre 1891.

2. Voir son livre intitulé : *les Cinq plaies de l'Église* (écrit en italien).

3. *L'Église et l'État au concile du Vatican.*

les élections épiscopales est un fait organique dont on suit la trace bien longtemps, et en France plus qu'ailleurs... Avec le temps, cette intervention directe du peuple devint une cause de corruption ; Grégoire IX y mit fin... Toutefois, une intervention représentative exercée par les princes se substitua à l'intervention directe abolie... Du moment que l'intervention directe du peuple ne fut plus requise, les princes participèrent à toutes les élections comme représentants du peuple chrétien, témoin nécessaire de toute nomination régulière. Ils ne pourraient donc renoncer à une attribution déléguée, dont ils ne sont pas les titulaires personnels, que s'ils obtenaient en même temps la réintégration du laïque dans l'ancienne coutume. L'Église ne paraissant disposée à rien de pareil, le devoir politique est de conserver un droit dont l'abandon serait sans aucune compensation pour la communauté des fidèles. »

Le droit des rois de France de nommer aux évêchés était déjà consacré par le Concordat de 1516.

Après ces justifications historiques, on s'étonne d'entendre dom François Chamard déclarer que les articles 4 et 5 du Concordat de 1801 confèrent « au chef de l'État en France un privilège auquel il n'a aucun droit [1] ».

Quant à l'institution canonique, elle continue à être réservée au Pape. Mais ici se pose la question de savoir si celui-ci est tenu de la conférer indistincte-

1. *La Révolution et le Concordat*, 1891.

ment à tous les évêques nommés par le Gouvernement, ou bien s'il a le droit de la refuser à ceux qui ne lui paraissent pas posséder les qualités requises pour exercer la prélature.

La solution de cette question paraît ressortir du silence même du Concordat. Il semble certain, en effet, que si cette convention avait entendu ouvrir au Saint-Siège le droit de refuser l'institution canonique à un archevêque ou à un évêque nommé par le Gouvernement français, elle n'eût pas omis de viser le cas important d'un tel conflit, et qu'elle eût au moins fixé le délai dans lequel le Pape devrait faire connaître son refus, afin que le siège à pourvoir ne risquât pas de demeurer indéfiniment vacant. La convention étant muette à ce sujet, il semble permis de soutenir qu'elle doit être interprétée d'après ses termes absolus, et d'en conclure que la collation de l'institution canonique est obligatoire pour le Saint-Siège dans toutes les circonstances. S'il en était autrement, l'intervention du Gouvernement ne serait pas une « nomination », mais une simple présentation.

Si l'on admet, au contraire, avec certains écrivains ecclésiastiques, que le Pape a le droit de refuser l'institution canonique, le Gouvernement français, dans le cas où ce droit serait exercé, devrait procéder à une autre nomination. Si le Pape opposait des refus successifs et systématiques, le Gouvernement serait fondé à inviter un métropolitain à instituer canoniquement l'évêque. Le métropolitain refusant à son tour, le Gouvernement n'aurait plus qu'un parti à prendre : laisser le siège vacant jusqu'à ce que l'intitution canonique ait été conférée par un représentant du pouvoir spirituel.

En fait, le Saint-Siège consent toujours cette collation au profit du prélat nommé par le Gouvernement français ; le choix de celui-ci porte constamment, en effet, sur des sujets que le pape ne serait pas suffisamment fondé à écarter, et le Souverain Pontife se rend compte qu'il doit redouter pour l'Église les conséquences d'un refus injustifié.

ARTICLE 6. — *Les évêques, avant d'entrer en fonctions, prêteront directement, entre les mains du Premier Consul, le serment de fidélité qui était en usage avant le changement de Gouvernement, exprimé dans les termes suivants :*

« Je jure et promets à Dieu, sur les Saints Évangiles, de garder obéissance et fidélité au Gouvernement établi par la Constitution de la République française. Je promets aussi de n'avoir aucune intelligence, de n'assister à aucun conseil, de n'entretenir aucune ligue, soit au dedans, soit au dehors, qui soit contraire à la tranquillité publique ; et si, dans mon diocèse ou ailleurs, j'apprends qu'il se trame quelque chose au préjudice de l'État, je le ferai savoir au Gouvernement. »

Sous le Concordat de François Ier, le serment de fidélité était conçu en ces termes : « Je jure le très saint et sacré nom de Dieu, Sire, et promets à Votre

Majesté) que je lui serai, tant que je vivrai, fidèle sujet et serviteur, et que je procurerai son service et le bien de son État de tout mon pouvoir ; que je ne me trouverai en aucun conseil, dessein, ni entreprise de ses ennemis ; et s'il en vient quelque chose à ma connaissance, je le ferai savoir à Votre Majesté. »

Le serment imposé par le Concordat de 1801 ne diffère donc pas, quant au fond, de celui qui était en usage depuis 1516.

Dom François Chamard considère le serment comme « un hors-d'œuvre qui ne s'explique que par une excessive condescendance de l'Église et une ombrageuse susceptibilité de la part de l'État[1] ».

Nous estimons, au contraire, que l'article 6 de la convention du 26 messidor an IX est des plus importants et de ceux dont les dispositions sont le mieux justifiées. Les tendances usurpatrices du cléricalisme n'ont été, en effet, que trop réelles à toute époque, et il était nécessaire que le Gouvernement français se mît en garde contre elles. Le Concordat a donc, avec beaucoup de sagesse, exigé des évêques l'engagement solennel de ne rien entreprendre contre l'État.

Ces dispositions nous offrent en même temps la solution d'une question très controversée : celle de savoir si les évêques sont des « fonctionnaires ». Ceux qui veulent leur attribuer cette qualité s'appuient généralement sur ce fait que les évêques reçoivent un traitement de l'État, en vertu de l'article 14 du Con-

---

1. *La Révolution et le Concordat.*

cordat; mais comme le clergé, **de** son côté, prétend, à tort du reste, que ce traitement représente uniquement une indemnité qui lui serait due pour la confiscation de ses biens, en 1789, et non pas une rétribution proprement dite, il s'ensuit que le traitement ne suffit pas à fournir un criterium indiscutable. Ce criterium, nous croyons le trouver dans l'article 6. A notre sens, l'évêque est un fonctionnaire non parce qu'il perçoit un traitement, mais parce qu'il doit faire serment, en prenant possession de son siège, de rester fidèle au Gouvernement établi.

On conteste souvent, il est vrai, l'exactitude de ce terme de « fonctionnaire » appliqué aux ecclésiastiques, en arguant qu'ils ne sont pas dépositaires de l'autorité publique; mais l'observation est oiseuse : quelque titre qu'on leur donne, il n'en est pas moins indiscutable qu'ils peuvent être légitimement regardés comme des agents préposés à un service public, et qu'indépendamment même de cette considération, le serment ordonné par le Concordat que l'Eglise a souscrit leur impose à lui seul et d'une manière absolue l'obéissance envers l'État.

Lors donc que les évêques se dissimulent sous le manteau de la religion pour favoriser une politique hostile au Gouvernement, il est incontestable qu'ils violent le Concordat.

On objecterait vainement que le serment politique a été aboli par le décret du 5 septembre 1870. Cette abolition s'applique, en effet, aux fonctionnaires de l'ordre civil, administratif, militaire et judiciaire, et non aux agents de l'ordre ecclésiastique. Le serment des évêques ayant fait l'objet des dispositions spéciales contenues dans l'article 6 de la convention de messidor, il conserve son caractère obligatoire aussi longtemps qu'une loi ou une convention particulière avec le Saint-Siège n'en prononce pas expressément la suppression.

Si l'habitude s'est perdue d'exiger le serment des évêques lors de leur entrée en exercice, nous pensons qu'elle devrait être reprise, et que même la prestation du serment devrait être imposée toutes les fois que le même prélat passe d'un diocèse dans un autre.

Au surplus, que la formalité du serment soit aujourd'hui accomplie ou non, il n'en est pas moins vrai que le Concordat de 1801 a entendu lier étroitement l'évêque à la politique de l'État, et que cette intention doit être respectée.

En résumé, l'article 6 du Concordat oblige les évêques à l'obéissance vis-à-vis du Gouvernement français. S'ils manquent à ce devoir, ils sont passibles de toutes les rigueurs dont l'État a le droit de frapper ses agents insoumis.

ARTICLE 7. — *Les ecclésiastiques du second ordre prêteront le même serment entre les mains des autorités civiles désignées par le Gouvernement.*

Il résulte de ce texte que les observations que nous avons présentées à propos de l'article 6, au sujet des obligations des évêques au regard du pouvoir civil, s'appliquent également en tous points aux ecclésiastiques du second ordre, c'est-à-dire aux curés. Le serment doit être prêté par ceux-ci entre les mains du préfet. (Loi organique, article 27.)

ARTICLE 8. — *La formule de prière suivante sera récitée à la fin de l'office divin, dans toutes les églises catholiques de France :*

> *Domine, salvam fac Rempublicam ;*
> *Domine, salvos fac Consules.* »

Cette formule a naturellement varié avec les divers Gouvernements qui ont dirigé la France depuis 1801.

Si l'on remarque que le clergé est l'ennemi de notre République actuelle, à laquelle les Cardinaux français ont juré la guerre dans leur déclaration du 16 janvier 1892, et dont Léon XIII a condamné les lois dans son encyclique du 16 février suivant [1], on peut se demander quelle part de sincérité l'Église apporte aujourd'hui dans sa prière : *Domine, salvam fac Rempublicam.*

C'est la casuistique qui répond à cette question. Tant que la République française est le régime de la liberté de penser, tant qu'elle ne prête pas son concours au clergé pour l'asservissement des consciences, tant qu'elle édicte des lois qui sont contraires aux canons et aux intérêts de l'Église, les mots *salvam fac* n'impliquent pas une demande faite à Dieu de con-

---

1. Voir le texte de ces deux documents à la fin du présent volume (annexes 5 et 6).

server la République dans sa constitution actuelle : ils signifient, ce qui est bien différent, que Dieu est supplié de sauver spirituellement la République, c'est-à-dire de lui inspirer l'abandon de ses principes libéraux et sa conversion aux doctrines de l'Église. C'est seulement lorsque la République française sera devenue cléricale que la prière adressée au ciel aura réellement pour objet le salut du Gouvernement, entendu, cette fois, dans le sens du maintien durable de ses nouveaux principes.

Telle est la distinction à l'aide de laquelle l'Église se flatte d'expliquer et de justifier une attitude que tout esprit loyal ne peut manquer de trouver équivoque.

Article 9. — *Les évêques feront une nouvelle circonscription des paroisses de leurs diocèses, qui n'aura d'effets que d'après le consentement du Gouvernement.*

La nouvelle circonscription des diocèses prévue par l'article 2 entraînait nécessairement, dans chaque diocèse, une nouvelle répartition des paroisses.

Le soin de déterminer la circonscription des paroisses est laissé aux évêques; mais leur décision à cet égard ne devient définitive qu'autant que le Gouvernement y a donné son approbation. Il peut la refuser s'il le juge à propos, notamment si la circonscription ecclésiastique proposée diffère trop sensiblement de la circonscription civile des communes.

La circonscription d'une paroisse peut être modifiée,

par exemple, sur la demande formée soit par les communes, soit par les particuliers, qui veulent obtenir la distraction de leurs propriétés d'une paroisse trop éloignée et leur réunion à une paroisse plus rapprochée.

ARTICLE 10. — *Les évêques nommeront aux cures. Leur choix ne pourra tomber que sur des personnes agréées par le Gouvernement.*

Ici encore le Gouvernement se réserve, dans l'intérêt de l'ordre public, le droit d'examiner les nominations faites par les évêques pour l'occupation des cures.

D'après l'article 60 de la loi organique du 18 germinal an X, il doit y avoir au moins une paroisse, c'est-à-dire un curé, dans chaque justice de paix, autrement dit dans chaque canton. Il y a actuellement environ 3,500 curés [1].

Ordinairement, les églises des communes chefs-lieux de justice de paix sont érigées en cures; mais rien ne s'oppose à ce que les églises des autres localités puissent l'être. D'un autre côté, il y a encore quelques communes chefs-lieux de canton qui ne possèdent qu'une succursale.

L'importance de la population, l'étendue du territoire, la situation centrale d'une commune, dont le commerce et les établissements attirent les étrangers,

---

1. Le nombre des justices de paix n'est que de 2,880.

tels sont les principaux motifs qui déterminent l'érection d'une cure.

Indépendamment des conditions prescrites par les lois canoniques, le décret du 28 février 1810 exige que l'ecclésiastique candidat à une cure ait été ordonné prêtre, et qu'il soit, par conséquent, âgé de plus de vingt-deux ans. Les curés sont inamovibles. Ils ne peuvent être transférés d'une paroisse à une autre sans leur consentement. Mais, dans des cas très graves, ils peuvent être dépossédés de leur titre par une ordonnance épiscopale rendue selon les formes canoniques et approuvée, quant à ses effets civils, par un décret du chef de l'État. D'ailleurs, l'évêque a le droit d'interdire aux curés l'exercice de leurs fonctions et de remplacer dans cet exercice par un procuré ceux qui sont temporairement éloignés de leur paroisse pour cause de maladie ou de mauvaise conduite.

L'article 10 de la convention du 26 messidor an IX ne vise que les *cures;* c'est seulement dans la loi du 18 germinal an X, dont nous ferons plus loin l'examen, qu'il est question des *succursales.*

Article 11. — *Les évêques pourront avoir un chapitre dans leur cathédrale et un séminaire pour leur diocèse sans que le Gouvernement s'oblige à les doter.*

La Constitution civile du clergé avait supprimé les chapitres : le Concordat permet leur rétablissement, mais sous les conditions énoncées par la loi organique. Aux termes des articles 11 et 35 de cette loi, les archevêques et les évêques qui veulent user de la faculté d'établir des chapitres cathédraux ne peuvent le faire sans avoir rapporté l'autorisation du Gouvernement, tant pour l'établissement lui-même que pour le nombre et le choix des ecclésiastiques destinés à les former.

Le cardinal Caprara, légat *a latere* du pape Pie VII, en réglant la circonscription des nouveaux diocèses par un décret du 9 avril 1802, inséré au *Bulletin des lois*, et dont l'arrêté consulaire du 29 germinal an X autorisa la publication en France, invita les évêques à fonder immédiatement un chapitre dans leur cathédrale, suivant les règles canoniques, prescription qui fut exécutée sans retard.

Les chapitres métropolitains sont ordinairement composés de neuf chanoines, sauf celui de Paris, qui est plus considérable, et les chapitres cathédraux de huit chanoines. Les vicaires généraux de l'archevêque ou de l'évêque font partie de droit du chapitre.

Les chanoines ne forment point un corps particulier indépendant de l'évêque. Ils ne doivent jamais s'assembler pour délibérer sans sa permission ; le prélat préside les réunions du chapitre, soit par lui-même, soit par l'un de ses vicaires généraux délégué à cet effet, détermine les matières à mettre en discussion, demande l'avis des chanoines sans être astreint à s'y conformer, nomme seul aux divers titres et fonctions dans la cathédrale, et a seul le droit de réformer les abus dont les chanoines lui donnent connaissance.

Les attributions principales des chapitres sont de servir de conseil à l'évêque et de gérer les biens qui leur appartiennent.

Lorsque le siège épiscopal vient à vaquer, le chapitre est investi de plein droit, d'après les lois canoniques, du gouvernement du diocèse; mais il ne peut l'administrer que par l'intermédiaire des vicaires généraux capitulaires qu'il a élus pour ses mandataires.

Dès que la vacance du siège épiscopal a lieu par suite d'un décès, ou lui est régulièrement notifiée en cas de démission ou de translation du titulaire, le chapitre doit en donner avis au Gouvernement et soumettre à son agrément l'élection qu'il a faite des vicaires capitulaires. Ainsi l'exigent l'article 37 de la loi organique du Concordat et le décret du 28 février 1810.

L'article 38 de la loi organique dispose qu'en leur qualité de représentants du chapitre, les vicaires capitulaires peuvent traiter les affaires courantes, faire les nominations et tous les actes d'administration spirituelle ou temporelle; mais ils ne doivent se permettre aucune innovation dans les usages et coutumes du diocèse.

Les chanoines sont inamovibles. Ils ne peuvent être dépossédés de leur titre que par une sentence ou ordonnance de révocation, rendue par l'évêque conformément aux lois canoniques, et approuvée, quant à ses effets civils, par un décret du Gouvernement.

Suivant les lois canoniques et civiles, les chanoines

sont tenus de résider dans la ville épiscopale ; ils ne peuvent s'absenter, en aucun cas, sans la permission de l'évêque, et, si leur absence doit se prolonger au delà d'un mois, sans l'autorisation du ministre des cultes.

Bien qu'aux termes de l'article 11 du Concordat, le Gouvernement français se fût affranchi de toute obligation quant à la dotation des chapitres, un traitement fut alloué aux chanoines dès l'an XI. Il fut d'abord de 1,000 francs par an, et, par des augmentations successives, porté à 1,600 francs ; celui des chanoines de Paris était de 2,400 francs. La loi de finances du 21 mars 1885, revenant à l'application du Concordat, a décidé la suppression du traitement des chanoines par voie d'extinction. Le crédit inscrit au budget pour ce traitement, qui était, en 1885, de 1,100,000 francs, n'est plus, au budget de 1895, que de 515,000 francs.

D'après l'article 11 de la loi du 18 germinal an X, les séminaires, ou maisons d'instruction pour ceux qui se destinent à l'état ecclésiastique, sont institués par les évêques, avec l'autorisation du Gouvernement ; les prélats sont chargés d'organiser ces établissements, mais ils doivent soumettre les règlements de cette organisation à l'approbation du chef de l'État (art. 23).

Aux termes du Concordat, il ne doit exister qu'un seul séminaire dans chaque évêché ; mais, en fait, le nombre des séminaires est beaucoup plus élevé que celui des diocèses.

L'instruction dans les séminaires dépend exclusivement des archevêques et des évêques, chacun dans son diocèse. C'est aux prélats qu'il appartient de nommer et de révoquer les directeurs et les professeurs de ces établissements, entièrement placés sous leur autorité. Toutefois, l'enseignement donné dans les séminaires ne saurait être confié à une congrégation non reconnue, et la nomination des directeurs et des professeurs doit être soumise à l'agrément du Gouvernement. Cet enseignement doit comprendre la morale, le dogme, l'histoire ecclésiastique, les maximes de l'Église gallicane (article 24 de la loi du 18 germinal an X) et les règles de l'éloquence sacrée.

Contrairement à l'article 11 du Concordat, plusieurs décrets et ordonnances postérieurs avaient fondé dans les séminaires des bourses et des demi-bourses à la charge de l'État, dans le but de faciliter les études des jeunes gens pauvres se destinant à l'état ecclésiastique ; la loi de finances du 8 août 1885 a supprimé ces subsides, qui figuraient au budget des cultes, avant cette loi, pour environ un million de francs.

On sait qu'aux termes de l'article 23 de la loi du 15 juillet 1889 sur le recrutement de l'armée, les élèves ecclésiastiques sont astreints à faire, en temps de paix, une année de service. On se rappelle les protestations que cette mesure souleva dans une partie du Parlement lors de la discussion de la loi : les défenseurs de l'Église soutenaient que l'incorporation des séminaristes dans l'armée est contraire au Concordat, attendu qu'il nuit au libre exercice de la religion en compromettant le recrutement du clergé, et qu'il est contraire aux canons de l'Église. Depuis le vote de la loi, le clergé et les catholiques n'ont cessé de l'attaquer pour les mêmes motifs. La déclaration publiée par les cardinaux français, en 1892, s'exprime ainsi : « On a gravement compromis le recrutement du clergé par l'enrôlement des séminaristes, et gravement méconnu le caractère du prêtre par la loi militaire qui, en certains cas, menace de l'arracher à l'autel pour lui mettre, au mépris des lois de l'Église, les armes à la main. Et cependant le ministère sacerdotal, qui dure autant que la vie, n'est-il pas un service social et patriotique plus qu'équivalent au service militaire ; et en temps de guerre le clergé séculier et les religieux n'ont-ils pas toujours fait généreusement leur devoir ? »

Ces plaintes sont mal fondées. De ce que l'article premier du Concordat permet le libre exercice de la religion catholique en France, il ne s'ensuit pas nécessairement que cet acte dispense de leurs devoirs de citoyen ceux qui se destinent à l'état ecclésiastique. De toutes les obligations civiques, celle du service militaire doit être la plus absolue et la plus générale, car c'est la force matérielle du pays qui constitue la garantie la plus puissante des intérêts individuels de toute nature, et c'est en retour de cette protection, comme pour en assurer l'intégrité, que tout citoyen a le devoir d'apporter à cette force l'élément constituant de sa propre personne.

D'ailleurs, le libre exercice des diverses professions

autres que le sacerdoce est-il entravé parce que la loi du 15 juillet 1889 astreint au service militaire pendant un certain temps les jeunes gens qui les ont choisies? Est-ce que l'obligation de passer un an sous les drapeaux tarit le recrutement des professeurs, des médecins, des avocats, des ingénieurs et des artistes? Leurs études, il est vrai, subissent une interruption qui retarde quelque peu l'obtention des diplômes qu'ils ont à conquérir; mais ce préjudice les atteint tous et se trouve, en fin de compte, annulé par sa généralité même. Pourquoi les séminaristes bénéficieraient-ils d'une exception?

On objecte que le séjour à la caserne est contraire à la vocation ecclésiastique. M. Jules Simon écrivait en 1883[1] : « Si l'exemption du service militaire est purement et simplement abolie, c'en est fait du recrutement du clergé. Il ne faut pas se laisser leurrer par des lieux communs sur la vie de soldat, l'école du respect, l'honneur militaire, mais prendre les faits tels qu'ils sont... Le nombre des prêtres diminuera... C'est un coup mortel porté à l'Église. » Ces appréhensions paraissent exagérées; cependant, si la pratique de la vie militaire pendant un temps très court peut réellement avoir pour conséquence de décider des jeunes gens à renoncer à l'état ecclésiastique, il est permis d'en conclure que leur vocation était purement factice, et l'Église elle-même doit plutôt se réjouir que s'affliger d'un tel effet quand il se produit, car, selon

____

1. Voir son livre : *Dieu, patrie, liberté.*

toute vraisemblance, il diminue le nombre de ses représentants indignes.

On dit encore que le service militaire des ecclésiastiques viole les lois canoniques; celles-ci déclarent « le clerc qui prend les armes, si ce n'est dans des cas de nécessité exceptionnelle, contempteur des saints canons et profanateur de la sainteté cléricale[1] ». Nous répondrons que le Concordat de 1801 n'a pas reconnu la religion catholique comme religion de l'État; il se borne à la tolérer. Le Gouvernement français n'est donc nullement astreint à tenir compte des statuts particuliers de l'Église lorsqu'il s'agit d'assurer les intérêts généraux et supérieurs de la défense nationale.

Au surplus, la loi du 15 juillet 1889 exclut, en temps de guerre, les élèves ecclésiastiques des armes combattantes, puisqu'aux termes de l'article 23 de cette loi, ces jeunes gens, en cas de mobilisation, sont versés dans le service de santé militaire. Quant aux ministres du culte qui sont en exercice, la même loi les dispense, en temps de paix, des exercices annuels auxquels sont astreints les hommes de leur âge, et elle édicte des dispositions qui permettent de ne les convoquer sous les drapeaux, en temps de guerre, que si cet appel est absolument indispensable.

En résumé, la loi de 1889, en retirant aux ecclésiastiques l'immunité complète que leur avaient accordée gracieusement des lois antérieures, n'a fait que

1. Émile Ollivier, *l'Église et l'État au concile du Vatican.*

respecter l'égalité des citoyens français et les intérêts de la défense nationale, tout en apportant au service militaire qu'ils ont à accomplir aujourd'hui des tempéraments conformes à l'état sacerdotal.

ARTICLE 12. — *Toutes les églises métropolitaines, cathédrales, paroissiales et autres non aliénées, nécessaires au culte, seront remises à la disposition des évêques.*

Par décret du 2 novembre 1789, la Constituante avait déclaré tous les biens ecclésiastiques propriété de la nation.

Au moment où fut conclue la convention du 26 messidor an IX, la vente de ces biens au profit de l'État n'était pas effectuée intégralement. Il fut convenu, en conséquence, que ceux des édifices autrefois affectés au culte qui n'étaient pas encore aliénés seraient remis à la disposition du clergé.

Cette mesure, toutefois, ne comportait pas la restitution de la *propriété* de ces immeubles, mais seulement celle de leur *jouissance*. Les églises font partie du domaine public, et c'est à ce titre qu'elles sont entretenues aux frais de l'État, des départements ou des communes.

En outre, ne devaient être remis à la disposition du clergé que les immeubles réellement nécessaires pour la célébration du culte. Aussi l'article 75 de la loi organique fixe-t-il cette dotation à un édifice par cure et par succursale.

ARTICLE 13. — *Sa Sainteté, pour le bien de la paix et l'heureux rétablissement de la religion catholique, déclare que ni elle, ni ses successeurs, ne troubleront en aucune manière les acquéreurs des biens ecclésiastiques aliénés, et qu'en conséquence, la propriété de ces mêmes biens, les droits et revenus y attachés, demeureront incommutables entre leurs mains ou celles de leurs ayants cause.*

Dès le début des négociations relatives au Concordat, les représentants du pape demandèrent avec instance qu'au nombre des principales stipulations que cet acte devait contenir, fût inscrite la restitution à l'Église des biens considérables qu'elle détenait avant la Révolution.

A cette demande le Gouvernement consulaire opposa un refus catégorique, déclarant, de son côté, qu'il faisait de la reconnaissance, par le Saint-Siège, des ventes de biens ecclésiastiques, la condition première de tout rapprochement entre les deux puissances. Sur l'ordre de Bonaparte, l'abbé Bernier adressa, à ce sujet, à l'archevêque Spina la lettre suivante, datée du 24 brumaire an IX (15 novembre 1800) :

Monseigneur,

L'immensité des sacrifices que la France a faits pendant la Révolution est connue de toute l'Europe. Il n'est pas une classe, pas une portion de citoyens quelconques, qui n'ait été frappée ; toutes ont subi cette nécessité souvent fatale, qui fait des besoins de l'État la première de toutes les lois. Toutes ont fait à la patrie l'offrande indispensable de leurs bras ou de leurs facultés.

Dans ces moments de crise, il était impossible que le clergé français ne ressentît pas le malheur des circonstances et ne fût pas forcé par le torrent révolutionnaire à se soumettre à tous les sacrifices qu'elles lui commandaient.

Ses biens immenses sont devenus l'hypothèque des créanciers de l'État Les lois et la Constitution l'en ont également privé. Cette expropriation, nécessitée par les besoins de l'État, est maintenant consommée. Ces biens ont passé des mains des possesseurs ou titulaires dans celles des acquéreurs. La loi donne à ceux-ci un titre, et le Gouvernement une garantie. Ce titre, cette garantie reposent essentiellement sur la foi publique : vouloir les altérer ou les enfreindre, ce serait ouvrir la porte à de nouveaux troubles et appeler contre l'Église le mécontentement et la haine d'une partie des Français.

Cette effrayante idée, Monseigneur, doit être la mesure du jugement que portera l'Église sur ces sortes d'acquisitions. La nécessité les commande, le besoin les exige, la loi de l'État les approuve, la Constitution les garantit, le bien de la paix, le repos de l'État, le rétablissement de la religion au milieu de nous, en un mot, la réunion de la France avec l'Église de Rome dépend essentiellement de la conservation de ces acquisitions. Ces motifs sont trop puissants pour ne pas faire sur l'esprit et le cœur de Sa Sainteté la plus vive impression.

Nous lui proposons donc, par votre organe, Monseigneur, d'adopter comme principe fondamental de toute réunion, que les acquisitions des biens ecclésiastiques dits *nationaux* seront maintenues et ratifiées par l'Église, au nom de laquelle le Saint-Siège ordonnera, tant aux ecclésiastiques qu'aux fidèles, de ne troubler en aucune manière les possesseurs actuels de ces mêmes biens, et de regarder l'acquisition qu'ils en ont faite comme un titre légal.

Agréez, Monseigneur, l'hommage de mon profond respect.

BERNIER.

6.

Ainsi, le Gouvernement consulaire exigeait non seulement que l'Église renonçât définitivement à ses anciens biens, mais encore que le pape fît une déclaration expresse de ce désistement. En effet, le silence à cet égard de la convention à intervenir n'eût peut-être pas suffi pour rassurer les acquéreurs de biens nationaux, qui « étaient assiégés au lit de mort de suggessions perfides, et menacés d'une damnation éternelle, s'ils ne consentaient à des arrangements spoliateurs[1] ».

L'archevêque Spina plaida de nouveau la cause de l'Église dans un mémoire développé; mais ses efforts se brisèrent contre la résolution du Premier Consul.

Lorsque le Concordat fut présenté au Corps législatif, le 15 germinal an X, Portalis s'exprima ainsi au sujet de l'article 13 :

« Le temporel des États étant entièrement étranger au ministère du Pontife de Rome comme à celui des autres Pontifes, l'intervention du pape n'était certainement pas requise pour consolider et affermir la propriété des acquéreurs des biens ecclésiastiques. Les ministres d'une religion qui n'est que l'éducation de l'homme pour une autre vie n'ont point à s'immiscer dans les affaires de celle-ci. Mais il a été utile que la voix du chef de l'Église, qui n'a point à promulguer des lois dans la société, pût retentir doucement dans les consciences et y apaiser des craintes ou des

1. Thiers, *Histoire du Consulat et de l'Empire*,

inquiétudes que la loi n'a pas toujours le pouvoir de calmer. C'est ce qui explique la clause par laquelle le pape, dans sa convention avec le Gouvernement, reconnaît les acquéreurs des biens du clergé comme les propriétaires incommutables de ces biens. »

ARTICLE 14. — *Le Gouvernement assurera un traitement convenable aux évêques et aux curés dont les diocèses et les paroisses seront compris dans la circonscription nouvelle.*

Nous avons vu, à l'occasion des articles 6 et 7 du Concordat, que le serment imposé par cette convention aux évêques et aux curés, par lequel ils s'engagent à obéir au gouvernement de la République et à coopérer, dans la mesure de leur pouvoir, au maintien de la tranquillité publique, les érige incontestablement en agents de l'État. Il était rationnel qu'à ce titre ils reçussent un traitement.

Aux termes des articles 64 et 65 de la loi organique, le traitement des archevêques est fixé à 15,000 francs par an, et celui des évêques à 10,000 francs.

Ces traitements ont été accrus, à plusieurs reprises, dans des proportions très importantes, et il y a été ajouté des allocations considérables pour frais d'établissement, frais d'expédition des bulles d'institution canonique, frais de visites diocésaines, etc.; mais ces extensions abusives ont été supprimées par les lois de finances des 21 décembre 1879, 29 décembre 1883 et 21 mars 1885, qui ont ramené strictement tous les traitements des prélats aux fixations de la loi de germinal.

Quant aux curés, l'article 66 de cette loi les divise en deux classes; il alloue un traitement de 1,500 fr. aux curés de la première classe, et un traitement de 1,000 francs à ceux de la seconde classe.

Les curés de première classe sont : 1° les curés des paroisses de 5,000 habitants et au-dessus ; 2° les curés des chefs-lieux de préfecture, alors même que la population serait au-dessous de 5,000 habitants ; 3° un dixième des curés de seconde classe qui se sont distingués dans leurs fonctions. Les curés de seconde classe sont ceux des paroisses, non chefs-lieux de préfecture, dont la population est inférieure à 5,000 habitants.

Le traitement prévu par la loi du 18 germinal an X pour les curés de deuxième classe a été augmenté en 1817 et en 1818 ; il est aujourd'hui de 1,200 francs.

A l'examen de l'article 14 du Concordat se rattache la question de savoir si le Gouvernement a le droit, dans certaines circonstances, de frapper les évêques et les curés d'une suppression ou d'une suspension de traitement. Cette question est très controversée.

Pour les uns, le traitement ecclésiastique représente uniquement une indemnité attribuée au clergé à raison de la confiscation des biens de l'Église opérée en 1789. Cette indemnité est une dette nationale, le prêtre est un créancier de l'État. L'aliénation des biens ecclésiastiques ayant été reconnue définitive par le Saint-Siège, le droit du clergé au traitement est, par ce fait même, perpétuel ; par conséquent, ce traitement ne peut être légalement ni supprimé, ni suspendu.

Les partisans de cette thèse invoquent le texte du décret rendu, le 2 novembre 1789, par l'Assemblée constituante, qui était ainsi conçu : « Tous les biens ecclésiastiques sont mis à la disposition de la nation, à la charge de pourvoir d'une manière convenable aux frais du culte, à l'entretien de ses ministres et au soulagement des pauvres. »

Ceux qui estiment que les évêques et les curés sont des fonctionnaires ou des agents de l'État [1] et que le traitement qui leur est affecté n'est pas autre chose que la rétribution des services qu'ils se sont engagés à rendre au Gouvernement, répondent avec raison que le texte de 1789 n'a pas la portée qu'on veut lui attribuer. La Constituante, en effet, en se préoccupant de l'entretien des ministres du culte, n'a voulu tenir compte que de la situation des prêtres alors en exercice, privés soudainement de leurs revenus ; mais elle n'a entendu nullement prendre soin de leurs successeurs. Aussi a-t-elle décrété, au profit de ces prêtres, des pensions *viagères*, qui devaient s'éteindre au décès des titulaires. Le caractère essentiellement temporaire de ces pensions ressort nettement des termes de l'article 70 de la loi organique du Concordat, qui statue que « tout ecclésiastique, pensionnaire de l'État, qui refuserait, sans cause légitime, les fonc-

1. « Les prêtres protégés et salariés sont évidemment des fonctionnaires. » (Jules Simon, *la Liberté de conscience*, 1859.)

tions qui lui seraient confiées, serait *privé de sa pension* ». Il est évident qu'une telle disposition n'aurait pu être édictée si le décret du 2 novembre 1789 avait voulu assurer au clergé des revenus perpétuels, susceptibles d'être incorporés pour toujours à la dette publique.

En mettant les biens ecclésiastiques à la disposition de la nation, l'Assemblée constituante a seulement modifié *l'emploi* de ces biens ; elle n'en a pas changé la *propriété*, qui n'avait jamais cessé d'être celle de la France. M. Édouard Laboulaye s'exprime ainsi à ce sujet : « On dira que le traitement n'est qu'une indemnité qui appartient à tout jamais au clergé français, comme représentant et successeur de l'ancien clergé dépouillé. Cet argument, que j'ai souvent rencontré, ne me paraît pas sérieux : il repose sur une équivoque. Les biens confisqués appartenaient à l'Église de France ; mais l'Église, ce n'est pas seulement le clergé, ce sont les fidèles. Cathédrales, chapelles, hôpitaux, couvents, écoles, toutes les fondations faites avec l'argent des peuples n'ont jamais été la propriété des évêques, ni des prêtres, ni des moines; c'est la propriété de la France catholique, c'est-à-dire de tout le monde en 1789. S'il y avait une indemnité à payer, ce serait la France qui la devrait à la France ; il y aurait confusion de la créance et de la dette ; en d'autres termes, il n'y aurait plus ni débiteur ni créancier [1]. »

Il est donc incontestable que les obligations im-

---

1. *Almanach coopératif* de 1869.

posées à l'État vis-à-vis du clergé catholique par le décret du 2 novembre 1789 étaient purement momentanées ; elles n'avaient et ne pouvaient avoir aucun caractère de pérennité.

Le décret du 24 août 1790, établissant la *Constitution civile du clergé*, allouait un traitement aux évêques et aux curés, à raison de leurs « fonctions » ; cet acte n'exprimait aucune relation entre ce traitement et la suppression antérieure des biens ecclésiastiques [1].

Enfin, d'autres dispositions législatives, avant le Concordat de 1801, avaient même formellement repoussé le principe de l'obligation pour l'État de servir un traitement aux ecclésiastiques : tels sont les décrets des 18 septembre 1794 et 21 février 1795, et la Constitution du 5 fructidor an III (22 août 1795), qui statuent que « la République française ne salarie aucun culte ».

Il ressort de cet exposé que le traitement accordé au clergé par l'article 14 du Concordat ne peut être considéré comme une indemnité des confiscations opérées en 1789. Aussi ce traitement n'a-t-il en aucun temps, même sous la Restauration, été inscrit à la dette publique, ce qui aurait impliqué pour les ministres du culte le droit de le percevoir à perpé-

1. Le traitement ecclésiastique était ainsi motivé dans le décret du 24 août 1790 (titre III, art. 1er) : « Les ministres de la religion exerçant les premières et les plus importantes fonctions de la société, et obligés de résider continuellement dans le lieu du service auquel la confiance des peuples les a appelés, seront défrayés par la nation. »

tuité : il est voté, chaque année, par les pouvoirs publics, et il cesserait d'être légal le jour où l'abrogation du Concordat serait décidée.

Le clergé tire argument de la succession des articles 13 et 14 du Concordat, dont le premier contient la reconnaissance par le pape Pie VII de la vente des biens ecclésiastiques, pour soutenir qu'il existe entre ces articles un lien de conséquence ; mais cette affirmation est tout à fait immotivée, puisque rien d'exprès n'établit ce lien. Le rapprochement des articles en question est purement matériel et ils demeurent indépendants l'un de l'autre.

Il reste donc que le traitement du clergé lui est alloué exclusivement en raison de ses fonctions. Conséquemment, il n'a droit à ce traitement qu'autant qu'il exerce ces fonctions dans les conditions stipulées par l'Église, c'est-à-dire en observant vis-à-vis du gouvernement établi l'obéissance à laquelle elle s'est formellement engagée par les articles 6 et 7 du Concordat.

Au surplus, en supposant même que le traitement des ecclésiastiques puisse être considéré comme un dédommagement des préjudices imposés au clergé par la Révolution, il ne s'ensuivrait pas nécessairement que l'Etat fût dépourvu de tout droit de saisie sur ce traitement. Il suffit, en effet, de rappeler que, sous l'ancienne monarchie, les rois étaient armés du droit de saisie du temporel, et qu'ils en faisaient fréquemment usage « pour punir les désobéissances et contraventions des ecclésiastiques qui refusaient d'observer les règlements publics et ordonnances du royaume[1] ». Or, si la saisie du temporel s'appliquait légalement aux anciens biens du clergé, la saisie du traitement, lequel, prétend-on, les représente aujourd'hui, ne peut évidemment être illégale, puisque l'article 16 du Concordat a conféré au gouvernement de la République française les droits et prérogatives dont l'ancien gouvernement jouissait vis-à-vis de l'Église.

Depuis le Concordat, les divers gouvernements qui se sont succédé en France ont également pratiqué la saisie des traitements ecclésiastiques. Sous la Restauration, des prêtres du diocèse de Strasbourg qui s'étaient montrés favorables à Napoléon furent frappés d'une suppression définitive de leur salaire. Le gouvernement de Louis-Philippe, pour comprimer les mouvements légitimistes ; la République de 1848, pour s'assurer l'obéissance ; le second Empire, pour réprimer des manifestations du clergé en faveur du pape menacé, ont prononcé de nombreuses suspensions de traitement. Ces mesures étaient justifiées par le droit incontestable de surveillance et de discipline que l'État possède sur les agents de tous les services publics. Dans un rapport daté du mois de novembre 1830, le directeur du service des cultes, Châtillon, disait : « Il paraît naturel de penser que si le clergé se montre antinational, l'État ne lui doit certainement pas un traitement à ce titre, et que les intérêts temporels des ecclésiastiques étant entre les mains du gouvernement,

---

1. Ordonnances de 1560 et 1579.

il peut traiter les prêtres selon la conduite qu'ils tiennent. » Un peu plus tard, Dupin, procureur général à la Cour de cassation, s'exprimait ainsi à la Chambre des pairs : « Ce droit de saisir le temporel des ecclésiastiques qui s'écartent de leur devoir existe encore dans les mains du ministre des cultes. A l'égard des fonctionnaires civils, on les prive de leur traitement au moins pendant le temps qu'ils ne remplissent pas leurs fonctions ; par exemple, s'ils s'absentent sans congé, et, si l'infraction est poussée trop loin, on les destitue. Mais remarquez que vous ne pouvez pas destituer des ecclésiastiques, vous ne pouvez pas leur retirer un mandat qu'ils n'ont pas reçu de vous. Seulement, comme vous avez attaché un traitement à l'accomplissement de ce mandat spirituel, à condition qu'ils ne l'exerceraient pas d'une manière contraire à l'intérêt de l'État, mais bien dans l'intérêt du bonheur public, si votre condition n'est pas remplie, vous pouvez dire : Je ne payerai pas. Vous n'avez pas d'autre moyen. On ne peut pas, en effet, tolérer l'impudence, et je ne puis pas ici employer d'autre terme, d'un ministre du culte qui se montrerait à la fois hostile au gouvernement et aux lois et qui viendrait, son mandat à la main, exiger qu'on le payât et soutenir qu'on ne peut pas se dispenser de le payer. » Portalis, premier président de la Cour de cassation, avait déjà dit : « Il importe de consacrer en principe que le salaire public des ministres d'un culte est accordé dans l'intérêt de l'État plus que dans l'intérêt de ce culte lui-même. Les traitements des ministres des cultes ont pour objet, en maintenant les institutions religieuses, en assurant le service public des cultes, en accordant au culte de la grande majorité des Français l'appui et le secours que mérite son importance, de mettre l'État mieux à portée d'exercer le droit de surveillance qui lui appartient sur les matières religieuses et la conduite des ministres des cultes. Le salaire qu'ils reçoivent constitue un contrat synallagmatique entre la société religieuse et la société politique, au moyen duquel cette dernière promet sa tutelle et l'autre sa soumission. »

La troisième République a dû également frapper de suppression et de suspension de traitement de nombreux ecclésiastiques, tant évêques que curés, qui n'avaient pas eu pour les lois de notre nouveau régime politique le respect que leur doit tout citoyen français. Le Gouvernement, toutefois, n'a fait usage de ces moyens de rigueur qu'avec la plus grande modération et en poussant le scrupule jusqu'à rappeler officiellement ses droits, avant de les exercer. C'est ainsi qu'en 1883 il a cru devoir demander au Conseil d'État de formuler un avis sur l'étendue des pouvoirs disciplinaires de l'État en cette matière. La réponse de la juridiction suprême a été absolument catégorique : « Le droit du Gouvernement de suspendre ou de supprimer les traitements ecclésiastiques par mesure disciplinaire s'applique indistinctement à tous les ministres des cultes salariés par l'État[1]. »

1. Avis du Conseil d'État du 26 avril 1883 ; voir le texte de cet avis à la fin du présent volume (annexe 4).

Le rapport qui a préparé cet avis le justifie par les considérations suivantes, qui sont de même nature que celles que nous avons vu invoquer à toute époque : « Le Gouvernement, organe et mandataire de la nation, est responsable vis-à-vis d'elle du bon fonctionnement de l'appareil administratif ; son devoir est de veiller à ce que les emplois rétribués sur le Trésor, c'est-à-dire avec les deniers des contribuables, soient tenus et remplis au mieux de l'intérêt commun. Pour l'accomplissement de cette tâche, le Gouvernement est investi d'un pouvoir discrétionnaire qui s'applique à tous les fonctionnaires publics, de quelque ordre et de quelque degré qu'ils soient... Pour n'avoir pas été compris dans le règlement d'administration publique du 9 novembre 1853, les ministres du culte n'en sont pas moins soumis au droit de police de l'État, et le pouvoir du Gouvernement doit les atteindre au moins dans la seule partie qui lui soit accessible, le traitement... Le clergé n'est plus aujourd'hui rattaché à l'État que par un seul lien : le traitement qu'il en reçoit. Eh bien, c'est précisément parce que l'État n'a pas d'autre prise sur les ministres du culte que celle que lui offre leur salaire, qu'il n'a qu'une part restreinte et même nulle dans leur nomination, qu'il est sans action sur leur conduite, qu'il ne peut prononcer leur révocation lorsqu'ils y donneraient lieu, c'est pour tout cela que l'État a pouvoir sur leurs traitements. Comment admettre, en effet, que l'État reste désarmé devant une hostilité manifeste ou devant des infractions qui, sans aller jusqu'au délit passible de la police correctionnelle, n'en sont pas moins de nature à troubler les consciences et à jeter le désordre dans le pays? »

L'avis du 26 avril 1883, dont la publication au *Journal officiel* constituait un avertissement pour le clergé, ne suffit point cependant à réprimer ses écarts, et le Gouvernement se vit forcé de frapper les traitements ecclésiastiques. L'un des intéressés se pourvut devant le Conseil d'État contre la décision ministérielle qui l'avait privé de son salaire ; mais cette haute juridiction, conformément à l'avis qu'elle avait formulé, rejeta la requête dont elle était saisie, suivant arrêt du 1er février 1889.

Dans leur déclaration du 16 janvier 1892, les cardinaux français ont protesté contre la suppression des traitements ecclésiastiques ; mais cette protestation, selon toute probabilité, restera purement platonique.

En résumé, le traitement alloué aux évêques et aux curés par l'article 14 du Concordat ne doit pas être considéré comme une indemnité ayant un caractère spécial qui le rende insaisissable. Il n'est pas autre chose qu'une rétribution accordée à des *agents d'un service public* pour l'accomplissement de leurs fonctions. Il leur est dû aussi longtemps qu'ils remplissent leurs devoirs envers l'État ; mais celui-ci a le droit incontestable, fondé sur la logique et une tradition constante, de le supprimer ou de le suspendre toutes les fois que les ministres du culte se mettent en état de faute grave, principalement lorsque, manquant à l'obligation la plus stricte de leur profession, qui est la neutralité politique, ils manifestent leur hostilité contre le gouvernement de la République et les lois établies en France par les votes de la représentation nationale.

ARTICLE 15. — *Le Gouvernement prendra également des mesures pour que les catholiques français puissent, s'ils le veulent, faire en faveur des églises, des fondations.*

La mise à la disposition du clergé, dans la mesure des besoins du culte, des églises de diverses catégories non aliénées, et l'allocation d'un traitement aux évêques et aux curés (articles 12 et 14) ne satisfaisaient point les représentants de Pie VII, car elles ne constituaient que des dotations nécessairement limitées. Ils réclamèrent donc et obtinrent que le Gouvernement s'engageât, en outre, à permettre des fondations au profit des églises : ils purent ainsi espérer que les biens ecclésiastiques confisqués en 1789 se reconstitueraient progressivement.

Le Gouvernement comprit, toutefois, les dangers que présenterait la faculté des fondations, si l'application en était faite aux immeubles. L'article 73 de la loi du 18 germinal an X disposa, en conséquence, que les fondations ne pourraient consister qu'en rentes sur l'État et ne pourraient être exécutées qu'avec l'autorisation du Gouvernement ; l'article 74 interdit d'affecter des immeubles à des titres ecclésiastiques où d'en faire don aux ministres du culte à raison de leurs fonctions, sauf les édifices publics destinés au logement des ministres et les jardins attenants.

Ces dispositions prudentes ne furent pas longtemps respectées ; elles subirent déjà des atteintes sous le gouvernement impérial lui-même et furent bientôt complètement annulées par la Restauration. La loi du 2 janvier 1817 dispose, en effet, que tout établissement ecclésiastique reconnu par la loi peut, avec l'autorisation du Gouvernement, *accepter* ou *acquérir* tous biens meubles et *immeubles*. Cette loi, dit Vaulabelle, rétablissait « une nature de propriété considérée justement comme une des plaies de l'ancien régime et que l'on devait croire à jamais emportée par la Révolution : les biens de mainmorte [1] ».

Les impôts établis sur les biens ecclésiastiques, principalement en vertu des lois des 20 février 1849 et 30 mars 1872, n'en ont pas arrêté le développement, et ces biens atteignent aujourd'hui une importance immense qui ne saurait être envisagée avec indifférence par les pouvoirs publics.

ARTICLE 16. — *Sa Sainteté reconnaît dans le Premier Consul de la République française les mêmes droits et prérogatives dont jouissait près d'elle l'ancien gouvernement.*

Par cet article, Pie VII reconnaît la déchéance de la dynastie des Bourbons et le transfert au Gouverne-

1. *Histoire des deux Restaurations.*

ment consulaire des privilèges dont l'ancien régime jouissait vis-à-vis de l'Église.

Ainsi que nous l'avons vu à propos de l'article 14 du Concordat, le droit de saisie sur le temporel des ecclésiastiques comptait au nombre de ces privilèges, et l'avis rendu par le Conseil d'État, le 26 avril 1883, relativement au droit du Gouvernement de suspendre ou de supprimer les traitements du clergé, a précisément visé l'article 16.

On a prétendu, à ce sujet, que cet article n'a pas la portée extensive que le Conseil d'État lui a attribuée, qu'il s'applique seulement aux privilèges que les anciens rois de France exerçaient *auprès du Saint-Siège*, et non à ceux qu'ils exerçaient *dans leur royaume*, et l'on a voulu justifier cette distinction en invoquant le texte latin du Concordat : *Sanctitas Sua recognoscit in Primo Consule Gallicanæ Reipublicæ eadem jura ac privilegia, quibus apud Sanctam Sedem fruebatur antiquum regimen*[1]. Mais, étant donné ce fait incontestable que, dans la négociation du Concordat, le pape Pie VII représentait l'Église, dont il était le chef, il est légitime de soutenir que l'expression : « apud Sanctam Sedem » doit être entendue dans un sens général, applicable à la société ecclésiastique tout entière[2]. Le sens restrictif que l'on voudrait donner à cette expression ne peut, d'ailleurs, se justi-

---

1. Émile Ollivier, *le Concordat est-il respecté?* Dom François Chamard, *la Révolution et le Concordat*, etc.

2. Le mot latin *apud* n'a pas seulement le sens de *près de, auprès de;* il signifie aussi : *envers, à l'égard de, vis-à-vis de.*

fier suffisamment, attendu qu'au nombre des privilèges visés par l'article 16, figurent certaines facultés que nos anciens rois exerçaient uniquement sur le sol français; telles étaient celles d'avoir un autel portatif, de faire célébrer la messe avant le jour et après midi, d'entrer avec quelques personnes dans tous les monastères, etc., etc.

L'article 16 possède donc, en réalité, une portée considérable. Ses dispositions, combinées avec celles de l'article premier, sont l'origine et l'explication d'un certain nombre des articles organiques du Concordat, notamment de ceux concernant le régime de l'Église catholique dans ses rapports généraux avec les droits et la police de l'État.

ARTICLE 17. — *Il est convenu entre les parties contractantes que, dans le cas où quelqu'un des successeurs du Premier Consul actuel ne serait pas catholique, les droits et prérogatives mentionnés dans l'article ci-dessus, et la nomination aux évêchés, seront réglés, par rapport à lui, par une nouvelle convention.*

Quelques amis de l'Église catholique, qui rêvent sa complète liberté dans l'État et voudraient la soustraire à la force obligatoire du Concordat, prétendent que cette convention, déjà ancienne, doit être aujourd'hui considérée comme tombée en désuétude, une partie de ses dispositions restant sans application, du consen-

7.

tement même des parties contractantes. Ils appuient cette allégation notamment sur ce fait que les mesures éventuelles prévues par l'article 17 n'ont pas été prises, bien que les successeurs du Premier Consul, principalement sous notre régime politique actuel, ne soient pas « catholiques », c'est-à-dire manifestent des sentiments peu favorables aux intérêts de la religion romaine[1].

Cet argument n'est pas sérieux. Il est évident, en effet, que l'article 17 vise, non pas les sentiments intimes que les chefs de l'État français peuvent nourrir à l'égard de cette religion, mais uniquement la qualité extérieure de catholiques qui leur a été imposée par le baptême. L'Église établit ses statistiques de populations catholiques sur le nombre des individus baptisés ; elle sait fort bien que les chiffres relevés seraient beaucoup moins importants s'ils ne représentaient que les âmes réellement attachées à la foi catholique. Le Concordat lui-même n'existerait pas, si Pie VII avait recherché chez Bonaparte la sincérité des croyances religieuses.

L'article 17 du Concordat doit donc être entendu en ce sens exclusif que cette convention serait à modifier sur certains points, si le chef de l'État français, au lieu d'appartenir à la communauté catholique, était israélite ou protestant. Tant que cette éventualité ne se réalisera pas, l'article 17 ne pourra avoir aucune

1. Discours de M. Paul de Cassagnac à la Chambre des députés, séance du 11 décembre 1891. — Villefranche, le Concordat. Qu'on l'observe loyalement ou qu'on le dénonce, 1891.

application, c'est-à-dire que le Gouvernement français devra continuer à jouir, vis-à-vis de l'Église, des privilèges spéciaux qui lui sont dévolus par les articles 16 et 5 du Concordat.

CHAPITRE VI

Examen analytique des Articles organiques.

« Les articles organiques, dit M. Jules Simon, sont au Concordat ce qu'un règlement d'administration publique est à une loi [1]. » Selon cette définition parfaitement exacte, ces articles ont pour objet de régler l'exécution de la convention du 26 messidor an IX au moyen de diverses dispositions de détail conformes aux principes généraux énoncés dans cette convention.

En outre, les articles organiques, participant ainsi du caractère même du Concordat, sont obligatoires pour les deux parties contractantes au même titre que la convention principale. Toutefois, il est très important de remarquer que les articles organiques émanant exclusivement du pouvoir législatif français, celui-ci, s'il le juge à propos, peut les modifier sans être astreint à aucune entente préalable avec le Saint-Siège : il suffit, pour que Rome soit tenue de respecter les nouvelles mesures adoptées, qu'elles ne contiennent rien de contraire au Concordat. C'est ce que

1. *La Liberté de conscience*, introduction, 1859.

Talleyrand a exprimé ainsi : « Les lois du Concordat sont essentiellement le Concordat lui-même. Cet acte est le résultat de la volonté de deux puissances contractantes. Les articles organiques, au contraire, ne sont que le mode d'exécution adopté par l'une de ces puissances. Le mode est *susceptible de changement et d'amélioration suivant les circonstances* [1]. »

Nous allons analyser les articles de la loi organique. On verra que, contrairement aux plaintes de l'Église, la portée de leurs dispositions est strictement renfermée dans la limite des droits que le Gouvernement français tient du Concordat lui-même et de la mission qui lui incombe naturellement de protéger l'ordre public contre l'exercice de la religion catholique en France.

TITRE Ier. — *Du régime de l'Église catholique dans ses rapports généraux avec les droits et la police de l'État* (articles 1 à 8).

Le titre Ier a, en résumé, pour objet :

1° De soumettre à une autorisation expresse du gouvernement la publication et la mise à exécution en France de toute décision émanant du Saint-Siège ou d'un concile étranger, et la tenue, sur le territoire national, de toute assemblée délibérante du clergé;

2° De définir les cas dans lesquels il peut être exercé un recours au Conseil d'État contre les abus

---

1. *Note* du 18 juillet 1804.

commis, soit par le clergé, par voie d'infraction aux lois et règlements de l'État ou de trouble apporté dans la tranquillité publique, soit par d'autres personnes portant atteinte à l'exercice du culte et à la liberté que les lois et les règlements garantissent à ses ministres.

Le droit de l'État de surveiller les actes ou les assemblées du clergé résulte manifestement des termes de l'article 1er du Concordat, qui ne permet l'exercice de la religion catholique en France que sous la réserve des règlements de police que le gouvernement jugera nécessaires pour la tranquillité publique. « Il est incontestable, a dit Portalis, rapporteur des articles organiques, que chaque État a le droit de veiller à ce qu'il ne soit rien apporté dans son territoire qui puisse contrarier les lois ou troubler la paix de l'État. On ne pourrait refuser ce droit au gouvernement, sans lui disputer celui de se conserver et de se défendre. » Du reste, dit-il ailleurs, « les articles organiques n'introduisent pas un droit nouveau; ils ne sont qu'une nouvelle sanction des antiques maximes de l'Église gallicane... Les fondements sur lesquels reposent ces articles sont l'indépendance des gouvernements dans le temporel, la limitation de l'autorité ecclésiastique aux choses purement spirituelles, la supériorité des conciles généraux sur le pape, et l'obligation commune au pape et à tous les autres pasteurs de n'exercer leur autorité ou leur ministère que d'une manière conforme aux canons reçus dans l'Église et consacrés par le respect du monde chrétien. »

Les précautions prises par le gouvernement français au sujet des documents émanés de la cour de Rome ou des conciles remontent à une date fort ancienne.

Nous avons vu plus haut les mesures adoptées par Louis IX et Charles VII. Des lettres patentes de Louis XI, du 8 janvier 1475, ordonnent que « toutes bulles, lettres et autres choses venant de Rome seront visitées par les officiers des lieux ès frontières, pour voir s'il n'y a rien contre les droits du royaume et les libertés de l'Église gallicane ». Le Concordat de 1516, conclu entre François Ier et Léon X, disposait que « les bulles ou lettres apostoliques, aussi bien que les actes des conciles, ne pourraient être reçus en France qu'avec l'approbation du roi ». Un arrêt du Parlement de Paris du 26 février 1768 porte « inhibition et défense à tous archevêques et évêques, officiaux et autres, comme aussi à toutes personnes de quelque qualité et condition qu'elles soient, de recevoir, faire lire, publier et imprimer, ni autrement mettre à exécution aucunes bulles, brefs, rescrits, décrets, mandats, provisions ou autres expéditions de la cour de Rome, même ne concernant que les particuliers, à l'exception néanmoins des brefs de pénitence pour le for intérieur seulement, sans avoir été présentés en la cour, vus et visités par icelle, à peine de nullité desdites expéditions et de ce qui s'en serait suivi ». — « Quoique nos rois, dit le savant canoniste d'Héricourt, n'entreprennent point de décider les questions de foi, dont ils laissent le jugement aux évêques, on ne peut publier aucune bulle dogmatique sans lettres patentes vérifiées au Parlement, parce que les bulles dogmatiques peuvent contenir des clauses contraires aux droits de la couronne et de l'Église de France [1]. »

Le décret du 28 février 1810 a apporté un tempérament à l'article 1er de la loi organique, en disposant que « les brefs de la pénitencerie, pour le for intérieur seulement, pourront être exécutés sans aucune autorisation ». Cette exception, déjà admise par l'arrêt précité du 26 février 1768, est motivée par la destination particulière de ces brefs, qui ont pour objet, soit l'absolution des péchés dans les cas réservés au pape, soit des censures, soit des dispenses pour mariage ou toute autre cause.

Le droit de vérifier les bulles et autres actes de la cour de Rome a été conféré au Conseil d'État par décret du 7 janvier 1808. Lorsque le Conseil d'État ne voit rien qui s'oppose à la publication de ces actes, il prépare un projet de décret qui est soumis à la signature du Président de la République et inséré, après approbation, au *Bulletin des lois*. La bulle est, en outre, transcrite en latin et en français sur les registres du Conseil d'État.

La nécessité de l'*exequatur* (article 2 des organiques) a toujours été imposée en France aux représentants du Saint-Siège. C'est ce qui résulte du Re-

---

1. *Lois ecclésiastiques de France, mises dans leur ordre naturel*, 1721.

cueil des libertés de l'Église gallicane établi par Pierre Pithou en 1594 : « Le pape, y est-il dit, n'envoie point en France légats *a latere*, avec faculté de réformer, juger, conférer, dispenser, et telles autres qui ont accoutumé d'être spécifiées par les bulles de leur pouvoir, sinon à la postulation du roi très chrétien *ou de son consentement;* et le légat n'use de ses facultés qu'après avoir baillé promesse au roi par écrit sous son seing, et juré par ses saints ordres de n'user desdites facultés ès royaume, pays, terres et seigneuries de sa sujétion, sinon *tant et si longuement qu'il plaira au roi;* et que sitôt que ledit légat sera averti de sa volonté au contraire, il s'en désistera et cessera. Aussi qu'il n'usera desdites facultés, sinon pour le regard de celles *dont il aura le consentement du roi, et conformément à icelui,* sans entreprendre ni faire chose préjudiciable aux saints décrets, conciles généraux, franchises, libertés et privilèges de l'Église gallicane et des universités et études publiques de ce royaume. Et à cette fin se présentent les facultés de tels légats à la cour de Parlement, où elles sont vues, examinées, vérifiées, publiées et enregistrées sous telles modifications que la cour voit être à faire pour le bien du royaume : suivant lesquelles modifications se jugent tous les procès et différends qui surviennent pour raison de ce, et non autrement. »

En ce qui concerne la convocation des conciles ou synodes nationaux ou diocésains, un arrêt du Conseil d'État du 10 novembre 1640 défend au clergé de faire aucune assemblée générale ou particulière sans la permission du roi.

Le recours ou *appel comme d'abus* a été, dans le principe, un véritable appel à la juridiction séculière contre les sentences de la juridiction ecclésiastique, lorsqu'on prétendait que celle-ci avait excédé ses pouvoirs, soit en connaissant d'affaires qui n'étaient pas de sa compétence, soit en violant les canons et les libertés de l'Église gallicane. Il relevait de la compétence exclusive des parlements. Peu à peu, il devint un moyen de réprimer toutes les entreprises de l'autorité ecclésiastique portant atteinte aux lois du royaume, à l'intérêt public et même à l'intérêt des particuliers. La loi du 18 germinal an X, en maintenant le recours pour abus, n'a donc fait que conserver une institution qui avait déjà reçu la consécration du temps.

Il résulte des articles 6 et 7 de cette loi que l'abus peut être commis aussi bien par des autorités civiles que par des personnes ecclésiastiques. Portalis disait à ce sujet : « Si les personnes ecclésiastiques peuvent commettre des abus contre leurs inférieurs dans la hiérarchie et contre les simples fidèles, les fonctionnaires publics et les magistrats peuvent s'en permettre contre la religion et contre les ministres du culte. Le recours au Conseil d'État doit donc être un remède réciproque comme l'était l'appel comme d'abus. » L'article 7 est ainsi la sanction de l'article 1er du Concordat, qui assure le libre et public exercice de la religion catholique. En fait, il n'est prononcé que très rarement des déclarations d'abus par application de cet article.

La procédure prévue par l'article 8 est actuellement réglée de la manière suivante : le recours doit, dans tous les cas, être adressé d'abord au ministre des cultes, avec un mémoire à l'appui, afin qu'il procède à l'instruction de l'affaire. Après avoir réuni tous les renseignements nécessaires, le ministre transmet au Conseil d'État son rapport ainsi que le dossier. Le Conseil d'État prononce ensuite sur le recours ; sa décision n'est publiée qu'après avoir été approuvée par le chef du gouvernement sous la forme d'un décret.

Trois cas peuvent se présenter :

1° L'acte reproché au ministre du culte est un abus, sans être une infraction à la loi pénale. Le décret en Conseil d'État prononce purement et simplement la déclaration d'abus.

2° L'acte est une infraction à la loi pénale, *mais il n'a pas été accompli dans l'exercice du culte.* On admet généralement que, dans ce cas, il n'y a pas lieu au recours devant le Conseil d'État préalablement aux poursuites judiciaires.

3° L'acte constitue une infraction à la loi pénale *et il a été accompli dans l'exercice du culte.* On a jugé longtemps que, dans ce cas, les poursuites judiciaires devaient être précédées du recours au Conseil d'État ; mais la jurisprudence aujourd'hui dominante se conforme à l'avis de la Cour de cassation exprimé dans des arrêts de date récente, qui se résume ainsi : « Il est contraire à tous les principes que, lorsqu'un fait constitue à la fois un manquement disciplinaire et un délit, le tribunal disciplinaire doive connaître du fait préalablement et préférablement au tribunal chargé de réprimer le délit ; il faudrait une disposition spéciale et formelle qui, par dérogation au droit commun, imposât ce recours préalable en cas de délit. En conséquence, à défaut d'une telle disposition, l'action dirigée contre un ministre du culte pour un délit commis dans l'exercice de ses fonctions peut être portée devant la justice répressive, soit par le ministère public, soit par une partie civile, sans que le Conseil d'État ait été préalablement saisi d'un recours en abus. Il en est ainsi, notamment, de l'action exercée pour diffamation et injure commises en chaire par un ministre du culte catholique. »

Il n'est pas sans intérêt d'énumérer ici quelques-unes des espèces dans lesquelles il a été ou peut être fait application au clergé des dispositions de l'article 6 de la loi du 18 germinal an X. Il y a *abus* notamment :

Lorsqu'un évêque publie et exécute dans son diocèse une bulle, un bref, une lettre encyclique ou un rescrit du pape qui n'ont été ni vérifiés, ni enregistrés au Conseil d'État. C'est ainsi que deux décrets du 8 février 1865 ont porté déclaration d'abus contre l'évêque de Moulins et l'archevêque de Besançon qui avaient lu en chaire, bien que la publication n'en eût pas été autorisée par le gouvernement, l'encyclique du 8 décembre 1864 et le *Syllabus* qui y était annexé. Le décret du 24 mars 1886 a porté une déclaration de même nature contre l'évêque de Saint-Dié, pour avoir fait publier dans son diocèse l'encyclique *Immortale Dei*, qui n'avait pas été préalablement vue et vérifiée par le gouvernement;

Lorsqu'un archevêque publie, sous la forme d'une lettre pastorale, des propositions contraires au droit public et aux lois de l'État, aux prérogatives et à l'indépendance de la couronne (ordonnance du 10 janvier 1825);

Lorsqu'un évêque donne l'ordre de refuser la sépulture catholique à un homme mort après avoir fait profession de la religion, demandé et reçu le sacrement de la pénitence, parce que le défunt n'aurait pas voulu faire devant témoins une rétractation écrite (ordonnance du 30 décembre 1838);

Lorsqu'un évêque, dans une lettre pastorale, se livre à des allégations injurieuses pour l'Université de France et les membres du corps enseignant, et menace de refus éventuel des sacrements les enfants élevés dans les établissements universitaires (ordonnance du 8 novembre 1843 ; décrets du 28 avril 1883) ;

Lorsqu'un archevêque conteste l'autorité due à l'édit de 1682 sur les libertés de l'Église gallicane; à l'article 24 de la loi du 18 germinal an X et au décret du 25 février 1810 (par lequel Napoléon Ier fit promulguer de nouveau et insérer au *Bulletin des lois*, comme loi générale de l'Empire, l'édit du 23 mars 1682, sur la déclaration du clergé de France de la même année) ; déclare exécutoire une bulle qui n'a jamais été reçue en France, et dénie au gouvernement le droit de statuer en Conseil d'État par déclaration d'abus (ordonnance du 9 mars 1845);

Lorsqu'un évêque, dans un mandement, censure la politique et critique les actes du gouvernement (décret du 30 mars 1861; décret du 12 février 1886; décrets du 16 mars 1886);

Lorsque plusieurs archevêques et évêques publient collectivement, en forme de brochure et par la voie des journaux, un écrit délibéré entre eux et contenant des instructions sur des matières politiques (décret du 16 août 1863);

Lorsque des évêques introduisent dans les catéchismes de leurs diocèses des articles concernant le devoir électoral, la législation scolaire, le mariage civil et la nature des rapports de l'Église et de l'État, et constituant un appel au mépris des lois civiles qui régissent ces diverses institutions (décret du 10 août 1892).

Quelle est la sanction de la déclaration d'abus? Elle est exclusivement *morale*. Elle consiste dans un blâme publié au *Journal officiel* et au *Bulletin des lois*. Lorsque l'abus résulte d'actes ou d'écrits de l'autorité religieuse, le décret prononçant la déclaration d'abus ordonne en même temps la suppression des actes ou écrits; mais cette suppression est purement officielle et n'entraîne pas contre ceux qui les reproduiraient par l'impression les peines encourues pour reproduction d'ouvrages frappés de suppression par décision du pouvoir judiciaire.

Titre II. — *Des ministres* (articles 9 à 38).

Le titre II détermine les droits et obligations particulières des ministres des diverses catégories en ce qui concerne la direction du culte, la nomination, l'institution canonique et l'installation du personnel ecclésiastique, l'organisation des séminaires et celle des chapitres cathédraux.

Les seuls établissements dont l'article 11 du Concordat autorise la constitution dans les diocèses sont les chapitres cathédraux et les séminaires. La conséquence de cette disposition limitative est formulée par l'article 11 des organiques : « Tous autres établissements ecclésiastiques sont supprimés. »

Cette suppression s'applique aux congrégations religieuses.

Sous l'ancien régime, les congrégations religieuses ne pouvaient être établies qu'avec l'autorisation du roi. Un édit du 21 novembre 1629 « défend de faire aucun établissement de monastères, maisons et communautez religieuses de l'un ou l'autre sexe, en quelque ville et lieu que ce soit, même des ordres ci-devant reçus et établis dans le royaume, sans l'expresse permission du roi, à peine de nullité ». Cette règle est confirmée par la déclaration du 27 juin 1659, l'édit de décembre 1659 et celui d'août 1749.

Le grand jurisconsulte Domat dit à ce sujet : « Comme il est de l'ordre et de la police d'un État que tout ce qui peut troubler la tranquillité publique ou la mettre en péril y soit réprimé, et que, par cette raison, toutes les assemblées de plusieurs personnes en un corps y soient illicites à cause du danger de celles qui pourraient avoir pour fin quelque entreprise contre le public, celles mêmes qui n'ont pour fin que de justes causes ne peuvent se former sans une expresse approbation du souverain : ce qui rend nécessaire l'usage des permissions d'établir des corps et communautés ecclésiastiques ou laïques, régulières, séculières et de toute autre sorte, chapitres, universités, collèges, monastères, hôpitaux, corps de métier, confréries, maisons de ville ou d'autres lieux, et de toutes autres qui rassemblent diverses personnes pour quelque usage que ce soit[1]. »

Mais les congrégations religieuses absorbaient complètement la personnalité de leurs membres et les rendaient incapables de posséder des biens propres. Elles étaient donc contraires aux principes de liberté et de propriété inscrits dans la Déclaration des droits de l'homme. Aussi, l'Assemblée constituante rendit-elle, le 13 février 1790, un décret disposant que « la loi constitutionnelle du royaume ne reconnaîtra plus de vœux monastiques solennels des personnes de l'un ni de l'autre sexe; en conséquence, les ordres et congrégations réguliers dans lesquels on fait de pareils vœux sont et demeurent supprimés en France, sans qu'il puisse en être établi de semblables à l'avenir ». Le décret du 18 août 1792 déclara même « éteintes

----

1. *Les Lois civiles dans leur ordre naturel.* — Paris, 1697.

et supprimées » toutes les corporations religieuses et congrégations séculières d'hommes et de femmes, ecclésiastiques ou laïques.

Le Concordat de 1801 et la loi organique du 18 germinal an X consacrent la suppression absolue des congrégations religieuses.

Cependant un décret du 3 messidor an XII vint bientôt leur rendre la faculté de se constituer, sous la seule réserve qu'elles y auraient été autorisées par le gouvernement. Les lois des 2 janvier 1817 et 24 mai 1825 favorisèrent encore leur développement. En 1880, d'après un rapport de M. Henri Brisson, il y avait en France 1,265 congrégations religieuses, dont 672 autorisées, et 593 non autorisées. Il n'existe que quatre congrégations d'hommes légalement autorisées : celles des *Lazaristes*, des *Missions étrangères*, du *Saint-Esprit* et des *Prêtres de Saint-Sulpice*[1].

L'article 12 des organiques permet aux archevêques et évêques d'ajouter à leur nom le titre de *citoyen* ou de *monsieur*, mais il interdit toutes autres qualités. Ces prélats n'ont donc pas droit au titre de « Monseigneur ». « Il paraît, en effet, rapporte M. Émile Ollivier, que jusqu'à Louis XIV le *Monseigneur* ne se donnait pas aux évêques. A cette époque, dans une de leurs assemblées, ils prirent la délibération de se le dire et de se l'écrire réciproquement les uns les

---

1. J.-B. Simonet, *Traité de droit public et administratif.* — Paris, 1890.

autres. Ils ne réussirent d'abord qu'avec le clergé et le séculier subalterne; on se moqua d'eux et l'on riait de ce qu'ils s'étaient monseigneurisés. Ils persistèrent, et tout le monde les a monseigneurisés à la fin[1]. » Les appellations permises par l'article 12 sont plus conformes aux sentiments de modestie qui doivent être ceux de ces serviteurs de Dieu.

Il résulte des articles 16 et 32 que la qualité de Français est indispensable pour être nommé évêque; mais un étranger peut être employé à des fonctions autres que celle de l'épiscopat, si le gouvernement y donne son consentement.

L'article 18 spécifie expressément qu'un évêque ne peut entrer en fonctions avant l'accomplissement de deux conditions : 1° vérification par le gouvernement de la bulle pontificale qui confère à ce prélat l'institution canonique; 2° prestation du serment de fidélité et d'obéissance au gouvernement de la République française. Ces prescriptions sont l'application de l'article 6 du Concordat et de l'article 1er des organiques.

Les évêques ont toujours cherché à se soustraire à l'obligation du serment et y ont souvent réussi, notamment sous le gouvernement de 1830; mais d'autres régimes les y ont astreints rigoureusement; on peut lire dans le *Moniteur universel* du 26 novembre 1855

1. *L'Église et l'État au concile du Vatican*, 1879.

le compte rendu d'une prestation de serment faite entre les mains de Napoléon III par plusieurs évêques récemment nommés. Nous ne négligerons pas ici l'occasion de faire remarquer encore une fois que, quoi qu'il ait pu advenir de l'observation de l'article 6 du Concordat, il n'en reste pas moins certain que, suivant la lettre même de cette convention, les évêques sont tenus au respect du gouvernement établi en France, et que, dès lors, ils manquent aux engagements contractés par l'Église lorsqu'ils combattent le régime politique existant.

Par le serment que leur impose cet article 6, les évêques s'engagent « à n'assister à aucun conseil, à n'entretenir aucune ligue, *soit au dedans, soit au dehors*, qui soit contraire à la tranquillité publique ». C'est pour assurer le respect de cette promesse à l'intérieur que l'article 4 des organiques subordonne à la permission expresse du gouvernement toute assemblée du clergé en France; il importe, en effet, que le pouvoir civil soit renseigné préalablement sur l'objet réel de la réunion ecclésiastique, son droit indéniable étant de l'interdire si elle devait avoir un caractère politique. C'est dans le but d'éviter également que les évêques ne se livrent à des démarches à l'étranger susceptibles de troubler l'ordre public, que l'article 20 des organiques ne leur permet de sortir de leurs diocèses qu'autant qu'ils en auront reçu l'autorisation du gouvernement.

Déjà, dans l'ancien droit, les évêques de France devaient obtenir cette autorisation pour pouvoir se rendre à Rome. Le recueil de Pierre Pithou mentionne que « les prélats de l'Église gallicane, encore qu'ils soient mandés par le Pape pour quelque cause que ce soit, ne peuvent sortir hors du royaume sans commandement ou licence de congé du roi[1] ». Une circulaire de 1784 s'adresse aux évêques en ces termes : « L'intention de Sa Majesté est que toutes les fois que vous serez dans le cas de vous absenter de votre diocèse, vous m'en préveniez, ainsi que du temps que vous croiriez que vos affaires pourront vous en tenir éloigné. Je me ferai un devoir de mettre votre demande sous les yeux de Sa Majesté et de vous faire part de ce qui lui plaira de décider. »

Le gouvernement, bien entendu, accorde toujours aux évêques français l'autorisation de se rendre à Rome, lorsque ce voyage n'est qu'un simple accomplissement des règles canoniques, qui prescrivent à ces prélats de faire, à des époques déterminées, une visite à Rome, *ad sacra limina apostolorum*, pour présenter au Pape le compte rendu de leur administration pastorale.

La défense faite aux évêques par l'article 20 des organiques de « sortir de leurs diocèses » sans autorisation préalable du gouvernement est formulée en termes généraux ; elle s'applique donc non seulement au cas où un prélat s'absente pour cause de voyage à l'étranger, mais encore à celui où il s'éloigne de son diocèse sans sortir du territoire français ; cette der-

---

1. *Recueil des libertés gallicanes*, art. XIII.

nière disposition est corrélative à celles de l'article 4. De même, les préfets et les officiers généraux ne peuvent s'absenter sans un congé régulier délivré par leurs ministres respectifs.

Remarquons qu'aucune sanction expresse n'est attachée aux prescriptions de l'article 20 de la loi organique du 18 germinal an X.

Aux termes de l'article 21, chaque évêque peut nommer deux vicaires généraux chargés de l'aider dans l'administration de son diocèse et de le suppléer dans les fonctions qu'il lui délègue. Chaque archevêque peut en nommer trois. Les vicaires généraux doivent être choisis parmi les prêtres ayant les qualités requises pour être évêques, c'est-à-dire âgés de trente ans au moins et de nationalité française.

La loi du 18 germinal an X ne faisait pas intervenir l'État dans la nomination des vicaires généraux et ne leur assurait aucun traitement. Dès l'an XI, un arrêté consulaire du 14 ventôse soumit leur nomination à l'agrément du gouvernement et leur attribua des émoluments. Ceux-ci, n'étant pas strictement concordataires, figurent au budget des cultes non sous la désignation de « traitement », réservée pour les archevêques, les évêques et les curés, mais sous celle « d'allocation ». Les allocations actuelles, telles qu'elles résultent (après augmentation des chiffres fixés par l'arrêté du 14 ventôse an XI) du décret du 22 janvier 1853, sont : de 4,500 francs pour le premier vicaire général de l'archevêque de Paris ; de 3,500 francs

pour les deux autres vicaires généraux du diocèse de
Paris et les premiers vicaires des autres archevêques ;
et de 2,500 francs pour tous les autres vicaires généraux de ces archevêques et des évêques.

A propos de l'article 11 de la convention du 26 messidor an IX, nous avons mentionné les conditions
générales de l'organisation des séminaires, et nous
avons dit que, parmi les matières de l'enseignement
qui doit être donné dans ces établissements, figurent
les maximes de l'Église gallicane. Cette dernière disposition résulte des termes exprès de l'article 24 de la
loi du 18 germinal an X, qui prescrit que « ceux qui
seront choisis pour l'enseignement dans les séminaires souscriront la *déclaration faite par le clergé
de France en* 1682, et publiée par un édit de la même
année. Ils se soumettront à y enseigner la doctrine
qui y est contenue... »

Il n'est pas inutile de rappeler ici les circonstances
qui ont donné lieu à cette déclaration fameuse, et
nous en empruntons l'exposé suivant à l'historien
Victor Duruy[1].

« Tout le moyen âge avait été troublé par la querelle du sacerdoce et de l'Empire. Quelle était l'autorité supérieure? Celle du pape ou celle du prince? A
Rome, on n'hésitait pas à mettre le Saint-Siège
au-dessus des couronnes ; mais les empereurs alle-

---

1. *Histoire de l'Europe et particulièrement de la France,
de* 1610 *à* 1789. — Édition de 1882.

mands et Philippe le Bel avaient résolu la question en faveur du pouvoir temporel, et Luther, en supprimant la papauté, avait supprimé ce grand duel. Dans les pays protestants, le prince avait même hérité du pouvoir spirituel. L'électeur de Saxe rédigea des formulaires de foi, et Henri VIII se déclara chef de l'Eglise d'Angleterre. Dans les États restés catholiques, les deux rivaux, que le danger commun rapprochait, laissèrent quelque temps dormir leurs prétentions contraires. Le Concile de Trente et les théologiens, préoccupés du besoin de resserrer l'Église autour du póntife romain, pour opposer au protestantisme une armée disciplinée et docile, avaient bien repris la vieille thèse de la primauté du Saint-Siège, et les jésuites s'étaient fait les instruments habiles et ardents de cette politique. Mais les gouvernements, même l'Espagne, n'acceptèrent que les décisions du Concile en matière de foi. La France, attachée aux coutumes qu'avaient sanctionnées la pragmatique de Bourges et les conciles de Constance et de Bâle, fit la plus vive opposition. Les Parlements, défenseurs naturels de la société civile, repoussèrent les canons relatifs à la discipline comme contraires aux libertés de l'Église gallicane, et chassèrent les jésuites du royaume. L'un d'eux, Mariana, soutenant dans un livre fameux, *De rege* (1599), une thèse plus grave encore que celle de la suprématie pontificale, prétendit démontrer, avec de claires allusions à Jacques Clément, la légitimité du meurtre d'un tyran : terme élastique où ne se cachait même pas le droit revendiqué pour l'Église de déclarer ennemi public et usurpateur celui qui faisait tort à la religion.

« Richelieu avait fait de trop grandes choses dans l'État pour souffrir qu'à l'aide d'une thèse théologique on troublât l'ordre qu'il y avait mis ; il voulait avoir un clergé national, comme il avait une noblesse royaliste, et il l'eut. Secrètement encouragés par lui, les frères Dupuy publièrent un livre sur les *Droits et libertés de l'Église gallicane* (1639) ; un ouvrage anonyme, qui en était la réfutation, fut brûlé par la main du bourreau, et le cardinal laissa écrire que la création d'un patriarche pour la France, même sans le consentement de Rome, serait chose raisonnable et de facile exécution. C'était presque une menace de schisme. D'autres mesures inquiétèrent plus vivement la curie romaine : défense d'envoyer de l'argent à Rome pour affaires de chancellerie ; menace de supprimer les annates et de demander la convocation d'un Concile. Ce cardinal menait rudement la guerre contre le Saint-Siège.

« Ces paroles et ces actes n'étaient point perdus : ils entretenaient en France l'esprit gallican, qui allait se montrer avec éclat dans la célèbre déclaration de 1682. En 1663, la Sorbonne, antique foyer de la science théologique, fit une déclaration conforme aux décisions des conciles de Bâle et de Constance ; elle reçut des thèses doctorales contre l'infaillibilité du pape et pour la supériorité des conciles. La congrégation romaine de l'Index ayant condamné ces thèses en 1674, l'abbé de Noailles soutint encore, l'année suivante, en présence de la Faculté, le droit des évêques à n'être point déposés arbitrairement par le pape et l'indépendance du pouvoir temporel.

« Louis XIV, malgré sa piété espagnole, hérita de la fermeté de Richelieu envers les papes ; il n'était, pas plus que le grand cardinal, disposé à sacrifier les droits qu'il croyait attachés à la couronne et que les théologiens français ne lui marchandaient pas. Ce ne fut cependant point sur la question des limites du spirituel et du temporel que la rupture se fit. La querelle avec Rome s'engagea, cette fois petitement, pour quelques écus ; mais elle tourna bien vite vers les grands sujets. Nos rois percevaient, de temps immémorial, les revenus de certains bénéfices, évêchés et archevêchés, pendant la vacance du siège : on appelait ce droit la *régale*. Louis, par esprit d'uniformité, déclara (édit de 1673) que tous les sièges de France seraient soumis à la régale. Deux évêques jansénistes refusèrent d'obéir ; ils exclurent du chapitre les chanoines que le roi avait nommés, et furent approuvés du pape, qui adressa au roi deux brefs violents « contre les sinistres conseils de ses ministres » (1678). Dans un autre, il le menaçait d'user de son autorité s'il ne se soumettait pas à ses remontrances paternelles. C'était le prendre de bien haut avec un prince qui entendait n'avoir point d'égal sur la terre. Le 1ᵉʳ janvier 1681, un nouveau bref excommunia *ipso facto* tous ceux qui se soumettraient à l'édit et déclara nuls les confessions et mariages faits devant les *intrus*.

« Le Parlement condamna « le libelle imprimé en forme de bref du pape Innocent XI » et décréta contre ceux qui le propageaient. C'était le désordre dans l'Eglise de France et, pour l'autorité du roi, un échec public. Il convoqua une assemblée du clergé de France dont Bossuet fut l'âme, et qui donna raison aux prétentions royales. Le pape déclara l'assemblée illégale. A cette nouvelle atteinte aux droits de la couronne, Louis répondit par un acte décisif.

« Sous l'inspiration de Bossuet, l'assemblée adopta, le 19 mars 1682, quatre propositions que les Parlements et les Facultés de théologie durent enregistrer, et dont voici la substance :

1. — *Dieu n'a donné à saint Pierre et à ses successeurs aucune puissance ni directe ni indirecte sur les choses temporelles.*

2. — *L'Église gallicane approuve les décrets adoptés par le Concile de Constance, dans les sessions IV et V, lesquelles déclarent les conciles œcuméniques supérieurs au pape dans le spirituel.*

3. — *Les règles, les usages reçus dans le royaume et dans l'Église gallicane doivent demeurer inébranlables.*

4. — *Les décisions du pape, en matière de doctrine, ne sont irréformables qu'après que l'Église les a acceptées.*

« Innocent XI n'approuva ni ne cassa ces résolutions, mais il refusa d'accorder les bulles d'investiture aux évêques nommés par le gouvernement qui avaient été membres de l'assemblée; de sorte qu'à sa mort il se trouvait vingt-neuf diocèses dépourvus de titulaires. Cette affaire fut terminée, en 1693, par une transaction. Innocent XII accorda les bulles d'investiture, et le roi cessa d'imposer aux Facultés de théologie l'obligation d'enseigner les quatre propositions de 1682; mais le Parlement en conserva l'esprit. »

Les jurisconsultes, en effet, ne cessèrent pas de combattre avec énergie pour les principes énoncés dans la déclaration de 1682. « Si le concile, disait d'Aguesseau, n'est pas au-dessus du pape, si le pape est infaillible, si ses décisions doivent être nécessairement suivies de celles de toute l'Église, la couronne des rois n'est pas en sûreté sur leur tête; les papes ont décidé plus d'une fois qu'ils pouvaient disposer du temporel des souverains, transférer les sceptres et les empires, absoudre les sujets des anciens serments qui les attachent à leurs princes et leur imposer de nouveaux engagements. Si les papes sont infaillibles, toutes ces maximes deviennent indubitables, et le Saint-Siège est non seulement au-dessus de toute l'Église, mais au-dessus de tous les royaumes de la terre, et les auteurs ultramontains ne craignent point de le dire. Ainsi nous ne saurions attaquer trop solidement une doctrine contre laquelle nous devons combattre jusqu'à la mort. Nous devons considérer toutes les propositions qui tendent à l'établir, non seulement comme une erreur contre la tradition de l'Église, mais encore comme un crime contre l'État. »

La déclaration de 1682 ayant pour objet de garantir le pouvoir temporel contre les empiétements du pouvoir spirituel, il était naturel que la loi du 18 germinal an X, rédigée sous l'autorité du premier consul Bonaparte, à la veille de son avènement à l'Empire, voulût imposer au clergé français l'enseignement et le respect des propositions contenues dans cette déclaration. « Je n'ai entendu faire le Concordat, disait-il, que sous l'égide des quatre propositions de l'Église gallicane. Je ne souffrirai pas les prétentions des papes de Rome à l'infaillibilité. Il faut être Français avant tout et la religion de Bossuet est celle qu'il faut suivre. »

Les prescriptions de l'article 24 des organiques soulevèrent à Rome de vives protestations; en France, les évêques et le clergé se prêtèrent mal au rétablissement d'un enseignement abandonné depuis plus de cent ans. Aussi, Napoléon Ier rendit-il, le 25 février 1810, un décret par lequel « l'édit de Louis XIV sur la déclaration faite par le clergé de France, de ses sentiments touchant la puissance ecclésiastique, donné au mois de mars 1682, est déclaré loi générale de l'empire français ». Mais cette mesure resta sans effet : l'Église de France se transformait et devenait ultramontaine.

Les gouvernements qui succédèrent à l'Empire ne surent pas s'opposer à ce mouvement; les Joseph de Maistre, les Lamennais, les Montalembert, les Lacordaire, les Louis Veuillot portèrent de rudes atteintes au gallicanisme; la proclamation, en 1870, du dogme de l'infaillibilité pontificale lui donna le dernier coup. La déclaration de 1682 n'est plus enseignée aujourd'hui dans aucun séminaire.

Les dispositions de l'article 26 des organiques d'après lesquelles aucun ecclésiastique ne pouvait être ordonné prêtre s'il n'était âgé de vingt-cinq ans et ne jouissait pas d'un revenu minimum de 300 francs par an ont été abrogées par le décret du 28 février 1810. L'âge de l'ordination est aujourd'hui fixé à vingt-deux ans.

Le même article exigeait que le nombre des personnes à ordonner fût soumis à l'agrément du gouvernement. Cette prescription avait pour but de prévenir une extension abusive de l'exemption du service militaire, dont jouissaient ceux qui se vouaient au sacerdoce.

Le serment d'obéissance et de fidélité au gouvernement prescrit par les articles 6 et 7 du Concordat doit être prêté par les évêques entre les mains du chef de l'État; pour les curés, cette prestation doit être faite entre les mains du préfet. Dans l'usage, cette dernière prescription, édictée par l'article 27 de la loi du 18 germinal an X, est depuis longtemps inobservée.

Aux termes des articles 31 et 63, « les vicaires et desservants exerceront leur ministère sous la surveillance et la direction du curé. Ils seront nommés par l'évêque et révocables par lui ».

Le vicaire est un ecclésiastique chargé d'aider et de remplacer le curé dans les fonctions du service paroissial.

La disposition de l'article 31 des organiques relative à la surveillance et à la direction des prêtres qui desservent les succursales a été interprétée dès le principe en ce sens que le curé n'a sur les desservants qu'une simple autorité de surveillance qui consiste à signaler à l'évêque diocésain les abus et les irrégularités dont il a connaissance. Du reste, le curé n'a aucune juridiction, ni sur les desservants des succursales établies dans le canton, ni sur les fidèles demeurant dans a circonscription de ces succursales.

Les droits, les attributions et les obligations du desservant dans l'étendue du territoire dépendant de la succursale sont les mêmes que ceux du curé dans sa paroisse. On lui donne même, dans l'usage, le nom de curé. Il n'existe entre les curés et les desservants que trois différences essentielles : 1° le mode de nomination des desservants dont le rang est moins élevé dans l'ordre hiérarchique; 2° l'amovibilité des desservants, que l'évêque change de résidence et destitue à volonté; 3° l'infériorité de leur traitement.

Ce qu'il importe surtout de remarquer ici, c'est que le gouvernement *n'intervient pas* dans la nomination des desservants; or ceux-ci sont au nombre de 31,000.

Sur la demande du clergé, l'article 36 des organiques a été modifié par le décret du 28 février 1810, en ce sens que, pendant les vacances des sièges métropolitains ou épiscopaux, il est pourvu au gouvernement des diocèses dans les conditions prévues par les lois canoniques. En conséquence, les fonctions des vicaires généraux du diocèse cessent avec celles de l'évêque qui les a nommés, et le siège vacant est administré par les vicaires généraux que le chapitre désigne à cet effet, sauf approbation du gouvernement.

TITRE III. — *Du culte* (articles 39 à 57).

Le titre III fixe les règles de police auxquelles sont soumis l'exercice pratique du culte catholique et ses manifestations extérieures.

L'article 39 établit l'unité de la liturgie et du catéchisme pour toutes les Églises de France ; mais, dès l'an XIII, chaque diocèse put faire usage d'un catéchisme particulier. Le catéchisme doit être revêtu de l'approbation de l'évêque diocésain, et il ne peut être imprimé ou réimprimé qu'avec sa permission.

Aucune fête, à l'exception du dimanche, dit l'article 41, ne pourra être établie sans la permission du gouvernement. Actuellement, outre les dimanches, quatre des grandes fêtes catholiques : Noël, l'Ascension, l'Assomption, la Toussaint (arrêté consulaire du 29 germinal an X), le premier jour de l'an (avis du Conseil d'État approuvé le 20 mars 1810), le 14 juillet, anniversaire de la prise de la Bastille (loi du 6 juillet 1880), le lundi de Pâques et le lundi de la Pentecôte (loi du 8 mars 1886) sont les seules féries légales.

La fête de Pâques et celle de la Pentecôte ne sont pas à mentionner spécialement, attendu qu'elles coïncident toujours avec le dimanche. L'Épiphanie, la Fête-Dieu, la fête de saint Pierre et saint Paul, ainsi que les fêtes patronales des diocèses et paroisses, sont renvoyées au dimanche le plus proche.

L'article 43 des organiques prescrivait à tous les ecclésiastiques de s'habiller à la française et en noir, les évêques pouvant joindre à ce costume la croix pastorale et les bas violets; mais un arrêté du 17 nivôse an XIII a autorisé les prêtres catholiques à porter un costume particulier à leur état, suivant les canons, règlements et usages de l'Église.

Une chapelle domestique est un bâtiment dépendant de la maison d'un particulier, où l'exercice du culte est autorisé pour la commodité du propriétaire, de sa famille et des personnes attachées à son service. Un oratoire particulier est un lieu privé affecté au culte, où des personnes qui ne peuvent se rendre à l'église paroissiale entendent la messe et les instructions religieuses. Les oratoires sont donc spécialement destinés aux établissements publics ou privés, et les chapelles domestiques aux maisons des citoyens.

Aux termes de l'article 44 de la loi du 18 germinal an X et du décret du 22 décembre 1812, qui a réglé le mode d'exécution de cet article 44, les chapelles domestiques et les oratoires particuliers ne peuvent être établis sans une permission expresse du gouvernement, accordée sur la demande de l'évêque diocésain.

Les considérations susceptibles d'être invoquées à l'appui de cette demande sont : l'âge avancé ou les infirmités des propriétaires qui se trouvent hors d'état, à raison de l'éloignement ou des mauvais chemins, d'aller à l'église ; là position exceptionnelle des malades dans les hospices, des détenus dans les prisons, des élèves dans les lycées et collèges, des religieuses cloîtrées, des personnes employées dans les manufactures, et de tous autres individus qui ne peuvent, pour une raison quelconque, sortir des établissements dont ils font partie.

Les chapelles domestiques et les oratoires particuliers ne sont autorisés que dans l'intérêt exclusif de la personne ou de l'établissement qui les a sollicités ; par conséquent, le public ne peut y être admis.

L'évêque diocésain est libre de visiter les chapelles domestiques et les oratoires particuliers existant, soit dans les établissements d'instruction publics, soit dans toute autre partie de son diocèse. Son inspection a principalement pour but de s'assurer si les chapelles et oratoires sont garnis de tous les objets mobiliers nécessaires au culte.

Il est bien entendu que chacun a le droit d'avoir dans son habitation un oratoire pour méditer et prier ; l'autorisation n'est nécessaire que si l'on veut faire *célébrer le culte* dans sa demeure.

Aux termes de l'article 294 du Code pénal, « tout individu qui, sans la permission de l'autorité municipale, aura accordé ou consenti l'usage de sa maison ou de son appartement, **en** tout ou en partie, pour la réunion des membres d'une association même autorisée, *ou pour l'exercice d'un culte*, sera puni d'une amende de seize francs à deux cents francs ».

En principe, et en vertu de l'article 1er de la convention du 26 messidor an IX, les cérémonies extérieures du culte catholique, telles que les processions, peuvent avoir lieu dans les rues et sur les chemins et places publiques des communes de la France ; mais le respect dû aux autres cultes exige que cette liberté soit restreinte dans les limites compatibles avec la tranquillité publique. L'article 45 de la loi organique dispose, en conséquence, qu'aucune cérémonie religieuse n'aura lieu hors des édifices consacrés au culte catholique, dans les villes où il y a des temples destinés à différents cultes. En pratique, cette prohibition ne s'exerce que dans les villes où il existe une Église consistoriale, c'est-à-dire 6,000 individus de la même communion protestante.

D'autre part, le même article 1er du Concordat attribue à l'autorité civile un droit de police absolu relativement à la publicité du culte ; il peut donc, même en dehors du cas visé à l'article 45 des organiques, interdire toute cérémonie extérieure du culte catholique sur la voie publique lorsqu'il a des motifs de craindre que l'ordre n'en soit troublé.

L'article 48 prescrit que « l'évêque se concertera

avec le préfet pour régler la manière d'appeler les fidèles au service divin par le son des *cloches*. On ne pourra les sonner pour toute autre cause, sans la permission de la police locale. »

Antérieurement à 1789, les cloches placées dans les édifices du culte ont été l'objet de décisions temporelles ayant surtout pour but d'en assurer l'usage au culte et de les maintenir, sauf des cas rares et autorisés par l'Église, à la disposition exclusive du clergé.

Depuis le Concordat, les cloches peuvent servir tout à la fois à un service religieux et à un service civil; mais des difficultés se sont élevées, à plusieurs reprises, entre l'autorité ecclésiastique et l'autorité civile touchant l'étendue de leurs droits respectifs.

Les règlements prévus par l'article 48 de la loi organique comprenaient non seulement les sonneries religieuses, mais aussi celles qu'on avait jugé convenable d'indiquer dans un but tout temporel. De nouveaux règlements ont été rédigés en exécution de la loi municipale du 5 avril 1884, qui a repris et complété les dispositions de l'an X en ses articles 100 et 101 ainsi conçus :

« Les cloches des églises sont spécialement affectées aux cérémonies du culte. Néanmoins, elles peuvent être employées dans les cas de péril commun qui exigent un prompt secours et dans les circonstances où cet emploi est prescrit par des dispositions de lois ou règlements, ou autorisé par des usages locaux. Les sonneries religieuses, comme les sonneries civiles, feront l'objet d'un règlement concerté entre l'évêque et le préfet, et arrêté, en cas de désaccord, par le ministre des cultes. » (Article 100.)

« Une clef du clocher sera déposée entre les mains des titulaires ecclésiastiques, une autre entre les mains du maire, qui ne pourra en faire usage que dans les circonstances prévues par les lois ou règlements. Si l'entrée du clocher n'est pas indépendante de celle de l'église, une clef de la porte de l'église sera déposée entre les mains du maire. » (Article 101.)

Le ministre des cultes, par une circulaire en date du 17 août 1884, a envoyé aux préfets un modèle qui a servi de base aux règlements intervenus dans les divers diocèses.

Le projet de règlement traite d'abord des *sonneries religieuses;* il prévoit les sonneries que les ecclésiastiques titulaires des paroisses peuvent faire faire pour les prières publiques, ou les exercices religieux approuvés par l'évêque, angélus, messes, vêpres, baptêmes, mariages, services funèbres, etc., etc. Il stipule qu'en temps d'épidémie, le maire peut, avec l'autorisation du préfet, suspendre les sonneries relatives aux enterrements : ces sonneries souvent répétées pourraient augmenter l'effroi de la population. Dans le but d'éviter que les sonneries ne soient incommodes, il indique les heures en dehors desquelles elles ne pourront avoir lieu.

Les *sonneries civiles* qui peuvent être effectuées par les ordres du maire ou de son délégué sont : 1° les sonneries ordinaires (passage officiel du chef de l'État, fêtes nationales, danger public) ; 2° des sonne-

ries motivées par des circonstances diverses se rattachant à la vie municipale, mais seulement quand elles
sont dans la coutume ou tradition locale (appel des
enfants à l'école, séance du conseil municipal, élections, etc., etc.). Les sonneries civiles doivent être
effectuées par le sonneur de l'église rémunéré par la
commune pour ce service particulier ; en cas de refus,
le maire peut nommer un sonneur spécial exclusivement à ses ordres.

Parmi les dispositions générales qui doivent trouver
place dans tous les règlements figurent : la durée des
sonneries (dix minutes pour les cérémonies ordinaires,
trente minutes pour les cérémonies solennelles) ; l'interdiction de sonner les cloches en volée en temps
d'orage ; le droit pour le maire d'interdire les sonneries après en avoir référé au préfet, en cas de crainte
pour la solidité de l'édifice ; l'interdiction de sonner
en dehors des cas prévus, si ce n'est en suite d'un
accord entre les autorités supérieures respectives, ou,
faute pour elles d'avoir pu s'entendre, en vertu d'une
décision du ministre des cultes.

Un jugement du Tribunal de la Seine, en date du
10 juillet 1888, a déclaré que les dispositions des
règlements concertés aux termes de la loi de 1884
sont dépourvues de sanctions pénales ; mais, bien
entendu, on possèderait indirectement ces sanctions
pour celles des dispositions qui statueraient dans le
sens d'arrêtés pris par les maires, dans la limite de
leur pouvoir réglementaire légal, ou dans le sens
d'autres dispositions armées également de sanctions.

9.

« Les ecclésiastiques, dit l'article 52 des organiques, ne se permettront, dans leurs instructions, aucune inculpation directe ou indirecte, soit contre les personnes; soit contre les autres cultes reconnus par l'État. » Si cette prescription est méconnue, les paroles proférées en chaire qui dégénèrent en injures ou diffamation contre les personnes, ou en outrages contre un autre culte, tombent sous le coup des lois du 17 mai 1819 et du 25 mars 1822.

L'article 54 prescrit aux ecclésiastiques de ne donner la bénédiction nuptiale qu'à ceux qui justifieront, en bonne et due forme, avoir contracté mariage devant l'officier civil.

« L'institution des actes de l'état civil est due au clergé. Dès le moyen âge, le clergé, dans le but d'assurer l'exécution des prescriptions de la loi religieuse, introduisit l'usage de constater les baptêmes, les mariages et les sépultures par des actes inscrits sur les registres des paroisses. Tout imparfaits qu'ils étaient au point de vue de la forme, ces actes offraient, pour l'état civil des personnes, un mode de preuve bien supérieur à la preuve testimoniale, dont le législateur, à toutes les époques, a redouté les dangers, surtout en cette matière. L'autorité civile le comprit, et diverses ordonnances furent successivement rendues, tendant, d'une part, à substituer en cette matière la preuve résultant des actes inscrits sur les registres des paroisses à la preuve testimoniale (voir notamment l'ordonnance de Blois de mai 1579, article 181),

et, d'autre part, à perfectionner, au point de vue de
la forme, les actes inscrits sur ces registres, afin
de les adapter plus complètement au nouveau but
qui leur était assigné (voir notamment l'ordonnance
de 1667, titre XX, et la déclaration du 9 avril 1736).
A dater de ce moment, les actes de baptêmes, mariages
et sépultures devinrent des actes de l'état civil. Lés
curés demeurèrent chargés du soin de les dresser.
Cette pratique n'était pas sans inconvénients : on
forçait ainsi les citoyens qui ne professaient pas la
religion catholique à s'adresser au ministre d'un culte
qu'ils réprouvaient, pour constater leur état civil ou
celui de-leurs enfants. C'était grave, surtout en ce
qui concerne les mariages. Le contrat civil étant alors
confondu avec le sacrement, ceux qui appartenaient
aux cultes dissidents, les protestants par exemple, en
étaient réduits, s'ils voulaient faire constater légalement leurs mariages, à fouler aux pieds leurs
croyances et à venir demander aux ministres du culte
catholique l'administration d'un sacrement que leur
foi repoussait. Cette situation intolérable fut améliorée
pour les protestants par l'édit de Nantes, qui, en leur
assurant la liberté de leur culte, leur permit de faire
constater légalement leurs mariages par leurs ministres. Mais elle reparut avec toutes ses injustices
lorsque l'édit de Nantes fut révoqué en octobre 1685,
et les protestants durent la subir pendant près d'un
siècle. Ce n'est qu'en 1787 qu'ils réussirent à arracher au roi un édit qui leur rendait leur état civil, en
les autorisant à faire célébrer leurs mariages par le

tribunal de leur domicile, qui avait aussi qualité pour constater leurs naissances et leurs décès.

« Le vrai principe en cette matière est celui de la *sécularisation* de l'état civil. Il consiste à rendre l'état des hommes indépendant de leurs croyances religieuses. Dégagé par les philosophes du xviiie siècle, ce principe fut consacré par l'Assemblée constituante. qui déclara que le législateur établirait une autorité exclusivement civile pour constater les naissances, les mariages et les décès de tous les habitants sans distinction (Constitution de 1791, titre II, article 7). Cette promesse fut réalisée par la loi du 20 septembre 1792, dont beaucoup de dispositions se retrouvent dans notre code civil. Cette loi établit sous le nom d'*officiers de l'état civil* des officiers publics spéciaux, de l'ordre exclusivement civil, chargés de constater les principaux faits relatifs à l'état civil des personnes (naissances, mariages et décès), d'en dresser acte et de tenir les registres sur lesquels ces actes seraient inscrits. La loi précitée confia ce soin aux municipalités. Depuis lors, le principe que l'état civil des hommes doit être indépendant de leurs croyances religieuses a été à plusieurs reprises violemment attaqué, surtout en ce qui concerne le mariage. Mais, par cela même qu'elles ont été impuissantes à l'ébranler, ces attaques n'ont fait que le consolider, et il est permis de penser qu'aujourd'hui ce principe de justice éternelle a définitivement conquis le droit de cité dans nos lois.

« ... L'indépendance du mariage civil et du mariage

religieux est donc aujourd'hui nettement établie. Le mariage civil a ses conditions d'existence et de validité tout à fait distinctes de celles du mariage religieux ; de sorte que tel mariage, contracté conformément aux prescriptions de la loi civile, et valable par suite d'après cette loi, peut être nul à l'égard de la loi religieuse, dont les prescriptions particulières n'ont pas été observées, et réciproquement. C'est aux particuliers qui tiennent à être mariés valablement devant la loi civile et devant la loi religieuse tout à la fois à se mettre en règle avec l'une et l'autre.

« Du principe de l'indépendance du mariage civil et du mariage religieux, il semble résulter logiquement que les particuliers peuvent, à leur gré, ou contracter un mariage civil et un mariage religieux tout à la fois, ou bien un mariage civil seulement, ou enfin un mariage religieux seulement. Notre loi autorise les personnes qui ont d'abord contracté mariage conformément aux prescriptions de la loi civile, à contracter ensuite un mariage religieux suivant les rites de leur religion. Elle les autorise aussi à se contenter du mariage civil. Mais elle ne leur permet pas de se contenter du mariage religieux seulement, et par suite elle leur défend de contracter le mariage religieux avant le mariage civil (article 54 de la loi du 18 germinal an X)... Pourquoi cette atteinte à la liberté, et aussi à la logique, qui, le principe de l'indépendance des deux mariages une fois admis, semblerait devoir autoriser les particuliers à se contenter du mariage religieux ? Parce qu'il y a quelque chose au-dessus de la liberté des citoyens et de la logique elle-même, c'est la conservation de la société, et par suite du bon ordre social. L'expérience a prouvé qu'un grand nombre de personnes, qui ne se préoccupent en cette matière que de la loi religieuse, se contenteraient du mariage religieux : à leurs yeux, la loi civile usurpe sur la loi religieuse, en voulant réglementer, elle aussi, le mariage ! Beaucoup vivraient ainsi dans un état qui, d'après la loi civile, ne peut être qu'un concubinage, et donneraient le jour à des enfants que cette même loi considérerait comme des bâtards. Il convenait de couper ce mal par la racine. Sans doute tous les cultes doivent être libres ; mais il ne faut pas que le principe de la liberté des cultes puisse paralyser l'application de la loi civile, qui, étant faite pour tous, doit nécessairement s'appliquer à chacun, quelles que soient ses croyances religieuses[1]. »

L'article 54 de la loi du 18 germinal an X est sanctionné sévèrement par le Code pénal, aux termes duquel tout ministre d'un culte qui procéderait aux cérémonies religieuses d'un mariage sans qu'il lui ait été justifié d'un acte de mariage préalablement reçu par les officiers de l'état civil serait puni pour la première fois d'une amende de 16 à 100 francs, pour la deuxième fois d'un emprisonnement de deux à cinq ans, et pour la troisième fois de la détention[2].

L'article 54 reçoit une autre sanction de la loi orga-

---

1. Baudry-Lacantinerie, *Précis de droit civil*, 3ᵉ édition, 1888, nᵒˢ 225, 416 et 417.

2. Articles 199 et 200 du Code pénal.

nique elle-même, dont l'article 55 dispose que « les registres tenus par les ministres du culte, n'étant et ne pouvant être relatifs qu'à l'administration des sacrements, ne pourront, dans aucun cas, suppléer les registres ordonnés par la loi pour constater l'état civil des Français ». Cette disposition a été reproduite dans le code civil ; en effet, d'après ce code, nul ne peut réclamer le titre d'époux et les effets civils du mariage, s'il ne représente un acte de célébration inscrit sur les registres de *l'état civil*. La possession d'état ne peut dispenser les prétendus époux qui l'invoqueraient respectivement de représenter l'acte de célébration du mariage devant l'officier de *l'état civil*. La filiation des enfants légitimes se prouve par les actes de naissance inscrits sur les registres de *l'état civil* [1].

Titre IV. — *De la circonscription des archevêchés, des évêchés et des paroisses, des édifices destinés au culte et du traitement des ministres.* (Articles 58 à 77.)

Nous avons donné plus haut la circonscription des archevêchés et des évêchés de la France telle qu'elle a été établie en 1802, en exécution de l'article 2 du Concordat et des articles 58 et 59 de la loi organique.

La circonscription actuelle est indiquée au tableau suivant [2] :

1. Articles 194, 195 et 319 du Code civil.
2. Ce tableau est dressé d'après les indications de *l'Almanach national* pour 1894.

ARCHEVÊCHÉS.	ÉVÊCHÉS SUFFRAGANTS.	DÉPARTEMENTS formant la CIRCONSCRIPTION de l'archevêché ou de l'évêché.	OBSERVATIONS.
France.			
PARIS	. . . .	Seine.	Le titulaire actuel de cet archevêché est cardinal.
	Chartres.	Eure-et-Loir.	
	Meaux.	Seine-et-Marne.	
	Orléans	Loiret.	
	Blois	Loir-et-Cher.	
	Versailles	Seine-et-Oise.	
CAMBRAI.	. . . .	Nord.	
	Arras.	Pas-de-Calais.	
LYON.	. . . .	Rhône, Loire.	
	Autun	Saône-et-Loire.	
	Langres	Haute-Marne.	
	Dijon.	Côte-d'Or.	
	Saint-Claude . . .	Jura.	
	Grenoble.	Isère.	
ROUEN	. . . .	Seine-Inférieure.	
	Bayeux.	Calvados.	
	Evreux.	Eure.	
	Séez	Orne.	
	Coutances.	Manche.	
SENS.	. . . .	Yonne.	
	Troyes.	Aube.	
	Nevers.	Nièvre.	
	Moulins	Allier.	
REIMS	. . . .	Arrondissement de Reims (Marne) et Ardennes.	Le titulaire actuel de cet archevêché est cardinal.
	Soissons.	Aisne.	

ARCHEVÊCHÉS.	ÉVÊCHÉS SUFFRAGANTS.	DÉPARTEMENTS formant la CIRCONSCRIPTION de l'archevêché ou de l'évêché.	OBSERVATIONS.
REIMS (Suite).	Châlons	Marne (excepté l'arrondissement de Reims).	
	Beauvais	Oise.	
	Amiens	Somme.	
TOURS		Indre-et-Loire.	Le titulaire actuel de cet archevêché est cardinal.
	Le Mans	Sarthe.	
	Angers	Maine-et-Loire.	
	Nantes	Loire-Inférieure.	
	Laval	Mayenne.	
BOURGES		Cher, Indre.	
	Clermont	Puy-de-Dôme.	
	Limoges	Haute-Vienne, Creuse.	
	Le Puy	Haute-Loire.	
	Tulle	Corrèze.	
	Saint-Flour	Cantal.	
ALBI		Tarn.	Le titulaire actuel de cet évêché est cardinal.
	Rodez	Aveyron.	
	Cahors	Lot.	
	Mende	Lozère.	
	Perpignan	Pyrénées-Orientales.	
BORDEAUX		Gironde.	Le titulaire actuel de cet archevêché est cardinal. Parmi les évêchés suffragants de l'archevêché de Bordeaux figurent, en outre, les trois évêchés des colonies mentionnés ci-après.
	Agen	Lot-et-Garonne.	
	Angoulême	Charente.	
	Poitiers	Deux-Sèvres, Vienne	
	Périgueux	Dordogne.	
	La Rochelle	Charente-Inférieure.	
	Luçon	Vendée.	

ARCHEVÊCHÉS.	ÉVÊCHÉS SUFFRAGANTS.	DÉPARTEMENTS formant la CIRCONSCRIPTION de l'archevêché ou de l'évêché.	OBSERVATIONS.
Auch	. . . .	Gers.	
	Aire	Landes.	
	Tarbes.	Hautes-Pyrénées.	
	Bayonne.	Basses-Pyrénées.	
Toulouse. . . .	. . . .	Haute-Garonne.	Le titulaire actuel de cet archevêché est cardinal.
	Montauban	Tarn-et-Garonne.	
	Pamiers	Ariège.	
	Carcassonne. . . .	Aude.	
Besançon	. . . .	Doubs, Haute-Saône et territoire de Belfort.	
	Verdun.	Meuse.	
	Belley	Ain.	
	Saint-Dié	Vosges.	
	Nancy	Meurthe-et-Moselle.	
Aix.	. . . .	Bouches - du - Rhône (excepté l'arron- dis. de Marseille.)	
	Marseille.	Arrondissement de Marseille (Bou- ches-du-Rhône).	
	Fréjus	Var.	
	Digne	Basses-Alpes.	
	Gap	Hautes-Alpes.	
	Ajaccio.	Corse.	
	Nice	Alpes-Maritimes.	
Avignon.	. . . .	Vaucluse.	
	Nîmes	Gard.	
	Valence	Drôme.	
	Viviers.	Ardèche.	
	Montpellier	Hérault.	

ARCHEVÊCHÉS.	ÉVÊCHÉS SUFFRAGANTS.	DÉPARTEMENTS formant la CIRCONSCRIPTION de l'archevêché ou de l'évêché.	OBSERVATIONS.
RENNES	. . . .	Ille-et-Vilaine.	
	Quimper.	Finistère.	
	Vannes.	Morbihan.	
	Saint-Brieuc. . . .	Côtes-du-Nord.	
CHAMBÉRY. . . .	. . . .	»	
	Annecy.	Haute-Savoie.	
	Tarentaise.	Savoie.	
	Saint - Jean - de - Maurienne. . . .	Savoie.	

Algérie.

ARCHEVÊCHÉS.	ÉVÊCHÉS SUFFRAGANTS.	DÉPARTEMENTS	OBSERVATIONS.
ALGER.	. . . .	»	
	Oran.	Oran.	
	Constantine. . . .	Constantine.	

Tunisie.

ARCHEVÊCHÉS.	ÉVÊCHÉS SUFFRAGANTS.	DÉPARTEMENTS	OBSERVATIONS.
CARTHAGE. . . .	. . . .	Tunisie.	

Colonies.

ARCHEVÊCHÉS.	ÉVÊCHÉS SUFFRAGANTS.	DÉPARTEMENTS	OBSERVATIONS.
	Saint-Denis	La Réunion (Afrique)	Les trois évêchés des colonies sont suffragants de l'archevêché de Bordeaux.
	La Basse-Terre . .	Guadeloupe (Amérique).	
	Saint - Pierre et Fort-de-France.	Martinique (Amérique).	

La loi du 18 germinal an X avait institué en France 10 archevêchés et 50 évêchés.

Aujourd'hui, on compte, suivant le tableau ci-dessus:

	ARCHEVÊCHÉS.	ÉVÊCHÉS.
En France	17	67
En Algérie	1	2
En Tunisie	1	»
Dans les colonies	»	3

A l'occasion de l'article 10 de la convention du 26 messidor an IX, qui attribue aux évêques la nomination des curés, sauf l'agrément du Gouvernement, nous avons dit qu'aux termes de l'article 60 de la loi organique, il doit y avoir au moins une paroisse dans chaque justice de paix. Ce dernier article dispose qu' « il sera, en outre, établi autant de succursales que le besoin pourra l'exiger ».

Antérieurement au Concordat, le nombre des paroisses était de 36,000 et celui des succursales, ou églises de secours établies dans les paroisses trop étendues, était seulement de 2,500[1]. La loi du 18 germinal an X ayant adopté pour base du nombre des paroisses celui des justices de paix, il en est résulté le renversement de cette proportion ; aujourd'hui, il existe en France environ 3,500 cures proprement dites et 31,000 succursales. Toutefois, comme nous l'avons dit, les succursales furent, dès l'application de

1. Émile Ollivier, *le Concordat est-il respecté?* Paris, 1883.

cette loi, assimilées, sous la plupart des rapports, aux églises paroissiales. M. Émile Ollivier rapporte ainsi ce fait : « Les évêques, dans les règlements établis par eux après le Concordat, ne tinrent pas compte du caractère donné par les lois organiques aux succursales : des simples prêtres de secours ils firent de véritables curés. Malgré les exigences de l'article 31 des lois organiques, ils les affranchirent de la *direction* et de la *surveillance* du curé de canton, dont toute la prérogative fut réduite à une visite annuelle; ils leur conférèrent l'*officium* ou charge d'âmes; la chapelle de secours devint une véritable cure ayant les fonts baptismaux, les droits de sépulture, de prédication, le tribunal de pénitence, l'administration des sacrements; les succursalistes eux-mêmes ne relevèrent plus que de l'évêque, ils n'eurent pas à partager avec le curé cantonal, ainsi qu'y sont obligés les vicaires, les cires, les oblations et le reste du casuel. La cour de Rome approuva avec empressement cette conquête. La Congrégation du Concile décida que le succursaliste était tenu à toutes les charges du curé, notamment à résider et à offrir le sacrifice pour le peuple. Le pouvoir civil, occupé ailleurs, n'y prit garde et laissa faire[1]. »

En réalité, les succursales ne diffèrent des cures qu'en raison des plus grands avantages attribués au curé et de la priorité du titre de la cure qui est l'église principale du canton dont les succursales font partie.

---

1. Émile Ollivier, *le Concordat est-il respecté ?* Paris, 1883.

« Aucune partie du territoire français, dit l'article 62 des organiques, ne peut être érigée en cure ou succursale sans l'autorisation expresse du Gouvernement. » Toute création d'établissements de cette nature intéressant le budget de l'État, à raison des traitements ou allocations payés sur ce budget aux curés et aux desservants, il importe qu'il n'y soit procédé que lorsque le ministre des cultes s'est assuré la disposition des crédits nécessaires.

En examinant l'article 14 du Concordat, nous avons vu que les traitements des archevêques et des évêques, fixés respectivement par les articles 64 et 65 des organiques, à 15,000 francs et 10,000 francs, ont été, depuis, augmentés successivement et ramenés enfin, par des lois récentes, à ce taux primitif. Disons seulement ici que le traitement spécial alloué aux cardinaux par un arrêté du 26 février 1803 a été supprimé par la loi de finances du 28 décembre 1880 ; il avait déjà été retranché par ordonnance royale du 21 octobre 1830, mais rétabli en 1835. Les cardinaux reçoivent donc le traitement des archevêques ou évêques, suivant le diocèse qu'ils administrent.

Nous avons également déjà parlé du traitement des curés. Remarquons que, conformément à l'article 67 des organiques, les pensions dont ils jouissaient antérieurement au Concordat, en exécution des lois de l'Assemblée constituante, furent, à partir de la loi de germinal an X, précomptées sur ce traitement. Nous avons dit aussi que la Constituante, en mettant les biens du clergé à la disposition de la nation, avait décrété que les ecclésiastiques recevraient une pension. Cette allocation avait pour but de les préserver d'un dénuement subit, mais elle devait s'éteindre avec eux. Ce fait prouve bien que, dans l'esprit de la Constituante elle-même, la confiscation des biens du clergé ne revêtait nullement le caractère d'une spoliation qui dût nécessairement être compensée par d'autres avantages accordés au clergé à titre permanent.

Quant aux vicaires et aux desservants, la loi du 18 germinal an X *ne leur attribuait pas de traitement spécial*, la convention du 26 messidor an IX n'en prévoyant que pour les évêques et les curés (article 14) ; leur subsistance devait donc se composer de leurs pensions et du produit des oblations.

Cependant, un décret du 5 nivôse an XII accorda aux desservants un traitement annuel de 500 francs sur le budget de l'État. L'ordonnance du 5 juin 1816 porta ce traitement à 600 francs. Il fut ensuite élevé, par des augmentations successives, à 900 francs et à 1,000 francs pour les desservants au-dessous de 60 ans, à 1,100 francs pour les desservants de 60 à 70 ans, à 1,200 francs pour les desservants de 70 à 75 ans, et à 1,300 francs pour les desservants de 75 ans et au-dessus. Le traitement des desservants, qui sont au nombre de 31,000, figure au budget des cultes (exercice 1895) pour une somme de 31 millions

925,000 francs ; il forme donc à lui seul la presque totalité de ce budget [1].

Les vicaires sont rétribués sur les fonds des fabriques. Toutefois, il peut leur être alloué sur le budget de l'État une indemnité annuelle entièrement indépendante et distincte de cette rétribution. Cette indemnité, d'abord fixée à 200 francs par l'ordonnance du 5 juin 1816, est aujourd'hui de 450 francs, en vertu du décret du 23 mars 1872. Elle n'est allouée qu'aux vicaires des communes dont la population est inférieure à 5,000 habitants.

Les oblations que les ministres du culte sont autorisés à recevoir pour l'administration des sacrements (casuel) doivent, d'après les articles 5 et 69 de la loi organique, faire l'objet de règlements préparés par les évêques ; mais, dans le but d'éviter les abus, ces règlements ne sont exécutés qu'après approbation du Gouvernement.

Les articles 73 et 74 des Organiques règlent l'exécution de l'article 15 du Concordat, relatif aux fondations faites en faveur des églises. Nous avons exposé, à l'occasion de ce dernier article, les modifications apportées sur ce point aux dispositions de la loi du 18 germinal an X.

1. Voir à la fin du présent. volume (annexe 7) le budget des cultes pour 1895.

CHAPITRE VII

Résumé des dispositions contenues dans le Concordat et les articles organiques.

Après avoir examiné en détail les dispositions des articles du Concordat et de la loi organique, il est utile de les présenter ici dans leur ensemble, afin de faire ressortir le caractère général du régime des rapports du Gouvernement français et de l'Église catholique, tel qu'il est établi par cette législation, et compte tenu de certaines modifications qu'elle a subies.

Dès le préambule du Concordat, la religion catholique est frappée, dans notre pays, d'une déchéance considérable : du rang dominant de religion exclusive de l'État, qu'elle avait toujours occupé sous la monarchie, elle tombe à celui de religion simplement reconnue. L'Église, au lieu de continuer à diriger l'action gouvernementale, est exclue désormais des conseils politiques; ses canons n'auront plus la force des lois de l'État; elle devra obéir elle-même à celles qu'elle n'aura point préparées. La religion catholique demeure, il est vrai, la religion de la grande majorité des Français; mais ce fait ne lui assure plus aucune prépondérance légale sur les cultes des minorités ; au lieu de pouvoir prétendre, comme jadis, à les persécuter et à les détruire, elle sera contrainte de tolérer à côté d'elle leur existence et leur développement, et même de leur témoigner du respect. Perte de l'antique prééminence dont elle jouissait en France au double point de vue religieux et politique : telle est la condition première de la convention souscrite en 1801 par l'Église catholique romaine.

Cet amoindrissement considérable, le Concordat et la loi organique l'aggravent encore par une série de dispositions ayant pour objet d'attribuer au pouvoir civil le droit et les moyens d'exercer une surveillance sur tous les actes de l'Église de nature à intéresser l'ordre public, d'intervenir directement dans le choix du haut personnel ecclésiastique, et de réprimer toute infraction aux lois générales de l'État ou toute atteinte à la tranquillité des individus dont le clergé catholique se rendrait coupable.

En effet, le Concordat déclare la liberté et autorise la publicité du culte catholique en France, mais sous la réserve expresse que la tranquillité publique n'aura point à en souffrir et que les règlements de police édictés à cet effet par le Gouvernement seront rigoureusement observés. Donc, aucun acte émanant de la Cour de Rome, aucun décret conciliaire ne peuvent être exécutés en France sans la permission du pouvoir civil. Tout délégué du pape ayant à accomplir une mission ecclésiastique en France doit préalablement faire vérifier ses pouvoirs et obtenir l'autorisation de les exercer. A l'intérieur, le clergé ne peut se réunir en assemblée, de quelque importance qu'elle soit, sans que le Gouvernement y ait consenti. Les évêques ne doivent pas s'éloigner de leurs diocèses, à moins de posséder un congé régulier. Afin que les établissements ecclésiastiques ne soient pas multipliés outre mesure, ou ne puissent se soustraire à la surveillance de l'autorité civile, défense est faite d'ouvrir sans autorisation aucune chapelle domestique, aucun oratoire particulier. Le culte catholique doit respecter les cultes dissidents ; en conséquence, il lui est interdit d'instituer aucune cérémonie religieuse hors de ses églises dans les villes où le nombre des non catholiques atteint une certaine importance. Les cloches des églises ne sont plus réservées à l'usage exclusif du clergé ; elles sont également employées pour les services municipaux. Les curés sont tenus d'observer, en chaire, un respect absolu pour les personnes ou pour les autres cultes autorisés par l'État, sous peine de pouvoir être actionnés en diffamation. Ils ne doivent jamais donner la bénédiction nuptiale avant de s'être assurés que ceux qui la sollicitent ont contracté mariage devant l'officier de l'état civil ; le mariage religieux perd ainsi toute valeur aux yeux de la loi. Les ministres du culte sont autorisés à se faire rémunérer par les fidèles pour l'administration des sacrements ; mais, afin de prévenir l'exagération des tarifs, ceux-ci ne peuvent être appliqués que lorsque le Gouvernement les a approuvés. Enfin, lorsque les ministres du culte, aux différents degrés de leur hiérarchie et dans l'exercice de leurs fonctions, entreprennent contre les lois ou les personnes, ils sont passibles d'une censure prononcée par le Conseil d'Etat, ou même de peines plus rigoureuses infligées par les tribunaux judiciaires.

C'est au chef de l'État qu'appartient, en France, la nomination aux évêchés. Nul prêtre ne peut donc être institué évêque par le pape que si le Gouvernement l'a reconnu apte à exercer la prélature. Il est, de plus, indispensable qu'il soit Français; il ne peut entrer en fonctions avant d'en avoir reçu la permission du pouvoir civil et d'avoir juré solennellement obéissance et fidélité au Gouvernement établi.

Ce serment est également exigé des curés. Ceux-ci, comme les évêques, sont ainsi de véritables agents de l'État, qui, s'ils manquent à leurs engagements, peuvent être frappés de peines sévères.

Le clergé est tenu de réciter fréquemment et publiquement des prières pour le salut du Gouvernement français; cette obligation complète celle du serment de fidélité et confirme sa dépendance vis-à-vis de l'autorité temporelle.

Les évêques ont la direction spirituelle de leurs diocèses; mais, en ce qui concerne la répartition territoriale des paroisses et des succursales, ils ne peuvent rien innover qu'avec la permission du Gouvernement.

Ils nomment les curés; leur choix, toutefois, ne devient définitif que si le ministre des cultes consent à le ratifier.

La faculté ouverte aux évêques d'avoir un chapitre dans leur cathédrale et un séminaire pour leur diocèse ne peut être exercée que sous le contrôle du pouvoir civil, et sans que celui-ci soit tenu d'aucune dotation au profit de ces établissements. D'abord, le chapitre ou le séminaire ne peuvent être établis qu'avec l'autorisation du Gouvernement. En ce qui concerne les chapitres, l'archevêque ou l'évêque doit s'assurer l'agrément du ministre des cultes au point de vue du nombre et du choix des chanoines. Pour les séminaires, l'organisation en appartient aux évêques, mais à charge de faire approuver par le Gouvernement les règlements qui s'y rapportent. Les ecclésiastiques qui y sont chargés de l'enseignement doivent s'engager à professer la doctrine contenue dans la déclaration du clergé de France, de 1682, d'après laquelle le pouvoir civil est, en matières temporelles, entièrement indépendant de la puissance spirituelle, et l'autorité des conciles supérieure à celle du pape. Les évêques doivent rendre compte au ministre des cultes du nombre des personnes qui étudient dans les séminaires et ne doivent ordonner que le nombre de prêtres autorisé par lui. Les séminaristes sont astreints, comme tous les autres citoyens, au service militaire en temps de paix et en temps de guerre.

La confiscation des biens ecclésiastiques opérée en 1789 est irrévocable, et l'Église s'engage à ne troubler à aucune époque les acquéreurs de ces biens. Seules, les églises non aliénées sont mises à la disposition du clergé; encore, cette attribution n'est-elle faite que dans la mesure strictement indispensable pour les besoins du culte ; elle ne s'applique pas, d'ailleurs, à la propriété même des immeubles, mais à leur jouissance seulement.

Le Gouvernement assure un traitement aux évêques et aux curés, à raison des fonctions qu'ils remplissent comme agents de l'État ; toutefois, il a le droit incontestable d'en prononcer la suspension temporaire ou la suppression définitive, toutes les fois que les membres du clergé manquent à leurs devoirs d'obéissance envers l'autorité civile.

Enfin, les fondations que les catholiques français ont liberté de faire en faveur des églises et qui, dans le principe, devaient consister uniquement en rentes sur l'État, peuvent, depuis la loi du 2 janvier 1817, être instituées également en biens immeubles ; mais l'exercice de cette latitude est strictement limité aux seuls établissements ecclésiastiques reconnus par la loi et sous la condition formelle d'une autorisation spéciale du Gouvernement.

Cet exposé des droits que la législation concordataire confère au Gouvernement français vis-à-vis de l'Église catholique permet d'affirmer que la situation de cette Église est, dans l'esprit de cette législation, celle d'une subordination complète au pouvoir civil. Cette constatation est de la plus grande importance, car, ainsi que nous le verrons bientôt, elle permet de réfuter à la fois ceux qui prétendent que le Concordat de 1801 n'assure pas aujourd'hui à l'État des armes suffisantes contre la désobéissance du clergé, et ceux qui se plaignent que l'Eglise est persécutée lorsque le Gouvernement applique strictement cette convention. Contrairement, en effet, à l'assertion de M. le sénateur Chesnelong, cette application rigoureuse ne fait pas « dévier le Concordat de son véritable esprit[1] » : en réalité, *elle l'y ramène*. A ce point de vue, la troisième République peut, sans inconséquence, respecter l'œuvre « du Premier Consul NAPOLÉON BONAPARTE[2] ».

1. Discours prononcé au Sénat le 9 décembre 1891.
2. Voir la proposition de loi tendant à *l'abrogation du Concordat*, présentée à la Chambre des députés, en 1879, par M. Charles Boysset.

CHAPITRE VIII

La République française et l'Église catholique.

On sait l'hostilité constante et haineuse que le clergé catholique manifeste. depuis 1870 contre le gouvernement républicain et les institutions que celui-ci s'est donné pour mission d'établir en France. Par une intervention active dans les élections générales qui ont plusieurs fois renouvelé la composition de notre Parlement; par une participation ouverte aux intrigues monarchistes qui ont suscité les coups d'État du 24 mai 1873 et du 16 mai 1877, les prêtres séculiers, en dépit de leur qualité d'agents salariés de l'État, se sont efforcés de détruire le régime politique que la grande majorité des Français avaient adopté, comme étant le plus propre à assurer au pays la reconstitution de ses forces épuisées et les bienfaits d'une législation libérale. Mais ces efforts coupables se sont brisés contre la vigilance et la fermeté du parti républicain, et les chances d'une restauration monarchique ont diminué tous les jours par l'impopularité ou la disparition des prétendants.

Le clergé français s'est alors résigné à accepter le régime républicain, et comme beaucoup s'en éton-

naient, il s'est attaché, pour masquer sa défaite et
justifier son attitude nouvelle, à démontrer que l'Église
a toujours eu pour doctrine de pouvoir s'accommoder
des formes de gouvernement les plus diverses ; il a
même été jusqu'à reconnaître que la république est
de « droit divin ». Le Père Maumus, dominicain, qui
s'attend à la surprise que peut causer une telle déclaration, affirme « que ces vérités, que nous considérons
aujourd'hui comme des nouveautés, dorment depuis
des siècles dans les livres des théologiens ». Il ajoute :
« Le pouvoir a une origine divine : *Omnis potestas a
Deo*. Mais Dieu n'a pas déterminé le mode d'après
lequel ce pouvoir devait être exercé ; nulle part ni jamais,
il ne s'est prononcé en faveur d'une forme politique à
l'exclusion d'une autre. Il a laissé ce soin à la nation,
qui peut choisir à son gré la monarchie, l'aristocratie
ou la démocratie. A ce point de vue, une république
est de droit divin indirect aussi bien qu'une monarchie, et réciproquement... Le pouvoir est d'origine
divine ; sa forme est humaine, la nation ne le crée pas,
elle l'applique, et elle a le droit de choisir le mode
selon lequel elle veut être gouvernée. Il est donc vrai
de dire qu'elle est souveraine, dans ce sens que la
forme politique qui la régit dépend de sa volonté et de
ses libres déterminations[1]. »

Mais remarquons immédiatement que l'adhésion de
l'Église à la République s'applique uniquement à la
forme de ce gouvernement, toute abstraction faite des

---

1. *La République et la politique de l'Église.* — Paris, 1892.

lois qu'il peut édicter. Pour ces dernières, en effet, l'Église ne reconnaît que celles qui s'accordent avec ses propres doctrines; elle rejette et combat toutes les autres. C'est ainsi que, notamment depuis 1880, le clergé français a lutté avec l'opiniâtreté la plus acharnée contre l'adoption et l'exécution de toutes les mesures législatives qu'il a considérées comme contraires aux canons ecclésiastiques, telles que les lois sur la laïcisation de l'enseignement, le service militaire des séminaristes, le divorce, etc.

Les attaques de l'Église contre les lois républicaines ont été exposées, d'une manière générale, dans la fameuse *Déclaration des cardinaux français*, en date du 16 janvier 1892. Ce document hautain est une véritable déclaration de guerre et un appel public à la révolte des catholiques français contre les institutions républicaines. « Il nous appartient, y est-il dit, de donner aux catholiques, dans les circonstances actuelles, une direction de pensée et de conduite, en leur montrant dans le passé l'origine du mal, dans le présent les devoirs qu'il nous crée. Avant toutes choses, nous déclarons une fois de plus, conformément aux enseignements du Saint-Siège et à la tradition catholique, que nous ne faisons aucune opposition à la forme de gouvernement que la France s'est donnée... Si nous élevons la voix, c'est pour demander que les sectes antichrétiennes n'aient pas la prétention d'identifier avec elles le gouvernement républicain, et de faire d'un ensemble de lois antireligieuses la constitution essentielle de la République... »

Suit un réquisitoire violent contre la suppression des prières publiques dans certaines circonstances, l'abrogation de la loi sur le repos du dimanche, la liberté des funérailles, les décrets relatifs aux congrégations religieuses non autorisées, l'enseignement laïque et obligatoire, la suppression des bourses précédemment accordées par l'État aux séminaires, le service militaire imposé aux élèves ecclésiastiques, la suppression de l'aumônerie militaire, la loi « antichrétienne et antisociale » du divorce, le pouvoir accordé aux maires sur l'usage des cloches et sur les clefs des églises, etc. Il est également question du Concordat, dont le Gouvernement, dit la Déclaration, fait une application inique, notamment en ce qui concerne le traitement du clergé. Naturellement, les cardinaux reprennent la thèse qui consiste à représenter ce traitement comme une dette que l'État a contractée en 1789, et dont il ne peut s'exonérer sous aucun prétexte : c'est l'interprétation de l'article 14 du Concordat telle qu'elle résulte de l'esprit d'insubordination de l'Église et de sa vigilance constante pour ses intérêts matériels. L'Église ne doit pas être assujettie à l'État et, proclame la Déclaration, « plutôt que de subir cet asservissement, les catholiques doivent être prêts à tout souffrir et disposés à *tout entreprendre pour la résistance*[1] ».

Enfin, aussitôt après la publication de la Déclaration des cardinaux, le chef suprême de l'Église catholique

1. Voir à la fin du présent volume le texte complet de la *Déclaration des cardinaux français* (annexe 5).

prit lui-même la parole. Dans une encyclique du 16 février 1892, adressée au clergé et aux catholiques de France, Léon XIII approuva expressément la manifestation des cardinaux. Comme eux, il admet, du moins provisoirement, la forme du régime républicain; mais il réprouve les *lois* les plus essentielles de notre Constitution, et il invite les catholiques à les combattre de tous leurs efforts. « Qu'en France, depuis plusieurs années, divers actes importants de la législation aient procédé de tendances hostiles à la religion, et par conséquent aux intérêts de la nation, c'est l'aveu de tous, malheureusement confirmé par l'évidence des faits. Nous-même, obéissant à un devoir sacré, nous en adressâmes des plaintes vivement senties à celui qui était alors à la tête de la République. Ces tendances cependant persistèrent, le mal s'aggrava, et l'on ne saurait s'étonner que les membres de l'épiscopat français, placés par l'Esprit-Saint pour régir leurs différentes et illustres églises, aient regardé, encore tout récemment, comme une obligation d'exprimer publiquement leur douleur, touchant la situation créée en France à la religion catholique...

« Divers gouvernements politiques se sont succédé en France dans le cours de ce siècle, et chacun avec sa forme distinctive : empires, monarchies, républiques... On peut affirmer en toute vérité que chacune d'elles est bonne, pourvu qu'elle sache marcher droit à sa fin, c'est-à-dire au bien commun, pour lequel l'autorité sociale est constituée... Les catholiques ont pleine liberté de préférer une forme de gouvernement à l'autre, précisément en vertu de ce qu'aucune de ces formes sociales ne s'oppose par elle-même aux données de la saine raison, ni aux maximes de la doctrine chrétienne. Et c'en est assez pour justifier pleinement la sagesse de l'Église, alors que, dans ses relations avec les pouvoirs politiques, elle fait abstraction des formes qui les différencient, pour traiter avec eux les grands intérêts religieux des peuples, sachant qu'elle a le devoir d'en prendre la tutelle, au-dessus de tout autre intérêt... Cependant, il faut soigneusement le remarquer ici : quelle que soit la forme des pouvoirs civils dans une nation, on ne peut la considérer comme tellement définitive qu'elle doive demeurer immuable, fût-ce l'intention de ceux qui, à l'origine, l'ont déterminée...

« Par conséquent, lorsque les nouveaux gouvernements sont constitués, les accepter n'est pas seulement permis, mais réclamé, voire même imposé par la nécessité du bien social qui les a faits et les maintient[1]... Par là s'explique d'elle-même la sagesse de l'Église dans le maintien de ses relations avec les nombreux gouvernements qui se sont succédé en France

---

1. On a fait remarquer, avec raison, que Léon XIII ne pratique pas ses propres préceptes. Si, en effet, la soumission aux Gouvernements établis est un devoir, comme il l'affirme, pourquoi se permet-il de protester contre le régime politique adopté unanimement par le peuple italien, qui a retiré au Pape tout pouvoir temporel sur la Péninsule, pour le transférer au roi d'Italie? Léon XIII n'a pu répondre à cette objection, et ceux qui ont tenté de le faire pour lui n'y ont pas réussi. M. l'évêque Perraud, qui l'a également essayé, ne trouve pas d'autre moyen pour résoudre

en moins d'un siècle, et jamais sans produire des secousses violentes et profondes. Une telle attitude est la plus sûre et la plus salutaire ligne de conduite pour tous les Français dans leurs relations civiles avec la république, qui est le gouvernement actuel de leur nation...

« Mais une difficulté se présente : « Cette république, « fait-on remarquer, est animée de sentiments si anti- « chrétiens que les hommes honnêtes, et beaucoup plus « les catholiques, ne pourraient consciencieusement « l'accepter. » Voilà surtout ce qui a donné naissance aux dissentiments et les a aggravés. On eût évité ces regrettables divergences, si l'on avait su tenir soigneusement compte de la distinction considérable qu'il y a entre *pouvoirs constitués* et *législation*. La législation diffère à tel point des pouvoirs politiques et de leur forme, que, sous le régime dont la forme est la plus excellente, la législation peut être détestable ; tandis qu'à l'opposé, sous le régime dont la forme est la plus imparfaite, peut se rencontrer une excellente législation.

« Pauvre France! Dieu seul peut mesurer l'abîme de maux où elle s'enfoncerait si la législation, loin de s'améliorer, s'obstinait dans une telle déviation, qui

la question du maintien ou de la suppression du pouvoir temporel que d'en interdire l'examen. Il déclare que cette question échappe au jugement des nations chrétiennes... et qu'elle demeure essentiellement une question réservée, à l'égard de laquelle les gouvernements de la terre sont incompétents ! (Voir ses *Réflexions sur l'Encyclique du* 16 *février* 1892.)

aboutirait à arracher de l'esprit et du corps des Français la religion qui les a faits si grands.

« Et voilà précisément le terrain sur lequel, tout dissentiment politique mis à part, les gens de bien doivent *s'unir comme un seul homme pour combattre*, par tous les moyens légaux et honnêtes, *ces abus progressifs de la législation*. Le respect que l'on doit aux pouvoirs constitués ne saurait l'interdire : *il ne peut emporter ni le respect, ni beaucoup moins l'obéissance sans limites à toute mesure législative quelconque, édictée par ces mêmes pouvoirs...* En conséquence, jamais on ne peut approuver des points de législation qui soient hostiles à la religion et à Dieu; *c'est au contraire un devoir de les réprouver*[1]. »

L'approbation et les encouragements donnés par Léon XIII à l'attitude du clergé français en face des lois républicaines ont accru encore l'énergie de son hostilité et fortifié ses espérances. Car, qu'on le remarque bien, c'est par nécessité pure que l'Église déclare accepter le régime républicain; la restriction formulée dans l'encyclique du 16 février 1892 relativement au changement toujours possible de la forme de gouvernement la plus solidement accréditée au sein d'une nation indique manifestement que l'Église ne perd pas l'espoir de voir un jour la république remplacée, en France, par un autre régime politique plus favorable au triomphe de son ambition. En attendant, elle se donne pour devoir de faire une opposition

---

1. Voir, à la fin du présent volume, le texte complet de *l'Encyclique du* 16 février 1892, écrite en français (annexe 6).

acharnée aux lois républicaines, de défendre avec la plus grande ardeur ses prétentions et ses doctrines contre les progrès du libéralisme, et l'on peut dire qu'à tous les degrés de sa hiérarchie, le clergé français est en révolte contre l'Etat, dont il repousse orgueilleusement la suprématie.

Depuis nombre d'années déjà, cette situation grave préoccupe les esprits. Etant donné que le gouvernement républicain ne saurait renoncer à poursuivre la réalisation de son programme libéral, tandis que l'Église ne rêve que l'asservissement des consciences ; étant donné, par conséquent, que l'entente ne peut jamais arriver à s'établir entre les deux pouvoirs en conflit, les amis de l'ordre public ont recherché le moyen le plus propre à mettre désormais l'Église dans l'impuissance de faire échec à l'État.

A cet égard, il s'est formé dans le public, dans la presse et au sein du Parlement, deux courants d'opinion différents : les uns estiment que le but poursuivi serait atteint par l'abrogation du Concordat de 1801 et la suppression des avantages qu'il concède au clergé catholique ; les autres sont d'avis que ce contrat doit être conservé, en raison des droits importants qu'il confère à l'État vis-à-vis de l'Église.

Examinons les arguments des uns et des autres.

CHAPITRE IX

Examen des arguments présentés par les adversaires du Concordat.

Les partisans de la suppression du Concordat avancent que non seulement cette convention n'a pas donné les résultats que Bonaparte comptait en tirer, c'est-à-dire n'a pas réduit l'Église à l'état de dépendance absolue où il avait voulu la placer vis-à-vis de l'État, mais que même elle fournit au clergé des moyens moraux et matériels de lutter avec succès contre le pouvoir civil. En effet, la constitution d'une Église nationale n'a pas été réalisée, puisque, en dépit des prescriptions formelles des articles organiques, l'enseignement de la déclaration de 1682 n'est plus pratiqué depuis longtemps dans les séminaires et que le clergé français est aujourd'hui complètement acquis à l'ultramontanisme. Ce fait n'a rien qui doive étonner, car le Concordat est, au point de vue religieux, contraire à l'esprit de la Révolution de 1789. D'autre part, l'État, en reconnaissant la religion catholique et en servant un traitement à ses ministres, les revêt d'un caractère officiel qui n'est pas sans seconder leur influence sur l'esprit des populations. Le budget des Cultes doit donc être supprimé, d'autant plus qu'il constitue une atteinte à la liberté de conscience, en obligeant à contribuer à l'entretien de l'Église catholique ceux mêmes qui réprouvent les doctrines de cette communauté. Au surplus, les dispositions de la loi du 18 germinal an X sont, en très grande partie, tombées en désuétude, et le moment est venu d'abolir un contrat dont on peut dire que les seules clauses subsistantes sont celles qui sont avantageuses pour l'Église et onéreuses pour l'État[1].

Il est exact que, nonobstant les dispositions de l'article 24 des organiques, qui ont prescrit l'enseignement dans les séminaires de la doctrine contenue dans la déclaration faite par le clergé de France en 1682, et celles du décret impérial du 25 février 1810, qui a proclamé loi de l'Empire français l'édit de Louis XIV relatif à cette déclaration, le gallicanisme n'existe plus, et que, depuis le Concordat, l'ultramontanisme a gagné le clergé français tout entier.

Les causes de ce fait sont multiples; nous devons nous borner ici à en indiquer les principales. Tout d'abord, les conditions dans lesquelles le Concordat a été conclu et ses stipulations mêmes attribuèrent au pape un pouvoir que le Saint-Siège n'avait jusqu'alors jamais possédé. Bonaparte, en effet, traita avec Pie VII

---

1. Les adversaires du Concordat en demandent la dénonciation pour cette autre raison encore que l'Église, disent-ils, redoute précisément la rupture de ce traité. Nous examinerons cet argument dans un chapitre subséquent.

exclusivement, sans aucune intervention des autres autorités ecclésiastiques. « En pareille matière, dit M. Jules Simon, on avait jusque-là consulté les évêques, et traité, pour ainsi dire, avec eux ; tandis qu'en 1801, peut-être à cause de l'état de l'Église de France, dont les évêques étaient dispersés, peut-être à cause des tendances monarchiques du Premier Consul, on traita directement et uniquement avec le pape, qui se trouva ainsi reconnu comme chef absolu de l'épiscopat[1]. » En outre, les articles 2 et 3 du Concordat reconnaissaient à Pie VII le droit de déterminer une nouvelle circonscription des diocèses français, d'imposer aux anciens titulaires l'obligation de se démettre, et celui de les remplacer par de nouveaux évêques. Le pape était ainsi érigé en arbitre suprême des destinées du clergé français : le Concordat lui-même portait atteinte à l'Église gallicane. C'est ce que firent remarquer avec amertume les évêques non assermentés qui s'étaient réfugiés à Londres. L'un d'eux, l'évêque de Saint-Pol de Léon, écrivait : « Il n'y a pas un seul article du Concordat qui ne porte la douleur dans l'âme de tout homme attaché à l'Eglise en général et à celle de France en particulier. Dès que le gouvernement français est parvenu à faire adopter la voie d'une négociation politique pour traiter des plus grands intérêts de l'Église, il a senti toute la force de ses moyens et tout l'avantage que lui donnait la forme diplomatique. Il était nécessaire de se rendre favorable

---

1. Jules Simon, *la Liberté de conscience*, introduction, 1859.

la Cour de Rome, et quel moyen plus sûr que de lui fournir l'occasion d'exercer un pouvoir sans bornes sur une Église qui, à l'abri des anciens canons, avait toujours opposé des obstacles insurmontables aux attaques dirigées contre ses libertés? *Il s'établit en France une Église nouvelle sur les ruines de l'an- cienne Église.* » La prédominance de l'Église ultra- montaine sur l'Église gallicane commençait donc à s'établir dès 1801, et l'on ne pouvait s'empêcher de remarquer la contradiction qui existait, à ce sujet, entre le Concordat et les articles organiques. Les évêques protestataires la signalèrent aussitôt : « Nous n'aurions assurément, disaient-ils, rien vu de pareil, si on avait eu le moindre égard aux libertés de l'Église gallicane, et on ne pourra jamais assez s'étonner de ce que le même gouvernement, qui a fait des actes si destructifs de ces libertés, ait, au même moment, mis au nombre des cas d'abus l'attentat aux libertés, franchises et coutumes de l'Église gallicane. » Le Concordat l'a emporté sur les articles organiques et a fourni à la puissance papale le point de départ de sa marche vers le triomphe de l'ultramontanisme.

Ce succès a été aussi favorisé par la situation pré- caire qui est faite au bas clergé français par la loi du 18 germinal an X : les desservants sont nommés, déplacés et révoqués par les évêques, sans interven- tion du gouvernement. Or on sait dans quel état de sujétion humiliante l'orgueil des évêques maintient les desservants. Ceux-ci ont, dans le principe, porté leurs protestations devant le pouvoir civil ; mais on les a éconduits, pour cause d'incompétence. Ils se sont alors tournés vers l'autorité spirituelle ; le pape Grégoire XVI ne prêta qu'une oreille inattentive à leurs réclamations, mais Pie IX les examina avec bienveillance et reconnut ce qu'elles avaient de fondé ; dès lors, il fut admis que les prêtres déplacés ou révoqués pourraient faire appel au pape directement, sans même être obligés de porter d'abord leurs plaintes devant les métropolitains [1].

« Dès que cette jurisprudence fut connue, dit M. Émile Ollivier, l'ultramontanisme, confiné jus-

1. Il n'en est plus de même aujourd'hui. « Deux décisions des congrégations romaines de 1875 et 1876 renversent ces principes, et, qu'il s'agisse d'appel ou de recours, renvoient le plaignant contre une décision de l'évêque devant son métropolitain investi ainsi, en cas de recours, d'un droit qu'il n'avait pas selon la rigueur des principes. Comme il n'existe pas d'exemple d'un métropolitain n'ayant pas soutenu systématiquement son suffragant, l'appel à Rome reçoit le coup de mort ; aucun prêtre ne s'en servira plus, et voilà de nouveau le clergé inférieur à discrétion. — La chute du pouvoir temporel a amené ce revirement. Les évêques n'avaient pas cessé de protester contre l'habitude de Rome d'accueillir les appels et ils avaient souvent paralysé ses bonnes dispositions en se targuant, ce qui malheureusement n'était pas faux, d'avoir l'appui de leur Gouvernement. Depuis que la papauté privée de son patrimoine vit de l'aumône des fidèles, les évêques, en apportant chaque année le denier de Saint-Pierre, ont dit à mots couverts, *more ecclesiastico :* nous consentons à être vos collecteurs dévoués, à la condition pourtant que vous nous laisserez tranquilles et que vous ne soutiendrez plus notre clergé contre nous. De ce moment, il a été impossible aux prêtres appelants de rien obtenir des congrégations romaines ; les deux décisions de 1875 et de 1876 n'ont fait que mettre le sceau à ce qui depuis longtemps était manifeste. » Émile Ollivier, *l'Église et l'État au concile du Vatican.*

11

que-là dans la région de l'utopie et dont la lueur était à peine visible, descendit dans les masses ecclésiastiques, devint une réalité et s'éleva comme une grande flamme qu'on aperçut de tous les côtés. L'homme du tiers État écrasé par l'aristocratie s'était jeté dans les bras du roi et l'avait fait absolu, afin que, devenu tout-puissant, il le protégeât contre l'insolence du noble : le clerc foulé par l'épiscopat gallican se jeta aux pieds du pape et le proclama infaillible, afin que, devenu le maître dans l'Église, il le délivrât du bon plaisir de l'évêque[1]. » Quelques prélats protestèrent contre cette intervention du Saint-Siège, mais Pie IX leur imposa silence, et des instructions générales furent adressées à l'épiscopat français dans le but de mettre un terme aux abus qui avaient été constatés. Alors, « l'ultramontanisme du presbytère devint une véritable passion. Pour se tenir debout au milieu du flot grossissant, les évêques furent contraints de se montrer plus ultramontains que leurs prêtres. Cela seul pouvait les dispenser de devenir réformateurs... Leur intérêt personnel les y amena aussi. Tant qu'ils n'étaient que simples prêtres, ils avaient eu profit à ménager le pouvoir civil, afin d'en obtenir une nomination d'évêque. Cette nomination obtenue, ils n'avaient plus que fort peu à attendre d'une administration d'ailleurs toujours empressée à leur complaire, et beaucoup à craindre du Saint-Siège, même lorsqu'ils n'avaient rien à en espérer. Un prélat français, fût-il

---

1. *L'Église et l'État au concile du Vatican.*

docte, éloquent, irréprochable, n'obtient pas les bonnes grâces de Rome s'il n'adopte pas sans restriction toutes les opinions romaines. Aussi peu à peu nos évêques se rangèrent-ils, et la docilité française devint célèbre au Vatican, comme l'avait été autrefois l'indépendance gallicane[1]. » Ces progrès de l'ultramontanisme, en fortifiant l'autorité du pape, ruinaient celle de l'épiscopat français et préparaient le moment où le principe de la supériorité des Conciles, si nettement affirmée par la déclaration de 1682, allait être complètement méconnu. En 1854, en effet, Pie IX proclama seul le dogme de l'Immaculée Conception de la Vierge. De là au dogme de l'infaillibilité papale, il ne restait plus qu'un pas : il fut franchi en 1870, dans ce Concile du Vatican, assemblé non pour délibérer, mais, en réalité, pour sanctionner les décrets déjà rendus par le pape, sur l'inspiration des Jésuites, et dans lequel les protestations des opposants ne furent même pas écoutées. « Nul ne peut désormais entrer en charge, dans l'Église, sans prononcer ce serment par lequel on voue au pape son âme et sa vie, et l'on s'engage, en outre, à lui dévouer autant qu'on le pourra l'âme de tous ceux sur lesquels on a autorité... L'Eglise a reconnu l'infaillibilité et la souveraineté du pape, et tout homme qui a une fonction dans l'Eglise est obligé de jurer, la main sur l'Evangile, qu'il tient cette infaillibilité et cette souveraineté pour certaines[2]. »

Ainsi se trouvent détruits les principes sur lesquels

1. Émile Ollivier, *l'Église et l'État au concile du Vatican.*
2. H. Depasse, *le Cléricalisme.*

s'était fondée l'Eglise gallicane, et, par un effet singulier, c'est en signant le Concordat que Bonaparte, qui se déclarait hautement l'ennemi de l'infaillibilité pontificale, a préparé lui-même le triomphe définitif de ce dogme. Aussi, lorsqu'on observe la marche générale des événements religieux en France, de 1801 à 1870, est-on amené à reconnaître que, comme on l'a dit, « le dogme de l'infaillibilité vient en droite ligne du Concordat [1] ». L'Église gallicane n'existe plus, et l'évêque Freppel n'a pas craint de déclarer en plein Parlement français qu'il rejetait absolument l'autorité du ministre des cultes et ne reconnaissait qu'un seul chef : le Pape [2].

Mais, cette constatation faite, remarquons maintenant que les articles organiques contiennent seuls des dispositions tendant expressément à défendre l'existence de l'Église gallicane : le Concordat proprement dit ne renferme dans son texte rien de semblable. Si donc il est vrai que ces dispositions sont aujourd'hui sans vertu, il n'en résulte nullement que le Concordat se trouve entamé et qu'il y ait là un motif de l'abroger. Nous pensons, au contraire, que l'Etat ayant perdu, par la conversion du clergé français aux doctrines ultramontaines, les garanties que le gallicanisme lui offrait jadis contre les empiétements du pouvoir spirituel sur l'autorité civile, il est d'autant plus opportun de conserver, avec le Concordat, les moyens qu'il met

---

1. H. Depasse, *le Cléricalisme.*
2. Séance de la Chambre des députés du 13 novembre 1882.

entre les mains du gouvernement pour lutter utilement contre ce pouvoir.

Mais peut-on, au moins, dire avec vérité que le Concordat, indépendamment de son inefficacité à maintenir en France une Eglise nationale, ait été conclu dans un esprit contraire aux conquêtes réalisées par la Révolution dans le domaine religieux? M. Corentin-Guyho, auteur d'une proposition de loi[1] présentée, en 1881, à la Chambre des députés, répond ainsi à cette question :

« Dans l'ordre religieux, les résultats de la Révolution française avaient été : 1° la sécularisation de l'État et la destruction de l'idée de toute religion dominante, officielle et imposée au nom du pouvoir civil; 2° la mise à la disposition de la nation de tous les biens ecclésiastiques, tant du clergé séculier que du clergé régulier; 3° l'abolition légale des corporations religieuses d'hommes et même de femmes; 4° enfin le changement des anciennes circonscriptions ecclésiastiques.

« Or le préambule du Concordat porte modestement que la religion catholique « est la religion de la majorité des Français et des consuls ». C'est la constatation indéniable d'un simple fait statistique : aucun principe n'est engagé ; aucun privilège n'est promis ; il n'y a plus de religion d'État.

1. Cette proposition avait pour objet d'établir des *garanties complémentaires* : 1° *au profit du pouvoir civil vis-à-vis du clergé des paroisses;* 2° *au profit des membres du clergé séculier vis-à-vis du pouvoir épiscopal.*

« Sous la Révolution, les biens ecclésiastiques : abbayes, prieurés, bénéfices, édifices du culte mêmes, avaient été mis à la disposition de la nation, aliénés, revendus. Les acquéreurs de biens nationaux étaient-ils exposés à être un jour inquiétés? Le clergé, remis en fonctions, allait-il chercher à agir sur l'âme des femmes pour les pousser, par des scrupules de conscience, à des *restitutions*, à des libéralités excessives sous prétexte de réparation? L'article 13 prévient ce mouvement de réaction religieuse en disant : « Ni Sa Sainteté, ni ses successeurs *ne troubleront en aucune manière les acquéreurs de biens ecclésiastiques aliénés*, et, en conséquence, la propriété de ces mêmes biens, les droits et revenus y attachés, demeureront incommutables entre leurs mains ou celles de leurs ayants cause. » Ainsi est ratifiée l'expropriation des biens du clergé et est consolidée, entre les mains des acquéreurs de biens nationaux, la propriété révolutionnaire.

« Sous la Révolution, les ordres religieux, les congrégations d'hommes et même de femmes avaient été abolis en droit, et dispersés en fait. Le Concordat ne stipule le retour que du clergé séculier, laissant de côté, par une omission évidemment intentionnelle, le clergé régulier. Les articles 11, 12, 15 ne considèrent comme indispensable à l'exercice du culte, au bien de la religion, comme touchant à l'essence même de la foi, que le rétablissement des évêchés, des cures, des chapitres, des séminaires et des fondations en faveur des églises paroissiales. Désormais, dit Portalis, « nous

« n'aurons plus qu'un clergé séculier, c'est-à-dire des
« évêques et des prêtres ». Le Concordat ne prévoit
même pas que certains ordres religieux pourront s'établir en obtenant l'autorisation du gouvernement; c'est
la suppression définitive pure et simple des congrégations...

« Depuis la Révolution, un certain nombre de
sièges épiscopaux en surabondance avaient été supprimés; si cette réduction était maintenue, il fallait
procéder à une délimitation nouvelle de la circonscription des diocèses français. Eh bien, sur ce point
encore, le Concordat consacre les résultats de la Révolution. L'article 2 déclare, en effet, qu'il sera fait par
le Saint-Siège, de concert avec le gouvernement, une
nouvelle circonscription des diocèses. Et quelle est la
conséquence de ce changement dans les circonscriptions? De frapper implicitement de révocation les
évêques titulaires des diocèses abolis, qui se trouvent
ainsi sans juridiction, sans troupeau, sans fidèles, et
que le Premier Consul est libre de ne pas nommer à
un nouveau siège.

« Le Concordat fait plus encore : par un coup d'autorité sans précédents, le pape demande leur démission aux évêques émigrés, aux évêques non constitutionnels, aux évêques qui s'étaient mis à la tête du
mouvement de résistance politique contre la Révolution (article 3)... Cette démission, demandée avec des
formes douces, mais sous menace de passer outre,
n'est qu'une déposition déguisée. Les ennemis déclarés
du mouvement révolutionnaire se trouvent ainsi

écartés de l'épiscopat et punis de leur attitude fac-
tieuse contre la République.

« En échange, le pape désirait que le Premier
Consul ne nommât aux sièges nouveaux aucun des
anciens évêques constitutionnels, aucun de ceux qui
avaient prêté serment à la Constitution civile du clergé,
qui, en un mot, avaient marqué dans la période révolutionnaire ; mais Bonaparte, préoccupé avant tout des
difficultés que lui causait dans le règlement des
affaires intérieures la division profonde qui subsistait
entre les ecclésiastiques insermentés et les prêtres
constitutionnels, poursuivait le but tout politique de
rétablir l'unité religieuse en imposant un évêque
constitutionnel aux diocèses composés surtout de
prêtres insermentés, et en faisant replacer des prêtres
constitutionnels par les évêques nouveaux. Là encore,
le pape céda, et le Concordat, dans l'article 4, ne met
aucune restriction aux droits du gouvernement de
nommer aux archevêchés et évêchés de la circonscription nouvelle.

« Quant à l'esprit général qui animait Pie VII en
signant le Concordat de 1801, il était, on peut le dire,
favorable au régime républicain issu de la Révolution
française. Alors, en effet, qu'il n'était que Chiaramonti,
évêque d'Imola, il recommandait la plus entière soumission au pouvoir établi, c'est-à-dire à la république
Cisalpine. Dans ses mandements, il professait des sentiments bien nouveaux à cette époque sous la plume
d'un prince de l'Église. Il vantait la forme démocra-
tique du gouvernement adopté par la République nou-

velle. Il démontrait que ses principes n'avaient rien de contraire aux enseignements de la Sainte Écriture. En lettré classique, en savant moderne, il parlait avec éloge d'Athènes, de Sparte, des lois de Lycurgue, de Carthage, puis enfin des vertus de la République romaine.

« Cet esprit si peu fermé aux idées du siècle avait été, à raison même de la tournure quasi-démocratique et républicaine de ses opinions, choisi par le Sacré Collège pour remplacer Pie VI sur le siège pontifical. On pressentait en lui l'habile et sage signataire de ce Concordat destiné à rétablir en France la paix religieuse... »

On voit, par cet exposé, que le Concordat, considéré en lui-même, a expressément consacré les changements apportés par la Révolution dans la situation de la religion et du clergé catholique en France, changements que Bonaparte, tant en raison de ses idées personnelles qu'eu égard à l'état de l'opinion publique lors des pourparlers engagés sur ses ordres avec Rome, était fermement résolu à respecter. Les dispositions du Concordat ne sauraient donc, au point de vue de leur conformité avec l'esprit de la Révolution française, fournir des arguments fondés pour son abrogation.

L'Église catholique, disent encore les partisans de cette abrogation, est reconnue officiellement par le Concordat, qui, de plus, assure la subsistance de ses ministres. Par cette protection, le gouvernement républicain favorise, à double titre, le prestige et la puissance de ses ennemis déclarés. Nous répondons que le Concordat n'attribue pas à la religion catholique une situation particulière en France, puisqu'il ne la reconnaît pas comme religion de l'État, et qu'il se borne à la tolérer, comme il tolère également les cultes protestant, israélite et musulman. En ce qui concerne le traitement, nous verrons plus loin que le budget des cultes n'a peut-être pas pour effet certain de donner aux ressources pécuniaires du clergé catholique plus d'ampleur qu'elles n'en auraient sans son existence. Quant au prestige moral dont ce traitement reçu de l'État doterait les prêtres aux yeux du public, il nous paraît absolument contestable; car, si le prestige des agents de l'Etat se mesure à leur traitement, il faut remarquer que les salaires ecclésiastiques sont généralement modiques, ce que personne n'ignore, et que, pris pour base d'une comparaison avec les autres catégories des serviteurs du gouvernement, ils placent la très grande majorité des membres du clergé dans les rangs inférieurs de la hiérarchie. Chacun sait, d'ailleurs, que les pasteurs protestants, les rabbins juifs et les muftis mahométans reçoivent des allocations de l'État, au même titre que les prêtres catholiques; il n'existe donc aucune raison pour que ces derniers jouissent, de ce fait seul, d'une considération particulière aux yeux des populations.

Enfin, lorsque les ministres du culte catholique font œuvre d'hostilité envers la République, le gouvernement a toute latitude pour suspendre ou supprimer leurs traitements. L'État dispose donc ainsi d'un moyen

de répression extrêmement précieux, qui lui ferait
défaut si le Concordat était dénoncé.

La suppression du budget des cultes n'en est pas
moins réclamée sous le prétexte qu'il blesse la liberté
de conscience en imposant à tous les citoyens indistinctement l'obligation de contribuer à l'entretien de
la religion catholique, alors que nombre d'entre eux
en réprouvent les doctrines. Cet argument, qu'on peut
dire classique, car il est celui qu'invoquent toujours
les partisans de la séparation de l'Église et de l'État,
n'est que spécieux. Parmi les services publics, en effet,
pour le fonctionnement desquels il est fait appel à la
généralité des contribuables, il en est nécessairement
beaucoup dont l'intérêt n'existe que pour une partie
de la population. Le paysan le plus ignorant paye
un impôt pour qu'il soit fait au Collège de France
des cours suivis seulement par quelques auditeurs.
Beaucoup de Français n'ont jamais affaire aux tribunaux ; ils contribuent néanmoins, comme les autres,
aux dépenses que nécessite l'administration de la
justice. C'est ce que le socialiste Proudhon a exprimé,
en 1848, dans ces termes : « Tant que la religion
aura vie dans le peuple, je veux qu'elle soit respectée
extérieurement et publiquement. Je voterais donc
contre l'abolition du salaire des ministres du culte.
Eh ! pourquoi, avec ce bel argument que ceux-là
qui veulent de la religion n'ont qu'à la payer seuls,
ne retrancherait-on pas du budget social toutes les
allocations pour travaux publics ? Pourquoi le paysan
bourguignon payerait-il les routes de la Bretagne, et

l'armateur marseillais les subventions de l'Opéra[1] ? »

Il faut remarquer, d'ailleurs, que si les protestants participent, sous forme d'impôts, à l'entretien du culte catholique, les catholiques, à leur tour, supportent, dans une certaine mesure, les dépenses du culte protestant. Même observation en ce qui concerne les cultes israélite et musulman. On dira, il est vrai, que le protestant, le juif ou le mahométan fournit, au profit du culte catholique, une prestation proportionnellement plus large que celle fournie par les catholiques pour les cultes dissidents ; mais nous répondrons que cette inégalité se produit inévitablement aussi dans les contributions afférentes à d'autres services publics. Il est incontestable, par exemple, que de deux contribuables acquittant les mêmes impôts pour l'entretien des musées nationaux ou des tribunaux, celui qui n'a aucun goût pour les productions des peintres et des sculpteurs ou qui ne plaide jamais supporte une charge fiscale relativement plus lourde que l'amateur de tableaux et de statues ou le client du prétoire.

En outre, l'impôt dont il s'agit ne constitue qu'une très faible part des charges annuelles du contribuable, si l'on fait attention que le budget des cultes, qui tend à diminuer par suite de certaines suppressions en voie d'accomplissement, ne dépasse guère actuellement dans son ensemble 45 millions de francs ; c'est-à-dire que le budget général des dépenses de l'État étant de

---

1. Programme aux électeurs de la Seine.

près de trois milliards et demi, celui des cultes n'en représente pas même la soixante-dixième partie. Encore convient-il d'observer que dans ce dernier budget sont comprises des dépenses assez importantes auxquelles l'État, même en cas de suppression du budget des cultes, devrait nécessairement continuer à faire face : nous faisons allusion aux frais d'entretien des édifices diocésains, qui font partie du domaine national et dont un haut intérêt historique et artistique commande impérieusement d'assurer la conservation.

La modicité de l'impôt dont le contribuable est frappé pour la constitution du budget des cultes conduit encore à remarquer que ce budget est moins contraire à la liberté de conscience que ses adversaires semblent le croire. Étant donné, en effet, que la très grande majorité du clergé français (33,000 curés et desservants) ne reçoit de l'État qu'un traitement ne dépassant pas 1,300 francs par an, il faut en conclure que ses ressources pécuniaires ne se composent pas de ce traitement seulement, mais encore, et dans une mesure plus ou moins large, des dons et des oblations, en un mot, du casuel, qui n'a pour source que la volonté libre des fidèles. — Sous ce rapport, la loi du 18 germinal an X est même plus libérale que la constitution civile du clergé de 1790; cette constitution allouait aux évêques et aux curés des traitements notablement supérieurs à ceux fixés par la loi de germinal, et, de plus, elle supprimait le casuel (titre III, article 12).

Enfin, l'État, en subventionnant tous les cultes indifféremment, affirme par là même sa neutralité en matière de foi religieuse; il ne manifeste aucune préférence officielle qui soit de nature à recommander plus spécialement l'un d'eux au respect des citoyens, et l'on peut, à ce point de vue, dire, avec Émile de Girardin, que « le budget des cultes, c'est le budget de l'incrédulité ».

Les adversaires du Concordat insistent néanmoins; ils se plaignent que les citoyens français qui rejettent absolument toutes les religions positives soient astreints à participer aux dépenses des cultes : ils voudraient que cette obligation ne fût imposée qu'à ceux-là seuls qui professent des croyances religieuses. Par suite, ils proposent de supprimer le budget des cultes et de laisser à chaque commune la faculté de pourvoir aux dépenses du service religieux, suivant les vœux de ses habitants. Lorsque ceux-ci auraient, à la majorité même d'une seule voix, déclaré qu'ils refusent de contribuer aux frais du culte, la commune serait exempte de toute charge pour cet objet. Il n'est pas besoin d'insister sur ce que ce système présente d'inconvénients et même de périls; son application serait, dans certains cas, une oppression tyrannique exercée sur les minorités et une cause certaine de trouble de la paix publique. Bien des communes se trouveraient, en effet, partagées en deux camps adverses et cet antagonisme pourrait entraîner les conséquences les plus déplorables.

Par son caractère égalitaire, le budget des cultes prévient ces résultats; car, il faut le reconnaître, le maintien des subventions au clergé provoque, en général, moins de mécontentement chez les citoyens indifférents à la religion que sa suppression ne soulèverait de colères dans les âmes pieuses. Outre donc que le budget des cultes, ainsi que nous avons essayé de le démontrer, peut être considéré comme n'étant pas contraire à la liberté de conscience, il est encore certainement une garantie de la concorde civile. C'en est assez pour que sa suppression ne doive pas être désirée.

Ceux qui demandent l'abrogation du Concordat font encore valoir que parmi les dispositions qui ont établi, au début de ce siècle, les rapports de l'État français et de l'Église catholique, beaucoup ont été abrogées en droit ou en fait. Ainsi les articles 1, 26, 36 des organiques ont été modifiés par le décret du 28 février 1810, et l'article 73 par la loi du 2 janvier 1817[1]. Sont aujourd'hui sans application, bien qu'ils n'aient pas été expressément rapportés, les articles : 24 (enseignement dans les séminaires de la déclaration de 1682); 17 (examen, au point de vue de la doctrine, des évêques nouvellement nommés, par des délégués du ministre des cultes); 39 (unité de la liturgie et du catéchisme dans tous les diocèses); 20 (défense aux évêques de sortir de leurs diocèses sans la permission du gouvernement); 12 (interdiction aux archevêques et évêques d'ajouter à leur nom d'autre titre que celui de *citoyen* ou de *monsieur*); 22 (obligation pour les

1. Nous avons mentionné plus haut ces modifications, en analysant les articles organiques.

évêques de visiter leur diocèse dans un temps déterminé); 43 (habit à la française imposé aux ecclésiastiques); 56 (emploi du calendrier républicain dans tous les actes ecclésiastiques et religieux), etc.

Nous répondons tout d'abord qu'il n'est peut-être pas une seule loi comprenant un nombre important d'articles, dont quelques-uns ne soient nécessairement, au bout d'un certain temps, modifiés ou abrogés par des mesures nouvelles. Une loi n'est jamais parfaite; si excellentes donc que puissent être ses dispositions considérées dans leur ensemble, il vient un moment où une partie d'entre elles se révèlent comme défectueuses, et doivent être amendées ou supprimées.

Nous répondons ensuite qu'il est également fréquent que, par suite de changements survenus dans les mœurs ou dans l'esprit public, en raison de circonstances politiques nouvelles ou pour tout autre motif, telles dispositions d'une loi qui, dans le principe, étaient exactement appliquées, cessent peu à peu d'être observées, sans toutefois qu'il y ait lieu de les abroger formellement, attendu qu'elles restent en elles-mêmes conformes au droit, et qu'il pourrait y avoir lieu, sous l'influence d'événements nouveaux, de les remettre effectivement en vigueur.

Nous répondons enfin et surtout que les dispositions visées par les adversaires du Concordat font partie des articles organiques et non pas de la convention principale du 26 messidor an IX. Or, quel qu'ait été le sort des articles organiques, le Concordat proprement dit a toujours été exécuté par les parties contractantes, et, à part le serment des évêques et des curés, qui n'a cessé d'être prêté par eux que du consentement du gouvernement lui-même, ce contrat est encore entier. Actuellement même, les organiques pourraient être modifiés par voie d'addition de dispositions nouvelles n'ayant d'autre objet que d'assurer au Concordat une exécution plus strictement conforme à son esprit que celle qu'il a reçue jusqu'à ce jour. Il n'est donc nullement logique de conclure de la caducité de quelques-uns des articles organiques à celle du Concordat, dont les stipulations demeurent, au contraire, toujours applicables, aussi bien celles qui consacrent les droits du gouvernement français que celles qui comportent des avantages pour l'Église catholique.

Nous venons de voir, en résumé, que les arguments invoqués par les adversaires du Concordat ne justifient pas la nécessité de dénoncer ce traité. Mais ces arguments ne constituent qu'une partie de la question. Il convient, en outre, de montrer, avec ceux qui demandent le maintien du Concordat, les conséquences redoutables qu'entraînerait son abrogation.

CHAPITRE X

Les dangers de la suppression immédiate du Concordat.

En thèse générale, il ne suffit pas qu'une loi soit
bonne en soi : les principes dont elle a pour objet
l'établissement et l'application fussent-ils théorique-
ment excellents, il est encore indispensable qu'ils présentent un caractère pratique, c'est-à-dire qu'ils puissent être actuellement et effectivement mis en œuvre.
Or, pour que ce dernier résultat soit obtenu, la condition première est la conformité de la loi avec l'état de
l'esprit national au moment où elle entre en vigueur.
Si cette conformité n'existe pas, il s'ensuit nécessairement de la surprise et du mécontentement dans les
masses populaires ; la paix publique peut en être
troublée et il peut arriver, finalement, que la loi, pour
être prématurée, produise des conséquences contraires
au but de ses auteurs.

Cette considération semble applicable au sujet qui
nous occupe. Nous pensons, en effet, que la dénonciation du Concordat par le Gouvernement français
provoquerait aujourd'hui une impression fâcheuse chez
une grande partie de nos concitoyens, dont les con-

victions ou au moins les habitudes religieuses seraient soudainement et péniblement contrariées par la séparation de l'Église et de l'Etat. Or c'est de cette majorité qu'il faut actuellement tenir compte.

En 1891, M. de Freycinet, alors président du Conseil des ministres, exprimait ainsi son avis à ce sujet, devant la Chambre des députés : « Mon opinion à cet égard est tellement faite que, à l'heure présente, et quelles que puissent être mes vues d'avenir, mes idées personnelles, mes conceptions philosophiques, s'il se rencontrait une majorité dans les Chambres pour prononcer la séparation, je remettrais mes fonctions, je ne me chargerais pas de l'accomplir, parce que j'ai présents à l'esprit et que j'aperçois par anticipation les inconvénients de tous les genres qu'elle pourrait produire dans ce pays, *non encore suffisamment préparé pour une semblable mesure*. Nous raisonnons pour nous, c'est-à-dire pour des personnes dont l'état d'esprit peut permettre d'accepter et de supporter le nouvel état de choses ; mais il faut se placer au point de vue des masses nombreuses qui ont été élevées dans la pratique de leur culte, qui ne le raisonnent pas toujours, mais qui y sont habituées et auprès desquelles une interruption brusque produirait des effets qui pourraient être facilement exploités contre la République et même compromettre l'ordre public. Je raisonne sur cette question, je le répète, en homme politique, *c'est-à-dire d'une manière contingente et relative*. Je ne prétends pas barrer la route à une réforme qui peut être réalisée à un moment que je ne connais pas, à une réforme qui peut paraître très praticable à une foule de bons esprits, qui, dans l'ordre philosophique, peut se soutenir par les meilleurs arguments ; je me place aujourd'hui au point de vue des conséquences que j'aperçois devant moi, et je déclare que je ne crois pas avoir le droit d'essayer une pareille politique [1]. »

« Sans doute, a dit Paul Bert, la libre pensée fait en ce temps des progrès considérables ; mais n'en exagère-t-on pas l'importance ? Sans doute, une fraction importante de ceux que le hasard de leur naissance a fait catholiques négligent pendant leur vie l'accomplissement des devoirs religieux et vont même jusqu'à les railler. Mais sans parler des derniers jours où tant de ceux qui se sont montrés incrédules reviennent à la foi et aux pratiques de leur enfance, combien, je dis des plus affirmatifs et des plus sincères, poussent à bout la logique de leurs croyances nouvelles ? Combien refusent de faire bénir leur mariage par le prêtre, de faire baptiser leur enfant à l'église, de le laisser subir la longue et pénible préparation à la première communion ? Et parmi ceux qui auraient l'énergie de se mettre ainsi et de mettre leurs enfants en dehors de la règle commune, combien en sont empêchés par leurs femmes qui, au nom de la liberté personnelle, veulent suivre les exercices du culte et font intervenir leur autorité respectable quand il s'agit de leurs enfants [2] ? » Il explique ainsi la profonde

1. Séance du 12 décembre 1891.
2. Rapport présenté à la Chambre des députés le 31 mai 1883.

influence que l'Église catholique exerce encore, en France, sur les esprits : « Il s'agit d'une Église qui, depuis son triomphe sur l'arianisme, a dominé en souveraine en ce pays, dont les rois s'honoraient du titre de ses fils aînés ; qui a accumulé, sans jamais rien abandonner de ses conquêtes, honneurs, richesses, privilèges, et possédait, il y a moins d'un siècle, un tiers du territoire français ; qui a été seule la règle et la maîtresse du développement intellectuel, le protégeant quand il ne portait pas ombrage à ses dogmes, le combattant sans pitié quand elle croyait y trouver un rival ou un ennemi ; *qui, pendant quatorze siècles, a élevé à sa guise les enfants de ce pays, les a imprégnés de son esprit jusqu'aux moelles,* mettant sur chaque génération sa marque souveraine ; *qui a pétri, peut-on dire, l'âme de la France,* car, après tant de révoltes, nous en avons gardé l'habitude de la hiérarchie centralisatrice, le besoin de l'obéissance tempérée par la critique railleuse, le culte des principes adorés comme articles de foi, et poussés logiquement à l'extrême sans souci des conséquences, le goût des hommes providentiels et la crédulité aux solutions soudaines et aux miracles sociaux[1]. »

Lors du recensement de la population opéré en 1881, 37 millions 387,600 Français se sont déclarés catholiques, tandis que 85,000 seulement ont fait connaître qu'ils restaient étrangers à tous les cultes. Certainement, parmi ceux qui font profession de croyances

1. Rapport présenté à la Chambre des députés le 31 mai 1883.

catholiques, il faut compter des indifférents ; mais leur nombre est relativement peu important, et tout le reste non seulement est attaché au culte catholique, mais encore pratique souvent avec passion les superstitions les plus grossières. Est-il besoin de rappeler les pèlerinages, les eaux pieuses, les scapulaires, les médailles, les reliques, les défroques miraculeuses, les cierges, les vœux, les correspondances avec les saints, etc. « Ces sentiments, dit M. H. Depasse, ont reçu aussi une force nouvelle de la proclamation du dogme de l'infaillibilité papale. La raison et le raisonnement, définitivement écrasés dans l'Église, ne mettent plus d'obstacle aux progrès des superstitions ; ceux qui ont admis l'infaillibilité d'un seul sont prêts à croire à tout, au père Eudes, à Marie Alacoque et à Marie Desvallées ; ils sont tous assouplis pour cette dévotion, dont un écrivain ecclésiastique disait, il y a cent ans, qu'elle était la plus basse, la plus rampante, la plus grossière, la plus extérieure et la plus superstitieuse qu'on pût imaginer[1]. » Et qu'on ne dise pas que les croyances superstitieuses sont l'apanage exclusif de la partie inculte de la nation. N'avons-nous pas vu, il y a vingt ans seulement[2], le Parlement français voter la construction de cette église dévouée au Sacré-Cœur de Jésus, qui, élevée sur les hauteurs de Montmartre, domine Paris comme un défi jeté à la raison, et, par la sévérité sombre de son architecture, apparaît

---

1. *Le Cléricalisme.* — Paris, 1880.
2. Loi du 30 juillet 1873.

comme une bastille cléricale destinée à l'emprisonnement de la libre pensée ?

Dans ces conditions, n'est-il pas permis d'affirmer que l'esprit public n'est pas encore prêt, en France, pour la séparation de l'Église et de l'État ? Disons plus : il ne peut l'être. Sans doute, notre troisième République s'est imposé la tâche glorieuse de laïciser nos institutions, et ses efforts seront, nous devons l'espérer, suivis d'un plein succès ; mais il faut remarquer que les mesures déjà adoptées dans ce but sont de date toute récente et, par conséquent, encore bien loin d'avoir pu produire leur intégral effet. La loi sur l'enseignement primaire, par exemple, ne remonte qu'à 1882. N'est-il pas évidemment téméraire de penser que l'application de cette loi de treize ans a pu déjà produire des résultats suffisants pour modifier sensiblement des mœurs cultuelles près de quinze fois séculaires ? Que l'on pense à la puissance de l'atavisme et l'on se rendra compte qu'un tel changement a besoin pour s'opérer, non pas de quelques années seulement, mais bien d'un laps de temps qui embrassera peut-être la vie de plusieurs générations.

Étant donnée cette situation, la séparation de l'Église et de l'État et la suppression du budget des cultes, si elles étaient prononcées dès aujourd'hui, n'auraient sans doute pas pour effet, comme d'aucuns s'en flattent, d'attiédir la foi des populations et d'atteindre le clergé dans sa puissance matérielle et morale.

Dans cette hypothèse, les fidèles de croyance profonde se feront un devoir impérieux de subvenir à la subsistance des prêtres et de remplacer par leurs secours les ressources retranchées par l'État.

Beaucoup de ceux mêmes qui jusqu'alors étaient restés indifférents regarderont la mesure nouvelle comme trop rigoureuse, prendront parti pour ceux qu'elle frappera et ne leur refuseront pas une assistance pécuniaire. « Le secours de l'État, dit Minghetti, peuple les temples d'hommes attiédis et sans convictions, pour lesquels la religion est affaire d'habitudes, de préjugés ou de respect humain. La séparation, au contraire, réveillera la sollicitude de vrais croyants qui, auparavant, se reposaient sur l'intervention légale du Gouvernement et craignaient de montrer un zèle intempestif. *La longue intervention de l'État n'a pas été une des moindres causes de l'indifférence actuelle en matière de religion.* Supprimez le budget des cultes, et les catholiques — pour eux-mêmes ou pour les leurs — sentiront le besoin de se rapprocher, de s'entendre, d'agir, et une force presque nouvelle, à l'état latent en eux, se manifestera au dehors par des associations de personnes et une accumulation de biens[1]. »

Cette question de l'accumulation des biens est très importante à considérer : comme, en effet, il sera extrêmement difficile, quelques précautions que l'on prenne à cet égard, d'empêcher le clergé de se constituer des richesses sous une forme ou sous une autre, il s'ensuit que la suppression du budget des

---

1. *L'État et l'Église.*

cultes risque fort d'être une mesure tout à fait illusoire.

« Si l'on veut être fidèle à la liberté, il faudra laisser l'Église s'organiser selon ses règles propres, et acquérir des biens-fonds selon les règles du droit commun pour pourvoir d'une manière permanente aux frais du culte. La séparation existe entre l'État et le clergé régulier. Eh bien, c'est ce clergé congréganiste, non concordataire, libre de toute attache officielle, qui est pour l'État un de ses plus grands périls et qui a drainé le plus profondément la fortune nationale pour constituer des biens de mainmorte, trop souvent insaisissables. *C'est un second clergé congréganiste qu'on créerait par la séparation de l'Église et de l'État*, et, celui-là, on n'aurait pas la ressource légale de le dissoudre[1]. »

« Si vous supprimez le budget des cultes, a dit Prévost-Paradol, vous devez accorder aux différentes communions le moyen d'entretenir leurs ministres, de posséder des biens pour fournir aux frais du culte et de subvenir à leurs autres dépenses. A moins de vouloir rendre impossible toute organisation religieuse, on ne pourra refuser la personnification civile aux citoyens qui s'associent dans un but d'édification commune. Il faudrait alors s'attendre à voir un spectacle nouveau pour la France et capable de porter l'inquiétude dans bien des esprits ; il est probable que l'Église catholique de France ne voudrait pas faire

1. Proposition de loi de M. Corentin-Guyho.

dépendre l'existence de chaque pasteur de son propre troupeau et qu'elle prendrait le sage parti de former une caisse commune qui serait administrée par ses chefs, comme l'est aujourd'hui son budget par l'administration des cultes. Mais les chefs de cette puissante association, quels seraient-ils ? Probablement un comité formé d'évêques et de laïques choisis parmi les plus considérables ; ce comité remplirait sans doute les fonctions actuelles de l'administration des cultes ; il présenterait les évêques à l'institution papale, payerait leur traitement et administrerait la fortune commune ; il représenterait enfin l'Église de France près du Saint-Siège, du consentement de cette Église et du consentement de la papauté. On ne conçoit guère d'autre façon la nouvelle organisation de l'Église catholique, une fois que se seraient retirés d'elles le soutien que l'État lui prête et le frein qu'il lui impose. Lorsqu'on se représente exactement ce futur état de choses, on comprend que plus d'un esprit politique ne considère pas sans appréhension l'existence d'une organisation si puissante et le rôle si considérable des citoyens, ecclésiastiques ou laïques, qu'elle mettrait à sa tête et reconnaîtrait pour chefs. La crainte de voir s'établir sans contrepoids un État dans l'État ne serait-elle point légitime[1] ? »

« Le jour où l'Église, réduite à ses propres ressources, devra aller réclamer à ses fidèles l'argent nécessaire pour faire vivre ses prêtres et pcurvoir aux

1. *La France nouvelle.*

besoins de son culte, aucune force humaine, aucune loi, fait remarquer Paul Bert, ne pourra empêcher les uns de donner, l'autre de recevoir. On pourra limiter ou même interdire, pour l'Église, en tant que corporation, la possession des biens fonciers. Mais, sans parler des dissimulations possibles, qui ne comprend que cette interdiction de la propriété territoriale est loin d'avoir la même importance que jadis, *en présence du développement immense des valeurs mobilières*. Ces valeurs anonymes, au porteur, qui échappent à tout contrôle, sont souvent déjà et deviendraient bien plus fréquemment encore représentatives, par voie d'hypothèques ou de mises en actions, de la propriété foncière.

« Quant à essayer de limiter, par une réglementation qui ferait sortir du droit commun, non seulement l'Église catholique, mais toutes les associations suspectes de s'être formées pour lui venir en aide, a-t-on donc oublié que l'Église n'a pas besoin pour exister, en fait, sinon en droit, de la reconnaissance légale, qu'elle est une société hiérarchisée, dont chaque membre obéit aveuglément à son supérieur, et que les mesures restrictives auraient pour principal effet de concentrer, en un temps donné, entre les mains du chef suprême, toutes les ressources qu'auraient pu recueillir les agents inférieurs ? A-t-on réfléchi aux conséquences économiques de cette réunion d'une effroyable puissance financière, par valeurs mobilières accumulées entre les mains d'un chef infaillible qui n'est pas Français et qui réside à l'étranger ? Ne voit-on pas que plus on s'efforcerait de prendre des mesures restrictives, fatalement impuissantes, plus on donnerait d'importance à une apparente persécution, et, par suite, au profit que l'Église ne manquerait pas d'en tirer [1] ? »

Ainsi, il n'est nullement certain que la suppression du budget des cultes amènerait la ruine matérielle du clergé séculier. On peut admettre que la générosité des fidèles s'exerce aujourd'hui avec une activité relative en faveur d'une Église qui reçoit de l'État plus de quarante millions par an, avec des logements pour ses ministres et la jouissance gratuite des édifices du culte ; il est, par suite, permis de croire que, depuis 1801, le budget des cultes a garanti l'État, dans une certaine mesure, contre le rétablissement des richesses de l'Église. Mais, dans le nouvel état de choses, cette garantie n'existerait plus ; et non seulement le budget des cultes pourrait se trouver rétabli sous une autre forme, mais les ressources du clergé s'en trouveraient peut-être même augmentées ; la crainte éveillée chez les fidèles de le voir manquer du nécessaire lui procurerait bientôt le superflu. L'État se serait alors dupé lui-même.

Si le budget des cultes peut être regardé comme s'opposant à une extension trop considérable des biens du clergé séculier, il est certain, d'autre part, que le Concordat, par l'ensemble de ses dispositions, tend à limiter sa puissance morale. Avec la suppres-

1. Rapport du 31 mai 1883.

sion du Concordat, cette puissance peut prendre un grand développement. Outre que le clergé disposerait, à cet effet, de moyens pécuniaires importants, son prestige tirerait un plus grand éclat de la situation nouvelle qui serait faite à la religion catholique dans notre pays. Cessant d'être maintenue officiellement au rang inférieur de religion tolérée, elle parviendra bientôt à reconquérir dans l'opinion la suprématie à laquelle elle croit avoir droit, de par son origine divine, sur les cultes de l'erreur. Affranchie de l'intervention de l'État dans le recrutement de son personnel, l'Église pourra librement choisir ses ministres parmi des hommes en mesure, par leur valeur intellectuelle, d'augmenter l'ascendant du clergé sur les populations. Seule responsable de ce choix, elle s'attachera à ne le porter que sur des hommes dont le caractère moral ne puisse donner lieu à aucune attaque. Ces résultats favorables à l'Église, les partisans de la séparation reconnaissent eux-mêmes qu'ils sont à prévoir. « L'Église, dit M. H. Depasse, fera un gain considérable d'influence morale. Toute la place qu'on lui aura ôtée dans l'État, elle la reprendra dans les âmes pieuses. L'évêque qui n'est plus un prince de la terre est un ministre du ciel plus écouté, et les soupçons qui aujourd'hui l'accompagnent n'affaiblissent plus alors l'autorité de ses conseils et de ses jugements. Ainsi, au lendemain de la séparation, l'autorité spirituelle de l'Église sera tout de suite plus forte, et l'Église, privée de tout appui extérieur, n'ayant plus d'appui qu'en elle-même, s'appliquera par tous les moyens à développer encore cette autorité[1]. » « L'État, déclare M. Jules Simon, contient l'Église catholique par le Concordat ; le Concordat détruit, l'Église devient à l'instant maîtresse de l'ordre moral[2]. »

Cette influence morale, le clergé ne manquera pas de l'exercer activement sur le terrain politique. S'appuyant sur ces paroles de Jésus : « Toute puissance m'a été donnée dans le ciel et sur la terre », l'Église ne se contente pas d'un pouvoir exclusivement spirirituel : elle prétend aussi au pouvoir indirect sur le temporel. Or cette prétention ne comporte pas de limites, car, aux yeux de la foi, il n'est aucun acte indifférent pour le salut des âmes. Le clergé combattra donc énergiquement les lois de la République, que leur caractère de neutralité lui rend odieuses, et son hostilité sera encore plus acharnée qu'aujourd'hui, parce qu'il sera plus libre. Dans l'état actuel des choses, le Concordat impose au clergé une certaine retenue dans ses manifestations antigouvernementales : nommés par l'État, recevant de lui un traitement, célébrant le culte dans les édifices mis par lui à leur disposition, adressant au ciel des prières publiques en sa faveur, les évêques et les curés sont contraints par leur intérêt et par les convenances d'observer quelque réserve dans leurs actes ou leurs propos concernant la République. Avec la suppression du Concordat, cette réserve s'évanouirait complète-

1. *Le Cléricalisme.*
2. *La Liberté de conscience*, introduction.

ment, d'autant plus que les dispositions sévères édic-tées par les articles 201, 202, 203, 204, 205, 206, 207 et 208 du Code pénal[1] qui, actuellement, sont déjà presque lettre morte, ne recevraient, sans doute, plus aucune application lorsque les édifices du culte, après avoir été retirés en droit au clergé, ne lui seraient prêtés probablement qu'à titre onéreux. On arriverait ainsi à une situation où la République, tout en pour-suivant l'application des lois qu'elle a faites dans le but de vaincre le cléricalisme, donnerait en même temps à celui-ci plus de facilités pour les combattre.

Tout d'abord, le clergé attaquera violemment la sup-pression du budget des cultes. Il la représentera comme une persécution et une spoliation, mettant en avant, comme toujours, sa thèse de la dette nationale, thèse qui, en lui permettant de soutenir la pérennité de cette dette, même en cas d'abrogation du Concordat, lui sert à réclamer les avantages que ce traité lui confère, tout en éludant les obligations qu'il lui im-pose. Il soutiendra que si l'on supprime le traitement, il est inique de ne pas lui rendre les biens ecclésias-tiques confisqués. Ces arguments ne resteront pas sans action sur ceux qui en entendront l'exposé, car beau-coup sont encore dans cette erreur de croire à une connexité étroite et à un rapport d'obligation réci-proque entre les articles 13 et 14 du Concordat. On ajoutera que la situation financière de la République est sans aucun doute des plus mauvaises, puisque

---

1. Voir le texte de ces articles à la fin du présent volume (annexe 2).

l'État en vient à fouler aux pieds l'engagement le plus solennel pour faire l'économie de quelques millions. Ce raisonnement sera facilement accueilli par ceux qui se seront fait un devoir de dédommager le clergé de la suppression du budget et dont la charge se trouvera, par suite, plus apparente et aussi plus lourde que lorsque ce budget existait.

Ces dédommagements ne seront pas sans donner lieu à des difficultés au sein des familles, ni offrir des dangers pour la paix publique. « Lorsque le prêtre, dit Paul Bert, dépouillé de son traitement, viendra demander à ses paroissiens ou à leurs femmes ce dont il a besoin pour vivre et pour continuer à dire la messe, à baptiser, marier, enterrer, il trouvera rapidement dans les plus petits villages l'équivalent, sinon plus, de ce qu'il aura perdu. Ces dons faits au curé n'iront pas tout seuls. A chaque foyer domestique naîtra la question religieuse, et sous la forme la plus aiguë. Le lendemain, le village est divisé en deux camps : ceux qui donnent au curé, ceux qui ne donnent pas. Désormais, toutes les discussions publiques, les élections, vont perdre leur caractère laïque, pour prendre, comme aux plus mauvais jours de notre histoire, le caractère religieux. Le curé y jouera le rôle dominateur ; il ne doit plus rien à l'État, il n'a plus à redouter la suppression de son traitement. Dans cette église qui lui appartient, dont il pourra fermer la porte, il dira ce qu'il voudra, car il est bien chez lui[1]. »

1. Rapport du 31 mai 1883.

Les dissentiments religieux une fois soulevés entre les citoyens, qui peut prévoir leur extension? N'est-il pas à craindre que l'ardeur des catholiques fervents, habilement entretenue par le clergé, ne se borne pas à s'exercer contre les catholiques indifférents et s'attaque même aux cultes dissidents? Par exemple, ne verra-t-on pas s'exaspérer cette animosité que beaucoup d'entre nous nourrissent contre les juifs, sans réfléchir que ce sont les persécutions des chrétiens qui ont, sinon fait naître, du moins singulièrement développé et fortifié les défauts dont on fait un grief à la race israélite[1]?

Il est du moins certain que le clergé catholique exploitera contre la République l'effervescence religieuse qu'il aura suscitée. On le verra attaquer ouver-

1. Le professeur Th. Ziegler, de l'Université de Strasbourg, juge l'antisémitisme dans les termes suivants : « L'antisémitisme a une triple origine. D'abord, une origine religieuse; il est alors l'effet de l'intolérance chrétienne et comme tel ne saurait être assez détesté; puis une origine nationale; les juifs, en effet, maintiennent avec une ténacité invincible leurs particularités de race que les chrétiens n'ont fait que fortifier pendant des siècles en reléguant les juifs dans leurs ghettos. Il n'y a que peu d'années qu'ils sont devenus nos égaux et que le mariage entre chrétiens et juifs est devenu possible. Aujourd'hui, nous nous plaignons que cette race, que nous avons artificiellement et volontairement isolée pendant des siècles, ne se soit pas transformée en quelques années. Et nous voulons mettre entre elle et nous de nouvelles barrières, alors que nous nous scandalisons de celles que le passé a élevées. En troisième lieu, l'antisémitisme a une racine sociale, et c'est là assurément qu'est la grande source de sa vitalité. Au moyen âge, les corporations et les corps de métiers étaient fermés aux juifs, qui ne pouvaient ainsi exercer aucune profession manuelle; la propriété leur était interdite et

tement et avec violence toutes les lois libertaires et
égalitaires dont ce régime a su doter notre pays; la loi
scolaire et la loi militaire seront représentées comme
particulièrement sacrilèges, sous le prétexte qu'elles
tiennent les prêtres à l'écart de l'enseignement public
et compromettent leur recrutement. Or remarquons
bien que ceux qui, jadis indifférents au sort du clergé
lorsqu'ils le savaient rétribué par l'État, se seront
émus de sa situation nouvelle et auront cru lui devoir
leur assistance pécuniaire, seront ainsi fatalement
amenés à une solidarité plus complète, qui leur fera
prendre parti avec lui contre les lois qu'il déclarera
condamnables. Quant aux vrais fidèles, leur antipathie
pour les lois républicaines, qui n'avait pas pris de proportions inquiétantes aussi longtemps qu'ils n'avaient

par suite aussi l'agriculture. Il n'y avait pour eux ni emplois ni
dignités; l'accès de l'armée leur était fermé. Il ne leur restait
que le commerce. L'Église ayant, par suite d'un préjugé absurde,
déclaré coupable la perception de l'intérêt de l'argent, et l'ayant
interdite aux chrétiens, il restait encore aux juifs le prêt et
l'usure. Ils sont donc devenus une race commerçante, et l'esprit
mercantile s'est toujours développé parmi eux. Ils se sont enri-
chis, et comme, à cause de leurs richesses, on les tourmentait et
persécutait indignement, ils sont, eux aussi, devenus durs et inhu-
mains. Ils ont prêté à intérêt et ont ainsi attiré de plus en plus
sur eux les malédictions de l'Église. De plus, beaucoup d'entre
eux ont pratiqué l'usure et se sont rendus justement odieux. En
cela comme dans toutes les choses humaines, la fatalité et les
fautes commises par les hommes ont leur part; *mais c'est sur
nous, chrétiens, que retombe la plus lourde responsabilité.* » (*Die
soziale Frage eine sittliche Frage*, 1890; la Question sociale est
une question morale, traduction G. Palante.) Voir aussi l'excellent discours prononcé par M. Naquet à la Chambre des députés,
dans la séance du 27 mai 1895.

pas vu la persécution s'exercer directement contre la personne même des prêtres, se tournera en invincible aversion, lorsque ceux-ci seront atteints manifestement dans leurs intérêts les plus positifs. C'est ainsi que la suppression du budget des cultes, réveillant et avivant la foi religieuse, déterminerait dans le public un courant d'opinion défavorable aux institutions républicaines.

Le danger de la séparation de l'Église et de l'État est aujourd'hui d'autant plus redoutable que les conditions de la lutte entre la République et le cléricalisme ont considérablement changé. Il y a quelques années seulement, l'Église, espérant encore le succès de son alliance avec les prétendants, se présentait en champion d'une restauration monarchique ; à ce titre, ses tentatives devaient se briser contre la vigilance du gouvernement républicain et l'attachement de la grande majorité de la nation à notre régime politique actuel. Désabusée par les événements, l'Église a changé d'attitude. Comprenant enfin qu'elle n'avait aucune chance de renverser la République en l'attaquant du dehors et sous le drapeau de la monarchie, elle s'est décidée, sur les conseils de son chef suprême, à se séparer d'un parti qui n'était plus en état de seconder ses desseins ; elle s'est résignée à entrer sans combat dans la citadelle qu'elle n'avait pu prendre d'assaut, mais en se réservant d'en miner les fondements ; en d'autres termes, tout en déclarant accepter la forme du régime républicain, elle est demeurée résolue à en détruire toutes les institutions contraires aux doctrines qu'elle enseigne. Elle combat désormais, non plus contre la République en faveur de la monarchie, mais contre les lois républicaines, au nom de la liberté. Sur ce terrain nouveau, la lutte contre l'Eglise est certainement plus difficile qu'auparavant ; il ne s'agit plus d'un coup de force tenté par des ennemis extérieurs que le gouvernement républicain avait bien des moyens de repousser, mais d'un combat livré, dans l'intérieur même de la République et contre ses lois, par des adversaires qui se réclament du principe de liberté même pour exiger le droit de parler et d'agir.

M. E. Spuller dit à ce sujet : « Les conservateurs n'aspirent plus à embrasser la République pour mieux l'étouffer. Ils veulent devenir républicains, sans cesser d'être, mais pour être mieux conservateurs. Là est la nouveauté de l'évolution, et c'est par là qu'elle surprend et déconcerte les républicains d'ancienne date. Il en est même parmi nous qui jamais ne se résigneront à croire à la sincérité de la conversion de nos éternels ennemis. Comment peuvent-ils venir à la République ? s'écrient certains de nos amis avec la stupéfaction de leur bonne foi. Comment peuvent-ils s'y installer, y trouver leurs aises et leurs avantages, ces hommes inféodés aux dynasties tombées et qui ont toujours combattu contre nous ? Ce raisonnement des vieux républicains a l'air parfaitement juste. Au fond, ce raisonnement si naturel est faux, car il suppose que les conservateurs ralliés deviennent républicains à l'ancienne manière, tandis qu'il n'en est rien. Les conservateurs ne se rallient pas à la République pour

elle, mais pour eux et dans leur propre intérêt. Certes, ils ont mis du temps à se convaincre que leur intérêt est là, mais ils ont fini tout de même par se rendre à l'évidence ; il a fallu pour cela la constante fermeté de la France à consolider les institutions qu'elle a fondées ; les avertissements répétés du suffrage universel ; l'insuccès de toutes les tentatives dirigées contre la République par la coalition des anciens partis ; l'incapacité politique des prétendants, poussée jusqu'à la complicité dans les plus dégradantes aventures ; enfin, tous les signes, tous les symptômes, toutes les manifestations de la décomposition et de l'épuisement du principe monarchique, et ce sont là les raisons qui ont décidé l'Église à séparer sa cause de celle de la royauté, quelque nom qu'elle prenne et quelque politique qu'elle veuille adopter ou servir. »
Et encore : « Ce qui importe aux anciens républicains, c'est de savoir pourquoi les anciens conservateurs, habilement et hardiment conseillés par l'Église, viennent à la République. On croit, on dit, on répète qu'ils ne viennent à la République, si longtemps abhorrée par eux, que pour la détruire. Eh bien, non, c'est là qu'est l'erreur. Tel n'est pas le dessein des foules conservatrices, si toutefois les chefs des anciennes luttes gardent encore cette pensée de derrière la tête. Les conservateurs n'entrent pas dans la République pour l'ébranler et la renverser, comme autrefois Samson entrait dans le temple des faux dieux des Philistins pour en secouer les colonnes de ses bras puissants et faire écrouler tout l'édifice sur ses ennemis, au risque de trouver lui-

13.

même la mort sous les ruines et dans les décombres. Les conservateurs, suivant le mot du cardinal Lavigerie, qui a parlé sous l'inspiration du Pape, entrent dans la République pour y tenir leur place et pour y jouer leur rôle de conservateurs. Ces Français ont des intérêts, des opinions, des principes, des traditions à défendre et à faire prévaloir. Tout cela, pensent-ils, est resté en souffrance depuis vingt-deux ans, et c'est tout cela qu'il s'agit aujourd'hui de reprendre, de remettre en vigueur, en honneur, et finalement de faire triompher. Ce triomphe ne peut plus être obtenu avec une monarchie, une dynastie, quelle qu'elle soit, mais dans la République, par la République, cette victoire peut être remportée, si l'on a le suffrage universel pour soi et avec soi : voilà pourquoi il faut entrer et pourquoi l'on entre — en dépit des prétendants et de leurs journalistes — dans l'édifice inébranlable qui abrite maintenant les destinées des générations françaises... Entrer dans la République, en prendre possession, voilà le programme. Il ne s'agit pas d'abolir la République ; il s'agit de la faire servir à la défense, à la prépondérance des intérêts et des personnes du parti conservateur[1]. »

Les écrivains ecclésiastiques ne dissimulent pas eux-mêmes que le clergé catholique n'a cessé de s'attacher à l'opposition monarchiste que parce qu'il ne pouvait plus attendre d'elle un secours suffisant dans

1. E. Spuller, *l'Évolution politique et sociale de l'Église.* — Paris, 1893.

l'œuvre entreprise contre la République. Il suivra désormais les conseils de Léon XIII, qui seuls peuvent lui donner l'espérance de la victoire. Écoutons, par exemple, le Père V. Maumus ; il s'exprime ainsi : « L'Église dit aux monarchistes : Cessez de m'accaparer au profit d'un parti, cessez de vous servir de mon nom pour faire échec à la République, je ne suis la propriété de personne, je n'appartiens qu'à Dieu... En France, on s'était trop habitué à considérer comme indissoluble l'union entre l'Église et la monarchie ; le pape a brisé les liens de l'Église, et, s'il a déçu les espérances des monarchistes, *il a ranimé le zèle et l'ardeur des catholiques*... Ce qui est bien certain, c'est que, jusqu'à présent, la politique contraire à celle de Léon XIII n'a abouti qu'à des désastres ; il est donc temps d'inaugurer un système nouveau, puisque celui qui a précédé a été si mauvais et si nuisible aux intérêts de l'Église [1]. »

Les réflexions que nous venons de reproduire ont été écrites en 1893. La mort du comte de Paris, en 1894, n'a pu que confirmer la résolution prise par l'Église d'accepter la forme de notre régime politique, mais sans la faire nullement renoncer à combattre les lois républicaines. Dans une lettre récente (9 janvier 1895), le cardinal Rampolla, secrétaire d'État de Léon XIII, rappelle encore aux catholiques leur devoir à ce sujet : « Le Saint-Père, y est-il dit, ainsi que de nombreux documents ont permis de le faire com-

---

1. *La Pacification politique et religieuse.* — Paris, 1893.

prendre, en demandant aux catholiques français de
se placer sur le terrain constitutionnel et d'accepter
loyalement le gouvernement constitué, a entendu
que, par ce moyen, les catholiques travaillassent,
d'accord, à l'amélioration de ce gouvernement, et, à
mesure que croîtrait leur influence dans la direction
de la chose publique, qu'ils réussissent à empêcher
de nouvelles offenses à la religion, à corriger progressivement les lois existantes, injustes et hostiles. » Le
cardinal Rampolla ajoute que cet accord des volontés
est « désiré par le Saint-Siège *surtout en vue des
nouvelles élections* ».

Une autre considération est à faire : l'Église s'apprête aujourd'hui à prendre une part active au mouvement socialiste : « L'Église, dit M. E. de Laveleye,
ne renoncera pas, sans une lutte suprême, à la toute-
puissance qu'elle a exercée jadis et qu'elle espère
reconquérir. Comme la bourgeoisie, fière de ses
libertés, ne les abdiquera pas volontairement aux
mains du clergé, il faut donc que l'Église attire à elle
les travailleurs des champs et des ateliers. Comment?
En leur parlant de leurs maux et en leur promettant,
comme le fait le socialisme, d'y porter remède par
une répartition plus équitable des biens de ce monde.
Rien de plus facile pour l'Église : elle n'a qu'à
remonter aux traditions des premiers siècles. Est-ce
que, même au moyen âge, les moines mendiants, tout
imbus d'idées communistes, n'entraînaient pas partout le peuple à leur suite? Il semble qu'on voie ainsi
se préparer, dans le monde entier, une évolution nou-

velle : l'alliance du catholicisme et du socialisme contre la bourgeoisie libérale, leur commune ennemie. Tant que le clergé espérera reconquérir le pouvoir, il s'en tiendra au principe d'autorité. Mais s'il doit se croire définitivement privé d'influence politique et menacé dans ses privilèges, il fera comme en Allemagne : il demandera des armes au socialisme[1]. »

M. E. Spuller parle ainsi de cette évolution : « Depuis que le principe électif l'a emporté chez nous sur le principe héréditaire, depuis que les anciennes classes dirigeantes ont dû céder tout ou partie de leur prépondérance à ces nouvelles couches sociales de la démocratie, dont l'avènement aux affaires est désormais un fait accompli, l'Église a compris, avec un sens politique vraiment admirable, que son véritable intérêt est de se ménager dans la démocratie même l'appui et la force qu'elle ne peut plus trouver dans les anciennes classes dirigeantes... L'Église vient à la démocratie, non pour se soumettre à elle, mais pour la diriger. Une direction à la fois politique et sociale fait défaut à la démocratie : l'Église compte bien lui offrir la sienne, en attendant qu'elle la lui impose[2]. »

C'est, en effet, dans son propre intérêt que l'Église se rapproche des masses populaires ; après avoir longtemps été l'alliée des puissants et des riches et avoir opposé aux plaintes des faibles et des déshérités la parole de Jésus prédisant « qu'il y aura toujours des

1. *Le Socialisme contemporain.* — Paris, 1894.
2. *L'Évolution politique et sociale de l'Église,* avant-propos.

pauvres parmi nous », elle se rend compte qu'il peut aujourd'hui être utile pour elle-même de sortir de son indifférence, de s'intéresser, au moins en apparence, au sort de ceux qui forment le plus grand nombre et que leur importance politique ne permet plus de traiter en quantité négligeable. Toutefois, l'Église, en offrant son assistance à la démocratie, ne fait pas connaître explicitement quelles solutions pratiques doivent, suivant elle, recevoir les questions sociales : réservant prudemment l'avenir, elle laisse seulement entrevoir qu'elle réprouve le communisme dans la société civile, et qu'à ses yeux, l'inégalité des conditions, si elle peut être atténuée, ne peut complètement disparaître. A la suite des pèlerinages des ouvriers français à Rome, organisés par le cardinal Langénieux, archevêque de Reims, Léon XIII donna son encyclique du 15 mai 1891 *Sur la condition des ouvriers* [1]. Le pape n'y préconise pas de remède précis aux maux du peuple ; il affirme seulement que l'amélioration ne peut être obtenue sans l'Église ; c'est l'application à la question sociale de l'aphorisme : *extra Ecclesiam nulla salus*. « C'est avec assurance, dit l'encyclique, que Nous abordons ce sujet, et dans toute la plénitude de notre droit ; car la question qui s'agite est d'une nature telle *qu'à moins de faire appel à la religion et à l'Église*, il est impossible de lui trouver jamais une solution efficace. Or,

---

1. Ce document est connu aussi sous le nom d'encyclique *Rerum novarum*.

comme c'est à nous principalement qu'ont été confiées la sauvegarde de la religion et la dispensation de ce qui est du domaine de l'Église, Nous taire serait aux yeux de tous négliger notre devoir. Assurément, une cause de cette gravité demande encore à d'autres agents leur part d'activité et d'efforts; Nous voulons parler des gouvernants, des maîtres et des riches, des ouvriers eux-mêmes, dont le sort est ici en jeu. Mais ce que nous affirmons sans hésitation, *c'est l'inanité de leur action en dehors de celle de l'Église*. C'est l'Église, en effet, *qui puise dans l'Évangile* des doctrines capables soit de mettre fin au conflit, soit au moins de l'adoucir, en lui enlevant tout ce qu'il a d'âpreté et d'aigreur ; l'Église, qui ne se contente pas d'éclairer l'esprit de ses enseignements, mais s'efforce encore de régler en conséquence la vie et les mœurs d'un chacun; l'Église, qui, par une foule d'institutions éminemment bienfaisantes, tend à améliorer le sort des classes pauvres; l'Église, qui veut et désire ardemment que toutes les classes mettent en commun leurs lumières et leurs forces pour donner à la question ouvrière la meilleure solution possible; l'Église enfin, qui estime que *les lois et l'autorité publique* doivent, avec mesure sans doute et avec sagesse, apporter à cette solution leur part de concours. »

Ce passage de l'encyclique *Rerum novarum* contient tout un programme. L'Église se pose en antagoniste du socialisme scientifique, qui ne poursuit que la satisfaction des intérêts exclusivement matériels des ouvriers. Le clergé s'efforcera donc de démontrer aux classes laborieuses que le socialisme matérialiste et athée ne poursuit que des utopies, sans jamais réaliser aucune réforme utile, et qu'elles ne doivent rien attendre de ces théoriciens qui exploitent à leur profit les aspirations des malheureux. Écoutons l'abbé A. Pillet : « Les ouvriers se comptent et organisent pour la lutte leurs innombrables phalanges. Mais bientôt viendra le moment où ils constateront que jusqu'à présent leurs chefs les ont trompés et les ont entraînés sur une voie qui n'est pas la bonne. Leur bon sens leur fera mépriser bientôt les piliers de cabaret qui maintenant leur servent de conducteurs, et demain ils écouteront l'Église qui, par la voix du pape, de ses évêques et de ses prêtres, leur enseignera le moyen pacifique d'obtenir le succès de leurs réclamations légitimes. La main durcie de l'ouvrier se placera facilement dans celle du prêtre, parce que, on l'a dit avec raison, le peuple est à celui qui lui parle, et le travailleur, bientôt désabusé, se confiera à celui qui veut le servir et non se servir de lui pour arriver à la fortune et aux honneurs [1]. »

Le clergé, d'autre part, exposera à nos populations ouvrières que l'Église a toujours condamné les injustices sociales, honoré le travail et flétri l'oisiveté. Il leur rappellera les anathèmes que saint Paul, saint Jérôme, saint Grégoire, saint Basile, saint Clément, saint Ambroise, saint Jean Chrysostome, Bossuet et

---

1. *Des avantages et des inconvénients du Concordat et de sa suppression*, 1892.

d'autres encore ont prononcés contre les paresseux et les riches. Il leur répètera les paroles des prophètes et de l'Évangile, qui promettent que « ceux qui auront amassé le blé le mangeront et ceux qui auront récolté le vin le boiront »; qu' « ils ne bâtiront pas des maisons pour qu'un autre les habite et ne planteront pas des vignes pour qu'un autre en mange le fruit ». Mais, pour que le règne de la justice arrive, il faut que les lois s'inspirent des préceptes chrétiens et que, par conséquent, les pouvoirs publics cessent d'appartenir aux incrédules qui les détiennent aujourd'hui, pour passer entre les mains de nouveaux représentants du peuple dont les sentiments religieux leur donneront le désir véritable et les moyens sûrs d'adoucir le sort de ceux qui souffrent. « L'Église, dit M. E. Spuller, semble comprendre que l'heure est pour elle favorable de se remettre en communication directe avec ces masses populaires qu'elle a si longtemps éclairées, dirigées et conduites, et qui l'avaient abandonnée, parce qu'elle avait uni sa cause à la cause ruinée des anciennes puissances, telles que la royauté, la noblesse, la richesse territoriale et industrielle. L'Église s'apprête à reprendre son influence sur les foules, en se mêlant à leur vie comme autrefois, en prenant fait et cause pour leurs revendications, leurs peines et leurs souffrances... On attaquera de moins en moins la République, puisqu'il n'est plus question de la renverser, tandis qu'il est de plus en plus question de la prendre et de s'en servir pour la plus grande gloire de Dieu et de son Église. Il viendra même une période, en 1898, par exemple, où l'on n'attaquera plus du tout la République, où l'on se réclamera d'elle pour obtenir les suffrages du peuple[1]. »

Or, si l'État se séparait de l'Église et laissait ainsi au clergé la facilité d'agir sur l'esprit des foules, en se servant du socialisme comme moyen, qui oserait affirmer qu'elle n'atteindrait pas son but suprême, qui est la destruction des lois républicaines actuelles, ou tout au moins qu'elle ne serait pas en mesure de s'opposer efficacement au développement de nos institutions progressistes ?

Par le maintien du Concordat, au contraire, le clergé pourra être contenu dans sa propagande socialiste. L'abbé Pillet, envisageant la situation présente, déclare que la suppression du Concordat aurait pour l'Église l'avantage de « lui rendre *toute sa liberté d'action pour la crise sociale qui se prépare*[2]. »

En résumé, violence faite aux sentiments religieux d'une grande partie des Français, dont l'esprit n'est pas suffisamment préparé à la séparation de l'Église et de l'État ; réveil de la foi chez ceux restés jusqu'alors indifférents ; accroissement des richesses du clergé ; développement de son influence morale ; manifestations plus libres et plus vives de son hostilité contre les institutions républicaines ; trouble de la paix publique ; difficultés plus grandes de la lutte contre

1. *L'Évolution politique et sociale de l'Église.*
2. Ouvrage cité.

des ennemis qui acceptent la forme du gouvernement républicain, mais qui se réclament de la liberté pour en attaquer la législation et se font du socialisme un moyen de propagande contre les détenteurs des pouvoirs publics : tels sont, croyons-nous, les dangers graves en présence desquels se trouverait placée la République, si elle décidait aujourd'hui l'abrogation du Concordat.

CHAPITRE XI

Les avantages du maintien provisoire du Concordat.

Après avoir montré l'inanité des arguments invoqués contre le Concordat et les dangers qui résulteraient de sa suppression, il nous reste à examiner les avantages positifs que l'État peut tirer de son maintien.

En premier lieu, les termes mêmes du Concordat, dont le préambule se borne à constater que la religion catholique est celle de la majorité des Français, mais qui ne la reconnaît pas comme la religion de l'État, expliquent et justifient le caractère de neutralité des lois républicaines, si violemment attaquées par le clergé, notamment les lois scolaires et militaires. Ce n'est, en effet, que si le catholicisme avait été expressément placé par le Concordat au rang de seule religion officielle, devant être spécialement honorée et protégée par l'État français, que celui-ci se trouverait obligé à se conformer, dans la confection des lois civiles, aux principes canoniques : dans cette hypothèse, le divorce, par exemple, ne pourrait être autorisé. Puisqu'il n'en est point ainsi, l'État reste abso-

lument libre dans l'exercice de son pouvoir législatif
en tout ce qui concerne les matières au sujet desquelles
le Concordat ne lui impose pas d'obligation formelle
vis-à-vis de l'Église. C'est ce que reconnaît l'abbé Joly :
« Il n'est pas moins certain, dit-il, que les concordats
engagent les parties contractantes *seulement dans les
limites des stipulations qu'ils contiennent*. Ceci est
de droit naturel. Les concordats ne sont nullement des
traités complets de législation ecclésiastique. Ils
règlent un nombre plus ou moins grand de questions
déterminées. *Pour tout le reste, le droit commun
reste en vigueur, d'un côté comme de l'autre*[1]. » Or
le Concordat ne garantit pas au clergé, par exemple,
la direction de l'instruction publique et l'exemption du
service militaire; l'État ne s'est pas engagé non plus
à fonder l'enseignement sur les principes de l'Église.
Le gouvernement républicain, en consacrant l'enseignement laïque et en plaçant les séminaristes sous les
drapeaux pour un certain temps, n'outrepasse donc
nullement ses droits.

Par suite, les catholiques ennemis des lois républicaines sont manifestement dans l'erreur lorsqu'ils les
qualifient de persécutrices et d'injustes. Ces lois ne
sont pas persécutrices, puisqu'elles ne s'opposent pas
à l'exercice de la religion catholique en France; elles
ne sont pas injustes, puisque leurs dispositions sont
renfermées dans la limite des droits que confère au
gouvernement français la convention intervenue entre

---

1. *Étude historique et juridique sur le Concordat de* 1801. —
Paris, 1881.

lui et le Saint-Siège pour régler, dans notre pays, les rapports de l'Église et de l'État. Seulement, plusieurs cultes étant tolérés en France au même titre que le culte catholique, il s'ensuit nécessairement que les lois civiles, qui s'appliquent à la généralité des citoyens, doivent rester neutres à l'égard de tous les cultes indistinctement.

En définitive, le Concordat fournit au gouvernement français un secours précieux, en lui permettant d'exercer légitimement, en dehors des stipulations particulières du Concordat, son indépendance vis-à-vis de l'Église catholique, et, aux protestations de ceux qui font cause commune avec elle, d'opposer un texte qui en démontre le mal fondé.

L'article 1er du Concordat donne au gouvernement français le droit d'édicter les règlements de police qu'il juge nécessaires pour empêcher que la tranquillité publique ne soit troublée par l'exercice du culte catholique. Or, si la séparation de l'Église et de l'État était prononcée, des règlements de cette nature n'en continueraient pas moins à être indispensables, à moins que le gouvernement ne voulût concéder à l'Église une entière liberté, ce qui serait certainement périlleux pour l'État[1]. Mais de tels règlements soulèveraient les plaintes de l'Église, qui s'écrierait qu'on la persécute et que la dénonciation du traité de 1801 ne peut avoir pour conséquence équitable que l'appli-

1. Le comte d'Arnim a dit : « L'Église libre dans l'État libre, c'est l'Église armée dans l'État désarmé. »

cation du droit commun aux choses ecclésiastiques. Le maintien du Concordat prévient ces récriminations et les conséquences fâcheuses que pourrait entraîner leur action sur une partie des esprits. L'article 1er, d'ailleurs, en laissant le gouvernement seul juge de l'opportunité des lois de police à appliquer au culte catholique, lui donne toute latitude pour les modifier dans tel sens qu'il lui paraît convenable; il peut donc légalement, grâce à la teneur même du Concordat, aggraver les dispositions des articles organiques, s'il estime que les circonstances l'exigent.

En vertu de l'article 5 du Concordat, c'est le chef de l'État qui nomme aux évêchés, l'institution canonique étant réservée au pape. Il n'est pas besoin d'insister sur les avantages évidents que cette stipulation offre pour le gouvernement, puisqu'elle lui permet d'écarter de la prélature les candidats connus pour leur hostilité ardente contre les institutions républicaines, ou en état d'exercer, *par un moyen ou par un autre*, une influence trop grande sur le clergé et les fidèles. Le choix du ministre des cultes peut se porter d'autant plus facilement sur des sujets remplissant les conditions que le gouvernement doit rechercher que « les épiscopables », comme le reconnaît lui-même un de leurs amis[1] qui leur reproche leur servilité, « encombrent les antichambres des ministères » pour solliciter spontanément les bonnes grâces du gouvernement. Il est vrai que le curé devenu évêque ne montre pas

---

1. M. J. M. Villefranche, dans son ouvrage déjà cité.

toujours pour le gouvernement la déférence qu'on était en droit d'attendre de lui, et que plus d'un justifie alors ce mot du maréchal Soult, parlant d'évêques moins dociles qu'on ne l'avait présumé : « Ils n'ont pas plutôt reçu le Saint-Esprit, qu'ils ont le diable au corps! » Le gouvernement est cependant, dans la généralité des cas, en mesure de faire un choix convenable, s'il sait s'entourer de tous les renseignements propres à l'éclairer sur les dispositions morales du candidat. D'ailleurs, le ministre des cultes dispose, contre les évêques réfractaires, de deux moyens puissants de répression : la suppression de traitement et le changement de résidence; cette dernière mesure pouvant être appliquée soit pour punir un prélat de son insubordination, en le transférant d'un diocèse considérable dans un diocèse moins important, soit pour détruire l'ascendant qu'il a pris ou qu'il menace de prendre sur le clergé et les fidèles qui relèvent de son siège. Par son droit d'initiative dans la constitution du haut personnel ecclésiastique, le gouvernement possède donc, à l'égard de ce personnel et au profit du régime politique établi, un pouvoir étendu, dont le priverait la dénonciation du Concordat.

Quoi qu'il en soit aujourd'hui de l'exécution des articles 6 et 7 du Concordat, qui imposent aux évêques et aux curés l'obligation de prêter le serment d'obéissance au gouvernement de la République française, il n'en reste pas moins vrai que l'Église s'est engagée, en souscrivant cette convention, à ne jamais rien entreprendre contre les pouvoirs constitués. Cette promesse

a été une des conditions principales du rapprochement de l'Église et de l'État en 1801 ; elle est l'esprit
même du Concordat, et, nous le répétons, lorsque les
ministres du culte combattent les institutions civiles,
ils violent le Concordat. Nous répétons aussi que le
décret du 5 septembre 1870, l'un des premiers actes
du gouvernement de la troisième République, n'a pu
avoir pour but et ne saurait avoir pour effet d'autoriser les ecclésiastiques ayant le titre d'agents de cette
République à se placer en état d'hostilité ouverte
contre ses lois et ses règlements. Certainement, un
ecclésiastique, en temps que citoyen, est libre dans
ses sympathies pour un régime politique quelconque ;
mais, en acceptant le titre d'évêque ou de curé, salarié
par l'État, il renonce à jouir de cette liberté dans
l'exercice de ses fonctions. Lorsqu'il estime que cette
renonciation lui imposerait un sacrifice trop pénible,
son devoir est de rester étranger à tout emploi public.
Si donc la prestation du serment, en tant que formalité effective, a pour destin d'être abandonnée définitivement, il est nécessaire de laisser subsister au moins
le texte concordataire, qui rappelle aux évêques et aux
curés leurs devoirs vis-à-vis du gouvernement, et que
celui-ci, le cas échéant, a le droit d'invoquer pour
réprimer leurs écarts. La suppression du Concordat lui
ôterait ce point d'appui légal.

Il n'est pas sans utilité pour l'État que le clergé soit
astreint par le Concordat à réciter publiquement le
Domine, salvam fac Rempublicam, et à célébrer le

culte dans des immeubles dépendant du domaine public. Cette double obligation, comme nous l'avons fait remarquer, lui impose nécessairement une certaine retenue dans l'expression de son hostilité contre la République ; car il doit craindre de scandaliser ceux qui l'entendraient dans le même instant formuler des prières en sa faveur et se répandre en invectives contre elle dans des édifices qu'elle met gracieusement à sa disposition.

Nous avons vu plus haut que, par ses articles 11, 12 et 15, le Concordat ne stipule le rétablissement que des évêchés, des cures, des chapitres, des séminaires et des fondations en faveur des églises paroissiales. Par conséquent, il consacre implicitement la suppression de toutes les congrégations religieuses, prononcée par les décrets des 13 février 1790 et 18 août 1792. Depuis le Concordat, de nombreuses congrégations se sont constituées, et le développement considérable de leurs richesses a suscité, durant ces dernières années, au sein du Parlement, plusieurs propositions de lois tendant à supprimer ces corporations, avec retour de leurs biens à l'État, ou tout au moins à limiter notablement leur faculté d'acquérir. Si le Concordat était dénoncé avant que ces propositions aient, le cas échéant, reçu leur réalisation, les congrégations, qui, ainsi qu'on l'a vu lors de l'application des décrets du 29 mars 1880, contestent la validité des lois de la Révolution, ne manqueraient pas de se proclamer victimes de l'arbitraire gouvernemental. Avec le Concordat maintenu, au contraire, leurs protestations ne pourraient nécessairement qu'être reconnues mal fondées en droit, et, par suite, les lois nouvelles recevraient plus facilement leur exécution.

La charge budgétaire que l'article 14 du Concordat impose à la République en allouant un traitement aux évêques et aux curés lui procure en retour des avantages très importants.

En premier lieu, il est évident que l'existence de ce traitement tempère la sollicitude des catholiques pour le clergé séculier; tous tiennent compte qu'il pourvoit à la majeure partie des besoins matériels des ministres du culte et beaucoup le considèrent comme entièrement suffisant. Comme, par suite, les dons faits aux prêtres sont beaucoup moins importants que si le traitement faisait défaut, les relations sociales entre le clergé et les laïques sont aussi moins fréquentes. Le traitement, en établissant ainsi entre eux une certaine séparation, tend à favoriser l'indifférence du public en matière religieuse, et, conséquemment, à augmenter le pouvoir de l'État sur le clergé. « Ceux, dit M. Maurice Block, qui réclament la séparation de l'Église et de l'État pour supprimer le budget des cultes oublient que ce budget est une digue opposée au fanatisme[1]. »

D'autre part, le traitement fournit au gouvernement un moyen puissant de coercition. Si un ministre du culte catholique, oublieux de la retenue que lui commande sa qualité d'agent salarié par l'État, prend une

---

1. *L'Europe politique et sociale.* — Paris, 1893.

part trop active aux mouvements de l'opposition, le gouvernement est armé du droit incontestable de suspendre temporairement ou de supprimer son traitement. De plus, l'application de cette peine disciplinaire, *qui peut être aussi étendue que les circonstances le réclament*, n'offre pas pour la République les mêmes inconvénients que la suppression du budget des cultes par voie de séparation de l'Église et de l'État. La privation de traitement est, en effet, motivée par des actes d'insubordination caractérisés, dont la responsabilité incombe tout entière aux membres du clergé; elle est donc dépouillée de toute apparence de persécution, et, par suite, expose les délinquants à ne pouvoir attendre aucune compensation de la piété des fidèles.

Le budget des cultes fournit, par conséquent, au gouvernement républicain des garanties réelles contre le cléricalisme, et la nécessité de le maintenir s'oppose à l'abrogation du Concordat, qui l'a institué.

On voit, par cet exposé, que la République puise dans le Concordat lui-même la justification des lois de progrès qu'elle a adoptées, et qui sauvegardent son indépendance vis-à-vis de l'Église; elle y trouve le droit de prendre, en ce qui concerne l'exercice du culte et sans pouvoir être taxée d'innovation persécutrice, toutes les mesures de police qu'exige le maintien de l'ordre public; elle en reçoit un pouvoir considérable sur le personnel ecclésiastique supérieur, tant par la participation qui lui appartient dans la nomination des évêques et des curés, que par les peines disciplinaires dont elle peut les frapper lorsqu'ils refusent à l'Etat la soumission que leur impose la convention de 1801 ; le Concordat lui permet, au moyen du budget des cultes, de mettre obstacle au développement de l'influence morale et financière du clergé séculier ; enfin, il lui réserve pour l'avenir la base même de la loi nouvelle qui supprimerait les congrégations religieuses. Il est incontestable que ces avantages importants font du Concordat une arme puissante entre les mains d'un gouvernement résolu à assurer la suprématie de l'État sur l'Église.

Pour terminer l'étude des diverses considérations qui recommandent le maintien, au moins provisoire, du Concordat, il nous reste à répondre à cet argument des partisans de la séparation immédiate de l'Église et de l'État, dont nous avons dû réserver l'examen et qui présente comme un motif de cette séparation les craintes que, d'après eux, son éventualité inspire à l'Église. Ces craintes, disent-ils, démontrent que la suppression du Concordat serait pour l'Église une grave atteinte.

Il n'est nullement certain que l'Église redoute cette suppression. Lamennais, s'appuyant sur ces paroles de saint Anselme : *Deus nihil tam amat quàm libertatem Ecclesiæ suæ*, proclamait que les prêtres de Jésus-Christ ont besoin de lèvres libres et qu'un morceau de pain leur suffit. Il ajoutait que, suivant les promesses divines, le pain ne manquerait jamais aux dignes enfants de l'Église. Suivant lui, la liberté seule pouvait rendre à l'Eglise sa dignité et sa grandeur. « Ministres de Celui qui naquit dans une crèche et mourut sur une croix, remontez à votre origine; retrempez-vous volontairement dans la pauvreté, dans la souffrance, et la parole du Dieu souffrant et pauvre reprendra sur vos lèvres son efficacité première. Sans aucun autre appui que cette divine parole, descendez, comme les douze pêcheurs, au milieu des peuples, et recommencez la conquête du monde. Une nouvelle ère de triomphe et de gloire se prépare pour le christianisme. Voyez à l'horizon les signes précurseurs du lever de l'astre, et, messagers de l'espérance, entonnez sur les ruines des empires, sur les débris de tout ce qui passe, le cantique de la vie. »

Comparant ensuite la situation de l'Église catholique aux États-Unis et en France, Lamennais déplorait la sujétion où le clergé se trouve dans notre pays vis-à-vis de l'État : « Les deux clergés, dit-il, ne sont pas dans la même situation; l'un est indépendant du pouvoir civil, choisit les évêques qui doivent le gouverner, s'assemble librement en concile, institue des écoles où il veut, fonde des associations monastiques, donne la bénédiction nuptiale à qui lui plaît, refuse la sépulture chrétienne à ceux qui meurent hors de son sein, n'a pas de ministre des cultes pour lui envoyer des circulaires, ni de conseil d'État pour vérifier les bulles pontificales, ni de préfets pour lui retirer les mandats sur le Trésor, ni de maires pour le surveiller. L'autre, on le sait, jouit d'un sort différent. Il n'est pas aisé de conclure que la suppression du budget des cultes, utile à l'Église des États-Unis, soit funeste à l'Église de France. Ce qu'il y a de clair, c'est que l'Église des États-Unis est libre, et que l'Église de France ne l'est pas. »

Les idées de Lamennais réunissent de nombreux adhérents parmi les catholiques, tant ecclésiastiques que laïques : « Il faut non seulement que nous soyons libres, écrit l'abbé Pillet, mais que nous paraissions libres et que personne ne puisse suspecter notre légitime indépendance. Quel avantage pour nous à tous les points de vue, si l'Église de France pouvait ne pas être soumise à la nécessité de recevoir ainsi l'argent qui lui est dû par la main de l'État, qui le lui dispute chaque année, et qui se croit en droit de lui demander des services incompatibles avec sa dignité et son honneur!... En Angleterre, aux États-Unis, en Irlande, les ecclésiastiques ne reçoivent pas de subvention de l'État, et on sait toute l'énergie de l'action qu'ils exercent dans ces contrées. En France, les congrégations religieuses n'émargent pas au budget, et le pain de chaque jour ne leur fait pas défaut... L'Église de France ne périra pas pour cela... Aux prêtres pourvus d'un patrimoine, on demanderait de se contenter de ce que Dieu et leur famille leur ont accordé, et même de laisser quelquefois un confrère indigent partager leur superflu. Les fabriques les plus riches viendraient en aide aux paroisses plus pauvres. On constituerait sous la direction de l'administration centrale un trésor commun à tout le diocèse, semblable à celui que formaient autrefois les oblations des fidèles, lorsque l'évêque donnait à chacun de ses prêtres son pain quotidien, comme le patron opulent de Rome dispensait la sportule à chacun de ses clients[1]. » M. J.-M. Villefranche exhorte énergiquement le clergé à rejeter lui-même le joug de l'État et affirme que les moyens de subsistance ne lui manqueront pas lorsqu'il aura renoncé au traitement officiel : « Ce qui m'étonne, dit-il, quand on parle de ces choses, c'est l'étonnement de gens qui, pourtant, ont lu mille fois dans leurs bréviaires : Heureux ceux qui souffrent persécution pour la justice, parce que le royaume du ciel leur appartient! Heureux serez-vous lorsqu'ils vous persécuteront, vous chasseront de ville en ville, et diront toute sorte de mal contre vous, par mensonge, à cause de moi!... Si le monde vous hait, sachez qu'il m'a haï avant vous... Souvenez-vous de ce que je vous ai dit : Le serviteur n'est pas plus grand que le maître; ils m'ont persécuté, ils vous persécuteront... mais ayez confiance, j'ai vaincu le monde!... » M. Villefranche ajoute : « Tu ne connais pas ta force, ô vieux lion : le désert te nourrirait comme il t'a nourri dans ta jeunesse; de cette jeunesse, il te rendrait toute la vigueur. Car, sache-le, ô lion de Juda, lion symbolique, immortel comme la lutte pour laquelle tu fus créé, tu ne finiras que si tu le veux bien; mais tant que tu combats, tu restes plus qu'immortel, tu restes invincible : le maître a promis d'être avec toi pour te protéger ou pour guérir tes blessures... Croit-on que

1. Ouvrage cité.

les curés des villes, qui trouvent 10,000, 20,000,
30,000 francs chaque année pour leurs œuvres, vont
rester à court faute des 1,200 francs de l'État?
L'embarras sera pour les campagnes; mais est-ce
qu'on meurt de faim dans notre pays de France,
quand on a du courage, de l'instruction et des bras?
— Alors, va-t-on me dire, vous acceptez donc pour le
clergé la nécessité du travail manuel? — Et pourquoi
pas? répondrai-je. Pourquoi le clergé ne gagnerait-il
pas son pain virilement, à la sueur de son front, et
son indépendance avec son pain, là où manqueront
les ressources? Il imitera son divin maître et la sainte
famille, et saint Paul gagnant sa vie, dans ses inter-
valles de repos, à confectionner des tentes; il imitera
les Pères de la Thébaïde, et les Bénédictins, et les
Trappistes et les Chartreux, pour mieux dire les trois
quarts des ordres religieux, même contemporains.
L'Église mépriserait-elle le travail des mains? Elle ne
méprise que l'oisiveté... Nos jeunes curés français
retrouveraient ainsi, pour la plupart, le métier
paternel, que leurs frères, beaux-frères et camarades
d'enfance n'ont pas cessé d'exercer au village natal...
Du reste, il s'établirait bien vite, entre les évêques,
une entente pour que les riches vinssent au secours
des pauvres... Puis la générosité des fidèles redou-
blerait; il se ferait des fondations[1]... »

Mais, nous objectera-t-on, les théories de Lamennais
ont été publiquement condamnées, en 1832, par le

1. *Le Concordat. Qu'on l'observe loyalement ou qu'on le dénonce!* 1891.

pape Grégoire XVI. Le *Syllabus* de Pie IX (proposition LV) réprouve la doctrine de ceux qui affirment que « l'Église doit être séparée de l'État et l'État séparé de l'Église ». Enfin, Léon XIII, dans son encyclique aux catholiques français du 16 février 1892, qualifie « d'absurde » la théorie de la séparation[1].

Nous répondons que les anathèmes pontificaux visent seulement le principe de la séparation absolue, c'est-à-dire « l'indépendance entière de la législation politique envers la législation religieuse »; mais ils ne s'appliquent nullement à un régime politique qui, tout en s'abstenant de reconnaître officiellement l'Église, lui laisserait néanmoins assez de liberté pour qu'elle pût nourrir l'espoir de reprendre un jour dans l'État une place prépondérante; ils ne s'appliquent donc pas davantage à la suppression éventuelle du Concordat de 1801, puisque ce traité a pour but de subordonner l'Église au pouvoir civil.

L'Église ne renonce pas à son rêve de domination théocratique sur les gouvernements, mais elle sait au besoin fléchir devant les circonstances. Elle a donc souscrit le Concordat pour sauver la religion catholique de la ruine dont elle paraissait menacée en France, mais elle n'a accepté qu'à contre-cœur les dures conditions que ce traité lui imposait. N'est-il pas évident qu'elle eût mieux aimé, par exemple, que le Concordat reconnût la religion catholique comme seule religion de l'État, qu'il n'astreignît l'exercice du culte à aucun règle-

_____

1. Voir les alinéas 27 et 28 de cette encyclique, dont le texte est joint au présent volume (annexe 6).

ment de police, qu'il laissât au pape seul le choix des évêques, et qu'il ne leur imposât pas le serment d'obéissance au gouvernement? En signant le Concordat, Pie VII a sacrifié aux nécessités impérieuses du temps; mais il espérait bien que la situation pénible faite à l'Église deviendrait meilleure dans l'avenir, et que le Concordat pourrait enfin être appliqué de façon telle que toutes les barrières opposées au pouvoir de l'Église seraient affaiblies ou abattues et que les avantages stipulés en sa faveur seraient seuls conservés et étendus. Il ne se trompait pas : les divers gouvernements monarchiques qui se sont succédé en France depuis le commencement de ce siècle ont pris à tâche d'intervertir les positions respectives de l'État et de l'Église telles que le Concordat avait entendu les établir. Dès la Restauration, l'Église avait reconquis une influence prépondérante dans la direction politique du pays; le culte catholique jouissait d'une liberté entière, au mépris des égards dus aux cultes dissidents; les nominations des prélats étaient, en fait, soumises par le gouvernement à l'approbation préalable du Saint-Siège; le serment n'était plus exigé; les traitements ecclésiastiques prévus par le Concordat et fixés par les articles organiques étaient considérablement accrus; de nombreuses dotations non stipulées dans ce contrat, telles que les allocations aux chanoines et les bourses des séminaires, étaient instituées. En un mot, l'Église était redevenue maîtresse dans l'État.

L'Église, on le conçoit, s'accommodait facilement du

régime concordataire ainsi compris ; mais les réformes
introduites par la troisième République ont troublé sa
satisfaction ; elle s'écrie aujourd'hui que le gouvernement la persécute parce qu'il veut la stricte application du Concordat, et, ainsi que nous venons de le
voir, beaucoup de catholiques, à l'heure actuelle,
considéreraient son abrogation comme avantageuse
pour l'Eglise.

S'il en est ainsi, pourra-t-on nous dire, pourquoi
l'Église ne dénonce-t-elle pas elle-même cette convention ?

Parce que cette dénonciation ne paraîtrait pas suffisamment motivée. L'Église peut bien déplorer que les
avantages de toute nature qui lui ont été concédés
depuis le Concordat lui soient aujourd'hui retirés et
que le gouvernement de la République française
exige dorénavant une exécution de ce contrat réellement conforme à son esprit ; mais elle serait mal
fondée à déchirer, pour ce motif, un traité qu'elle a
librement accepté et qui, en définitive, n'est pas violé
par l'autre contractant. La dénonciation du Concordat
par l'Église pourrait donc, dans les circonstances
actuelles, être considérée par beaucoup comme un
acte injustifié, ayant un caractère d'hostilité contraire
à la mission de paix que l'Église doit remplir et susceptible, par suite, de lui aliéner l'esprit général. Elle
s'exposerait ainsi à ne pouvoir plus s'appuyer sur
l'opinion si le gouvernement, justement ému de cette
révolte de l'Église, venait à prendre contre elle les
mesures de rigueur qu'il jugerait nécessaires pour

l'empêcher de compromettre l'ordre public. Dans ces conditions, elle aurait tout à perdre à la suppression du Concordat. Or l'Église se rend compte de ces éventualités et sa prudence lui défend de les affronter.

Ce qu'elle voudrait sans doute, c'est que le Concordat fût aboli par la République. Elle pourrait alors prendre cette attitude de victime persécutée qui lui est si familière et dont elle saurait tirer si grand parti. Le devoir du gouvernement est de ne pas favoriser ce désir; qu'il ne perde pas de vue que Léon XIII, dans son encyclique du 16 février 1892, déclare que parmi les adversaires de l'Église, *les plus redoutables sont ceux qui veulent le maintien du Concordat*[1].

D'ailleurs, l'Église, à qui il a été promis que les portes de l'enfer ne prévaudraient pas contre elle, ne perd pas l'espoir de jours meilleurs. Elle multipliera ses efforts dans sa lutte contre ce qu'elle appelle l'esprit du mal, en gardant confiance dans un triomphe définitif, c'est-à-dire dans le retour à une interprétation du Concordat de 1801 plus conforme à ses intérêts, ou même dans la substitution à ce contrat d'un autre Concordat plus avantageux pour elle.

En attendant, dans l'impuissance morale où elle se trouve de dénoncer le traité existant, elle se résigne à le subir, mais non sans gémir de la situation où la place sa stricte application; il est pour elle un pis aller. « Un Concordat comme le nôtre, dit M. d'Hulst, n'est qu'un moindre mal. On peut s'applaudir qu'il ait été

____

1. 26e alinéa de l'encyclique.

conclu. On peut lui faire honneur des quatre-vingts ans de paix religieuse qu'il a donnés à notre pays. On ne pourrait pas dire qu'il détermine une situation préférable à celle qu'ont connue les sociétés chrétiennes [1]. »

En résumé, le Concordat de 1801 est pour l'Église de France une lourde entrave. D'une part, tout en sauvegardant l'indépendance du Gouvernement républicain vis-à-vis de l'Église dans une mesure suffisante pour lui permettre de poursuivre, sans violer le traité intervenu, l'accomplissement de son programme libéral, le Concordat, par les avantages qu'il concède à l'Église, lui enlève tout droit à se dire persécutée ; d'autre part, le Concordat, en raison de la part d'autorité qu'il réserve à l'État dans les affaires ecclésiastiques, met l'Église, s'il est strictement appliqué, dans l'impossibilité de reconquérir son ancienne suprématie. Il n'est donc pas vraisemblable que l'Église redoute la rupture du Concordat par le Gouvernement français. Au contraire, elle se rend parfaitement compte des forces que ce contrat met à la disposition du pouvoir civil pour assurer la subordination de l'Église, et rien ne l'afflige autant que de voir aujourd'hui la République en exécuter les stipulations suivant l'esprit même qui les a dictées. Il est permis d'affirmer, en définitive, que le sentiment de l'Église au sujet du Concordat rigoureusement appliqué fournit à l'État une raison puissante de conserver ce traité.

1. *Le Droit chrétien et le droit moderne.* — Paris; 1886.

CHAPITRE XII

Opinions de divers partisans du Concordat.

Quelle conclusion se dégage des trois chapitres précédents?

C'est que le Gouvernement français doit, au moins provisoirement, maintenir le Concordat. La dénonciation immédiate de ce traité présenterait les dangers les plus graves, car en même temps qu'elle favoriserait le développement de la puissance ecclésiastique, elle priverait l'État des moyens de la combattre. L'esprit public n'est pas suffisamment préparé à la séparation de l'Église et de l'État, l'œuvre de laïcisation entreprise par la troisième République ne pouvant produire tous ses fruits que dans un avenir encore relativement éloigné. En attendant ce résultat et afin de ne pas le compromettre, le Gouvernement doit conserver les armes réelles que le Concordat met entre ses mains pour lutter contre les empiétements du clergé catholique.

Ces considérations n'ont cessé d'inspirer tous les hommes politiques et les écrivains qui, depuis une vingtaine d'années, ont étudié attentivement la question des rapports de la République et de l'Église.

Quelques citations formeront la substance du présent chapitre.

Dans un discours prononcé à la Chambre des députés, le 4 mai 1877, et qui se terminait par le cri de guerre fameux : « Le cléricalisme, voilà l'ennemi ! », Gambetta se déclarait pour le Concordat. « Le Concordat, disait-il, est la loi du pays... quant à moi, je suis partisan du système qui rattache l'Église à l'État. Oui, j'en suis partisan, parce que je tiens compte de l'état moral et social de mon pays ; mais je ne veux, entendez-le bien, je ne veux défendre le Concordat et rester fidèle à cette politique que tout autant que le Concordat sera interprété comme un contrat bilatéral qui vous oblige et vous tient, comme il m'oblige et me tient!... Le plus clair résultat du concile de 1870 à nos yeux a été précisément d'ébranler le Concordat, de mettre en question ce traité, ce contrat synallagmatique qui règle les rapports du sacerdoce et de l'empire, de l'État et de l'Église, en dehors duquel il n'y a que deux solutions : ou l'exclusion ou la séparation. Or, comme nous estimons que tout vaut mieux que ces deux solutions, nous voulons ramener au respect du Concordat et des articles qui l'accompagnent, à l'application rigoureuse, permanente, répressive des lois qui figurent dans nos codes pour la défense de nos libertés et pour la protection de notre indépendance ecclésiastique. »

M. Charles Boysset, député, ayant déposé, en 1879,

une proposition de loi tendant à l'abrogation du Concordat, la commission parlementaire chargée d'examiner cette proposition conclut à son rejet et motiva son avis, par l'organe de M. Deluns-Montaud, dans un excellent rapport ainsi conçu :

« Toutes les doctrines philosophiques et religieuses ont dans un pays libre un droit égal à se produire ; c'est la liberté de conscience. Mais cette liberté, comme toutes les autres, doit être limitée par les nécessités de conservation de l'État.

« Si donc une religion, son dogme, son enseignement, sa discipline, le nombre de ses adhérents, l'empire qu'elle exerce, ses bienfaits, ses dangers exigent des mesures de conservation et de défense, ces mesures entrent pleinement dans la catégorie générale des fonctions de police qui sont un des attributs essentiels de l'État.

« L'existence du catholicisme, sa foi partagée par la majorité des habitants du territoire, sa prédication, ses prétentions séculaires, sa domination sur les consciences sont certaines. L'État peut-il ignorer des faits aussi considérables et, sous prétexte de liberté, y rester indifférent? Évidemment non. Dans un pays comme le nôtre, empreint depuis des siècles de traditions catholiques, en présence de l'adhésion formelle de fidèles nombreux à une doctrine religieuse dont le chef réside à l'étranger, la nécessité de régler les rapports entre l'autorité civile et cette doctrine même s'impose encore comme elle s'est imposée à tous les moments de notre histoire.

« Le Concordat et les lois organiques consacrent d'ailleurs le principe de la séparation de l'Église et de l'État en ce qu'ils délimitent les attributions que ces deux puissances rivales ont trop longtemps confondues : l'Église, pour le service de ses ambitions théocratiques, l'État, pour le plus grand préjudice de la liberté de conscience. Ainsi, l'Église reste indépendante dans son domaine spirituel, et l'État, dégagé de toute préoccupation de dogme, demeure debout, puissant et armé dans son domaine temporel. Voilà la vérité. Les deux forces se sont rencontrées ; pouvaient-elles s'ignorer, rester indifférentes l'une à l'autre ? L'une et l'autre ayant une invincible tendance à l'invasion et à l'absorption, des rapports constants, des points de contact permanents devaient s'établir entre elles ; de là la légitimité, la nécessité d'une règle de vie, d'un concordat, d'une loi.

« Le Concordat et les lois organiques, sans blesser la foi des catholiques, assurent à l'État des moyens efficaces de défense contre des prétentions et des rébellions trop longtemps tolérées. L'appel comme d'abus n'est pas le seul moyen de résistance de l'État contre l'esprit d'invasion de l'Église. Le code pénal prévoit et punit les délits et les crimes commis par les ministres des cultes dans l'exercice de leur ministère. Enfin, une série de dispositions législatives met un sage obstacle à l'accroissement des richesses du clergé.

« Ces mesures, il faut l'avouer, soit négligence, soit complicité, sont souvent restées lettre morte aux mains des pouvoirs qui se sont succédé. De là l'émotion publique et la raison de la proposition de nos collègues. Mais il appartiendrait à un Gouvernement décidé à se défendre de relever ces dispositions et de les appliquer à un clergé qui persisterait à les méconnaître. Là est la vraie doctrine d'État, là aussi est le salut pour nos institutions, qui ne peuvent que gagner à apparaître aux yeux de tous avec leur caractère de légalité éprouvée et forte.

« Il n'est ni opportun ni prudent d'abandonner cette législation tutélaire. Car, si l'on veut la séparation de l'Église et de l'État comme paraissent l'entendre les auteurs de la proposition, il faut renoncer aux lois d'exception auxquelles l'Église s'est soumise. Il faut, sans dommage pour la liberté de conscience, sans injure à une foi ancienne et respectable, replacer dans le droit commun les ministres du culte catholique. Il faut refaire toute notre législation en matière d'enseignement, de droit de réunion et d'association. Il faut enfin permettre, si l'on supprime toute subvention, cet accroissement de richesses qui a été pour les Etats catholiques un si fréquent et si légitime sujet d'inquiétudes.

« Si l'on veut la lutte ; si, n'ayant foi que dans l'individu, dédaigneux du concours de l'État, on n'appréhende pas l'organisation qui ne tarderait pas à se former entre tous les fidèles, en vue d'assurer dans le cadre d'une forte hiérarchie sacerdotale l'indépendance d'abord, la domination ensuite ; n'y a-t-il pas lieu de rechercher si, dans notre éducation nationale, dans nos mœurs, dans les pratiques de la liberté naissante, on pourra trouver des éléments suffisants de résistance contre les tendances envahissantes de l'Église catholique?

« Le moment paraît mal choisi pour tenter une telle expérience.

« La subvention accordée aux ministres du culte catholique est, aux yeux des croyants, obligatoire pour l'État; la retirer serait inquiéter sans profit les consciences; car on s'exposerait, d'autre part, au redoutable accroissement des richesses d'un clergé qui exerce encore une puissance indéniable.

« Tant que l'éducation ne sera pas faite, tant que les mœurs publiques n'auront pas dégagé la nation des influences religieuses, la suppression du budget des cultes et la séparation de l'Église et de l'État, au sens des auteurs du projet, conduiront à une lutte, dangereuse toujours, fatale peut-être, pour l'État, si on laisse à l'Église une pleine liberté.

« Et si, les subsides supprimés, les mesures d'exception sont cependant conservées, mise hors du droit et humiliée sans compensation, l'Église ne pourra-t-elle pas se plaindre d'une persécution bien faite pour soulever les cœurs?

« La subvention, d'ailleurs, n'est pas une protection spéciale accordée à la doctrine catholique, et comme il n'y a pas de religion d'État, il n'y a pas non plus délégation fonctionnelle attribuée aux ministres du culte. Il y a simplement *Concordat*, c'est-à-dire convention entre deux puissances de fait, pour régler des rapports nécessaires.

« La subvention est le prix de la soumission de l'Église au temporel.

« L'expérience a peut-être indiqué des améliorations à apporter dans cet état de choses ; le principe reste le même. Le régime des concordats ne semble pas près d'être abandonné. Le plus sage, à l'heure présente, est de s'en tenir au traité signé entre la cour de Rome et la France, le 26 messidor an IX, et aux lois organiques qui l'accompagnent. »

Jules Ferry, dans un discours prononcé à Saint-Dié, le 12 septembre 1881, s'exprimait ainsi au sujet de la suppression du budget des cultes, par voie d'abrogation du Concordat : « Il y a pour les rapports de l'Église et de l'État une solution radicale, à laquelle s'est ralliée toute l'extrême gauche : c'est la séparation absolue, la suppression du budget des cultes, au risque de voir se reconstituer dans notre pays, d'une manière inéluctable en quelque sorte et par la force même des choses, la propriété ecclésiastique. Mais enfin, c'est leur programme, c'est leur thèse. Eh bien, j'ai regardé ces programmes, je les ai lus, je les ai étudiés, et je vous déclare que c'est une minorité, une faible minorité des programmes républicains qui contient cette solution, à mon avis aussi redoutable que chimérique, de la séparation de l'Église et de l'État. »

Aux termes de la proposition de loi qu'il déposa à la Chambre des députés au mois de novembre 1881, et

15.

dont nous avons parlé, M. Corentin-Guyho se bornait
à demander des « garanties complémentaires au profit
du pouvoir civil vis-à-vis du clergé des paroisses et au
profit des membres du clergé séculier vis-à-vis du
pouvoir épiscopal » ; il se prononçait pour le maintien
du Concordat, en s'appuyant sur la nécessité de respecter les habitudes religieuses de la majorité des
populations françaises. « La religion catholique existe ;
c'est un fait qu'il n'appartient à personne de détruire,
et dont, dès lors, il est essentiellement politique de
tenir compte. De plus, la religion catholique n'est pas
un symbole que le croyant se contente de réciter au
fond du cœur ; elle prêche sa foi au milieu des foules ;
elle a un culte extérieur ; elle a une législation morale
et disciplinaire qui règle tous les actes de ses adhérents ; et, pour prêcher, pour officier, pour diriger les
consciences, elle compte par milliers des ministres
qui constituent une hiérarchie puissante, puissante
plus encore peut-être par les habitudes que par les
croyances religieuses de ce pays.

« Donc la foi catholique est mêlée intimement à la
vie sociale d'un peuple où la majorité lui appartient,
au moins nominativement, et où l'on voit sans étonnement les filles des libres penseurs les plus célèbres
élevées dans les couvents de la règle la plus ultramontaine.

« Dès lors, l'État peut-il demeurer indifférent en
face de cette Église qu'il rencontre partout sur son
chemin, parlant, agissant, légiférant, en face de cette
Église qui embrasse dans son sein la majorité des

citoyens français et la presque totalité des femmes, si influentes, si prépondérantes même dans le domaine moral et dans les cercles mondains? Il n'est pas possible que l'État ne soit pas obligé d'entrer en rapports avec cette puissance qui le pénètre de toutes parts et ne se demande pas comment il vivra avec elle. Du moment où l'État se trouve face à face avec l'Église, et où ils ont à se partager, qui l'âme, qui le corps, la séparation absolue des deux pouvoirs est aussi impossible que la séparation physiologique des deux éléments de la vie humaine : il n'y a plus dès lors à choisir qu'entre ces deux termes : vivre en hostilité ou vivre en alliance. Eh bien, nous préférons par goût l'alliance à l'hostilité.

« Quant à présent, l'alliance existe; elle date de quatre-vingts ans; elle résulte du Concordat de 1801. Ce Concordat, faut-il que la Chambre invite le Gouvernement à le dénoncer diplomatiquement? Ce traité de paix, faut-il le rompre? Je me prononce sans hésiter pour l'application désormais plus ferme, mais toujours loyale, du pacte concordataire de 1801. »

M. Corentin-Guyho redoute aussi les conséquences de la liberté rendue à l'Église, dont celle-ci ne manquerait pas de faire usage contre la République : « Forcé de résister à cette conspiration permanente, de tenir tête à cet État dans l'État, le pouvoir civil serait nécessairement amené à des mesures de précaution, de répression et peut-être (car on ne peut répondre de la sagesse des hommes) de persécution; aussi le conflit religieux, a lieu de trouver dans la séparation un remède et un adoucissement, risquerait de s'exaspérer, comme dans la première Révolution, jusqu'à une lutte à mort. »

La proposition de loi « concernant l'exercice du culte catholique en France » que Paul Bert présenta à la Chambre des députés, le 7 février 1882, avait pour base le maintien du Concordat, et pour but l'application stricte de cette convention. « On peut donc considérer, dit son auteur, la proposition de loi qui vous est soumise comme composée de deux ordres de dispositions. Les unes ramènent l'Église catholique aux conditions qui ont été reconnues suffisantes pour sa liberté par son chef infaillible. Elles suppriment tous les avantages que lui a successivement concédés la faiblesse des gouvernements. Les autres ont pour objet, en attachant une sanction pénale à la violation d'un certain nombre de prescriptions concordataires, de ramener l'Église à l'observation des conditions qui ont présidé à son rétablissement. »

Dans le rapport qu'il déposa, le 31 mai 1883, au nom de la commission chargée d'examiner diverses propositions de loi sur le Concordat et la séparation des Églises et de l'État, Paul Bert développa les motifs qui, aux yeux de la commission, s'opposaient à la dénonciation immédiate du Concordat, traité qui, en attendant la séparation, offre au Gouvernement français de réels moyens d'action sur le clergé : « Nous pensons, comme nos honorables collègues, que la logique conduit les sociétés à l'établissement d'une indépendance complète du domaine civil et du domaine religieux. Les temps sont passés, et heureusement passés, où les représentants du pouvoir spirituel pouvaient appeler à leur aide, non pour faire respecter, mais pour faire triompher leurs doctrines, la puissance du bras séculier. Le temps passera où le pouvoir temporel, traitant avec les religions établies, s'inquiète d'obtenir d'elles un abandon partiel de leur liberté, en échange d'avantages qu'il leur concède dans l'ordre matériel. Constitutions civiles et concordats disparaîtront un jour comme ont disparu les régimes despotiques de la persécution religieuse et de la religion d'Etat.

« Nous pensons non seulement que l'état social vers lequel aspirent nos collègues est préférable et désirable, mais qu'il convient de travailler à en préparer l'établissement ; et nous sommes absolument d'accord avec eux pour appeler de nos vœux et pour hâter de nos efforts sa réalisation. Car autant qu'à eux, le triomphe définitif du principe de la liberté de conscience nous est cher.

« Mais nous nous demandons si, dans les circonstances actuelles, ce triomphe ne serait pas retardé et compromis précisément par les moyens qu'ils nous proposent d'employer. Et cette question, nous la posons, en envisageant non plus seulement les difficultés théoriques, mais les conditions pratiques du problème. Nous faisons ici de la politique et non de la philosophie.

« Et nous disons : la paix publique, les libertés

politiques, l'état social issu de la Révolution française, ont-ils à gagner ou à perdre à la suppression immédiate du budget des cultes, à la séparation des Églises et de l'État ? Et c'est la considération de ces intérêts suprêmes de la société civile qui nous détermine à nous séparer, dans le temps présent, de collègues dont nous partageons les sentiments, et qui nous force à ajourner, à une époque que nous ne saurions nettement préciser, l'accord de leurs espérances et des nôtres sur le terrain de la réalité... »

Paul Bert redoute, pour la tranquillité publique, la lutte que la séparation ouvrirait aujourd'hui :

« Pourquoi la rechercher avec ses péripéties redoutables, avec ses éventualités douteuses, quand le Concordat nous l'évite, quand il nous met à l'abri de l'envahissement financier comme de l'envahissement politique de l'Église catholique, quand il nous donne les moyens de punir ceux de ses ministres qui violent le pacte de 1801 ?... Le Concordat est une arme puissante entre les mains de qui saura s'en servir... Nous ne pouvons taire le grand service qu'a rendu l'article 13 en calmant les appréhensions des acheteurs des biens ecclésiastiques. De plus, il a arrêté la reconstitution des biens de l'Église, précisément parce qu'il la payait. Enfin, aujourd'hui, il nous met en mains cette arme puissante dont on n'a pas voulu ou pas su se servir jusqu'ici, la légitime exigence de l'obéissance du clergé aux prescriptions concordataires, sous peine de la suppression des avantages concordataires. Nous concluons donc que le Concordat est efficace. Nous concluons que la séparation est pleine de dangers en face desquels une économie budgétaire, si considérable qu'elle soit, n'est que d'un faible poids. »

L'avenir amènera la séparation de l'Église et de l'État ; il faut la préparer. « Est-ce à dire, continue Paul Bert, que nous nous prononcions ici à titre dogmatique et que nous condamnions à tout jamais le système de la séparation. Tant s'en faut.

« Le mouvement naturel des civilisations modernes pousse les sociétés vers la distinction absolue du temporel et du spirituel. Comme nous l'avons dit, les concordats rejoindront dans l'oubli les constitutions civiles et les religions d'État. Déjà la solution semble mûre pour les religions protestantes, où le fidèle, se formant à lui-même sa croyance, peut bien plus aisément mettre d'accord en lui les exigences religieuses et les devoirs civiques. Nous ne croyons pas qu'elle le soit pour les pays où la religion catholique est en minorité importante et surtout en majorité, parce que l'impératif religieux prend ici une autorité quasi divine et peut forcer au silence les scrupules du citoyen.

« Spécialement pour la France, nous ne la croyons pas mûre, et nous considérerions comme dangereux de renoncer à la transaction acceptée, en 1801, par les deux puissances entre lesquelles peuvent naître les conflits.

« Mais comme nous croyons que de ce côté est la véritable solution, et que l'avenir donnera raison à ceux qui aujourd'hui soutiennent la thèse de la séparation ; comme nous croyons que ce sont les conditions actuelles de milieu qui seules s'opposent à la mise en œuvre législative d'un principe logique, notre souci doit être d'essayer de modifier ces conditions de milieu et de préparer le triomphe futur de la thèse que nous combattons aujourd'hui.

« Pour cela, il nous faut tout d'abord enlever à l'Église l'autorité factice qu'elle a prise en ce pays, autorité qui est due non à sa légitime action sur les fidèles, mais aux faiblesses des gouvernements successifs. Il faut, d'une part, exiger d'elle l'obéissance aux prescriptions concordataires qu'elle a stipulées elle-même. Il faut, d'autre part, la dépouiller des privilèges exorbitants qui lui ont été concédés, et la ramener à ce qui avait paru, il y a quatre-vingts ans, à la fois nécessaire et suffisant à l'exercice de sa liberté.

« Il faut, en second lieu, attendre que l'éducation publique, et particulièrement celle des femmes, délivrée enfin de la direction et de la surveillance de l'Église, ait préparé des esprits plus indépendants, qui puissent avec fermeté supporter la période d'établissement de la liberté religieuse, dont nous avons essayé de montrer les dangers actuels. »

Cette préparation prudente, M. de Freycinet, en 1891, la jugeait encore indispensable. Nous avons reproduit, dans un chapitre précédent, les paroles éloquentes et pleines de sagesse qu'il prononça à ce sujet devant la Chambre des députés. Cette assemblée, comme le Sénat l'avait fait quelques jours auparavant[1], fit connaître par son vote qu'elle partageait l'opinion émise par M. de Freycinet.

M. Maurice Block estime que le Concordat est un frein dont le gouvernement peut faire un emploi utile et que sa rupture serait dangereuse pour la paix publique. « Quand, de nos jours, dit-il, on parle de la séparation de l'Église et de l'État, c'est à la suppression de ce Concordat qu'on vise. Cette question est beaucoup plus compliquée que d'aucuns ne croient : elle est purement politique, et, à ce point de vue, tout gouvernement raisonnable voudra garder la puissance modératrice que le Concordat lui confère. Ceux qui réclament la séparation de l'Église et de l'État pour supprimer le budget des cultes oublient que ce budget est une digue opposée au fanatisme ; s'exposer à déchaîner les passions religieuses, c'est commettre un acte de suprême imprudence à une époque comme la nôtre[2]. »

Dans son livre sur l'*Évolution politique et sociale de l'Église*, paru en 1893, M. E. Spuller signale les dangers de la séparation et juge que le Concordat et le Code pénal procurent au gouvernement de la République des moyens suffisants pour forcer le clergé catholique à l'observation de ses devoirs envers l'État. « On dit souvent que la séparation de l'Église et de

1. Séance du Sénat du 9 décembre 1891.
2. *L'Europe politique et sociale.* — Paris, 1893.

l'État doit se proposer pour but et avoir pour conséquence de ramener l'Église à n'être qu'une doctrine
dont les individus prendront ou laisseront ce qui leur
convient pour la satisfaction de leurs aspirations religieuses. Outre que l'Église catholique ne consentira
jamais à reconnaître cette conception tout individua-
liste de la religion, qui détruirait sa force principale,
celle qu'elle tire de son ancienne et vigoureuse hiérarchie, qui ne voit que la séparation et les troubles
de tout genre qui s'ensuivraient et qui se feraient
sentir jusque dans le sein des familles amèneraient
forcément la cohésion de plus en plus intime,
serrée et puissante de la vaste association catholique;
que l'Église deviendrait alors cet État dans l'État qui
répugne si profondément au génie politique de la
France; qu'elle amènerait aussi une guerre longue,
pénible, pleine d'alternatives de succès et de revers,
grosse de calamités et de ruines, au bout de laquelle
se présenterait infailliblement un pacificateur qui
dominerait tout, un nouveau Concordat à la main?...

« La politique d'apaisement ne peut, en l'état actuel,
avoir de meilleur instrument diplomatique et politique
que le Concordat de 1801. Jamais l'État français ne
renoncera à son droit sur la police des cultes. Supposez
le Concordat dénoncé, le budget des cultes supprimé,
la séparation de l'Église et de l'État proclamée, bon
gré mal gré, on devra en venir à faire et promulguer
une loi nouvelle sur la police des cultes. Qui se char-
gera de faire cette loi? Quel en sera le principe et quel
en sera le but? Sera-ce pour tout abandonner à l'Église

ou pour ne rien lui céder? Si, d'un côté, c'est la politique de faiblesse et d'abandon, jamais la France ne la ratifiera. Ne convient-il pas, d'un autre côté, de veiller à ce que l'on n'adopte pas une politique de défiance, de surveillance exacte et jalouse, qui ne tarderait pas à prendre toutes les apparences de la politique de persécution : extrémité dangereuse et fatale à laquelle les républicains fermes et sages ne voudront pas acculer la République...

« Ceux qui poursuivent d'un zèle si sincère, mais si imprudent, la séparation de l'État sont ceux qui tiennent l'Église pour une pure doctrine ou pour une pure croyance livrée à la liberté de l'esprit. Pour ceux-là, le problème si difficile des relations de l'État avec l'Église consiste à donner la liberté à l'Église et à la laisser vivre, en l'ignorant. Mais pour ceux qui observent les hommes, les mœurs et les faits, pour ceux qui tiennent compte de notre état mental comme de notre état social, il n'en peut être ainsi. Ceux-ci ne pensent pas que la société laïque et ses institutions puissent être abandonnées sans défense aux attaques des partis politiques, qui se couvrent de la religion comme d'un bouclier, pour donner l'assaut au régime qu'ils détestent...

« On dit volontiers que les lois actuelles sont des armes impuissantes; mais comment la séparation de l'Église et de l'État donnerait-elle à l'État les armes qui lui manquent? On dit que le Code pénal resterait le même, et qu'il serait toujours temps de l'appliquer. A cela comment ne pas répondre que pas n'est besoin de séparer l'Eglise de l'État pour appliquer le Code pénal et même pour y ajouter d'autres lois répressives, si l'agitation cléricale les rend nécessaires? Le Code pénal est postérieur au Concordat. Quand il a été promulgué, Rome n'a point protesté, parce qu'elle n'en avait pas le droit, et, depuis lors, tous les gouvernements qui se sont succédé ont parfaitement fait marcher de pair le Concordat et le Code pénal, sans susciter entre l'Église et l'État le moindre désaccord. C'est encore ce qu'il faut faire aujourd'hui. Le Code pénal fournit les moyens de contraindre au respect des lois ceux des membres du clergé qui seraient tentés de s'en écarter, et il n'est nullement nécessaire de rompre les liens qui rattachent l'Église à l'État pour user de ces moyens, si le clergé, par sa désobéissance, force la puissance publique à y recourir. »

Enfin, à l'occasion de la discussion, à la Chambre des députés, du budget des cultes pour l'exercice 1895, M. Ribot, président du conseil des ministres, répondant à des propositions qui tendaient à la suppression de ce budget et du Concordat, s'est exprimé dans les termes suivants : « Le gouvernement ne peut pas se placer au point de vue des hommes sincères assurément qui défendent ici la thèse de la séparation de l'Église et de l'État. Un gouvernement est obligé de se préoccuper de sa responsabilité. Le gouvernement ne peut pas présenter au pays comme une réforme prochaine, et prochaine sans danger, la séparation de l'Église et de l'État ; il ne le peut pas parce qu'il ne le pense pas et il veut toujours dire la vérité au pays avec une grande sincérité...

« Je crois que ce qui eût été une erreur singulière en 1877 constituerait aujourd'hui encore une lourde faute. Il ne faut pas se borner à suivre la discussion qui s'engage entre hommes qui ont fait tout le tour des doctrines religieuses ou philosophiques ; il faut considérer les masses profondes du pays et se demander si l'on ne risquerait pas, en présentant cette séparation comme prochaine et imminente, de jeter un trouble qui ne profiterait certainement ni au pays ni à la République.

« Qu'on prépare pour un avenir plus ou moins lointain la séparation des Églises et de l'État, qu'on demande les mesures indispensables, je ne m'en étonne pas et je l'accepte volontiers pour ma part. Mais qu'on ne semble pas considérer cette séparation comme pouvant faire partie d'un programme de gouvernement pour cette législature ou pour celle qui suivra[1]. »

1. Séance de la Chambre des députés du 16 février 1895.

CHAPITRE XIII

Que la laïcisation de l'esprit public en France doit précéder l'abrogation du Concordat.

Montesquieu a dit : « Les lois civiles trouvent quelquefois des obstacles à changer des abus établis, parce qu'ils sont liés à des choses qu'elles doivent respecter : dans ce cas, une disposition indirecte marque plus le bon esprit du législateur qu'une autre qui frapperait sur la chose même[1]. »

Ces paroles peuvent être appliquées à la question de la séparation de l'Église et de l'État. Ici, les « abus établis », ce sont les entreprises du clergé catholique contre la puissance civile et ses efforts incessants pour étendre toujours davantage l'influence morale qu'il exerce sur une partie des citoyens. Ces abus se trouvent ainsi « liés » aux convictions ou aux habitudes religieuses des catholiques. Toutefois, la loi civile, dans le but de supprimer ces abus, ne pourrait, sans être persécutrice, « frapper » directement ces convictions ou ces habitudes chez ceux qui les possèdent,

1. *Esprit des lois*, liv. XXV, ch. v.

parce qu'elle doit tenir compte de cet état des esprits et de ces mœurs, et qu'elle doit les « respecter ».

Nous nous expliquons.

La religion catholique considérée en elle-même n'a droit à aucun respect. Elle est la plaie intellectuelle d'une portion de l'humanité, car elle tend, par l'absurdité et l'immobilité de ses dogmes, à éteindre la raison de l'homme, à le maintenir toujours rapproché de son origine animale et à entraver son essor vers les conquêtes scientifiques et le développement de sa moralité.

Tout le monde sait l'histoire de la lutte persistante de l'Église catholique contre la science, lutte où l'Église, toujours vaincue, a vu son crédit diminuer dans la mesure même où s'accroissait l'étendue des connaissances humaines. « Lorsque, dit Draper, on demande aujourd'hui à la science d'abdiquer devant l'Église, ne peut-elle rappeler à celle-ci le passé? Le conflit touchant la forme de la terre et la localisation du ciel et de l'enfer s'est terminé à son désavantage. Elle disait que la terre est plate et que le ciel est un dôme sur nos têtes, et que bien souvent on avait vu des êtres privilégiés y opérer leur ascension. Une fois la forme globulaire de la terre démontrée sans réplique par le voyage de Magellan, elle s'était rabattue sur la prééminence de notre planète et soutenait qu'elle était le point central de l'univers. Délogée de cette position, elle affirma ensuite que la terre est immobile et que ce sont les étoiles et le soleil qui tournent autour d'elle; l'invention du télescope vint la convaincre d'erreur. Après cela, elle prétendit que les mouvements

des astres sont réglés par une incessante Providence;
les principes de Newton démontrèrent qu'ils le sont
par une irrésistible loi. Elle avait toujours soutenu que
la terre avait été créée il y a six mille ans, ainsi que
les astres, et qu'en six jours l'ordre de l'univers avait
été réglé avec toutes les plantes et tous les animaux
qui peuplent la terre. Contrainte et forcée par l'évidence, elle avait accordé que ces six jours pouvaient
bien être six périodes d'une longueur indéfinie. Il
fallut renoncer aux six périodes aussi bien qu'aux six
jours, quand on vit que les espèces s'étaient lentement
formées dans le premier âge, avaient atteint leur point
de perfection dans le second, et, lentement aussi,
avaient disparu dans le troisième. Les secousses créa-
trices des six périodes auraient demandé non seulement une première création, mais des créations successives. L'Église racontait qu'il y avait eu un déluge
universel, qui avait couvert le sommet des plus hautes
montagnes et que les eaux avaient été séchées par les
vents; des notions exactes sur le volume de la mer et
celui de l'atmosphère, ainsi que sur le phénomène de
l'évaporation, montrèrent la valeur de ce récit. Au
sujet de l'homme, l'Église voulait qu'il fût sorti parfait des mains du Créateur et qu'il eût dégénéré par
le péché. Aujourd'hui, elle en est à chercher comment
elle pourra bien combattre les témoignages qui sur-
gissent de toutes parts touchant la condition sauvage
de l'homme préhistorique.

« Est-il donc étonnant que le nombre de ceux qui
tiennent en mince estime les opinions de l'Église s'ac-

croisse rapidement? Comment pourrait-on accepter comme guide infaillible dans les choses invisibles celle qui, au sujet des choses visibles, tombe si souvent dans l'erreur? Comment avoir confiance en elle dans les questions morales et spirituelles, quand on la voit s'égarer ainsi dans toutes les questions physiques? Est-il possible de traiter ces faits péremptoires « d'ombres vaines, de fictions venant de la science (comme on l'appelle faussement), d'erreurs revêtues des apparences trompeuses de la vérité » ? Ne sont-ils pas, au contraire, de grands témoins qui élèvent la voix avec force contre la prétention de l'Église à l'infaillibilité, et qui la convainquent d'ignorance et d'aveuglement[1] ? »

La religion catholique, ennemie de la science, ne peut être la source de la morale, car la morale, qui n'est autre chose que le développement physique et intellectuel de l'homme, puise nécessairement ses principes et ses progrès dans l'expérience exclusivement. Jésus lui-même n'a pu assigner à la morale qu'une base purement humaine et expérimentale, en recommandant à chacun « de ne pas faire à autrui ce qu'il ne voudrait pas qu'on lui fît ». La religion, en se proposant comme la source de toute morale, s'arroge donc un pouvoir qui n'appartient qu'à la science. Ce point a été mis en évidence par M. Berthelot, l'illustre savant, dans un article publié récemment par la *Revue de Paris*, en réponse aux déclamations creuses d'un

---

1. *Conflict of religion and science.*

littérateur qui reprochait à la science d' « avoir fait banqueroute ». « Le mysticisme, dit M. Berthelot, réclame de nouveau le monopole de la morale, au nom des principes religieux. Cette prétention repose sur des affirmations erronées : l'histoire du développement de la race humaine et des civilisations prouve, en effet, que les origines et les progrès de la morale ont été tirés de tout autres sources. Les religions se sont approprié la morale, elles ne l'ont pas créée, et elles en ont trop souvent combattu l'évolution et les progrès. En réalité, dans ce domaine, aussi bien que dans celui de la métaphysique, elles n'ont fait autre chose qu'emprunter aux connaissances de leur époque des notions et des hypothèses qu'elles ont érigées aussitôt en systèmes absolus, en dogmes définitifs...

« Certes, il existe et il existera toujours bien des choses blâmables, bien des souffrances, bien des iniquités dans le monde. Mais ce qui a donné crédit à la science, c'est qu'au lieu de se borner à engourdir les mortels dans le sentiment de leur impuissance et dans la passivité des résignations, elle les a poussés à réagir contre la destinée, et elle leur a enseigné par quelle voie sûre ils peuvent diminuer la somme de ces douleurs et de ces injustices, c'est-à-dire accroître leur bonheur et celui de leurs semblables. Cette œuvre, en effet, elle ne l'exécute pas à l'aide d'exhortations verbales, ou de raisonnements *a priori*, mais en vertu de procédés et de règles vraiment efficaces, parce qu'ils sont empruntés à l'étude même des conditions de l'existence et des causes de nos maux...

« Tandis que les théologiens, dupes de leurs illusions et de leur orgueil, érigent leurs systèmes sur les origines et les fins des choses en principes absolus et invariables, révélés par la divinité, dont ils se déclarent *a priori* les organes ; tandis qu'ils prétendent les imposer, même par la force, comme les règles éternelles de la vie privée et de la vie sociale, les savants, plus modestes, ayant reconnu la source relative et historique de ces assertions, se bornent à tracer des règles actuelles à la conduite pratique de la vie, en morale et en politique, aussi bien qu'en hygiène et en industrie : règles toujours provisoires, modifiables de jour en jour par l'évolution des siècles futurs, comme elles l'ont été incessamment dans le cours des siècles passés...

« On ne saurait dès lors reprocher à la science la banqueroute d'affirmations qu'elle n'a pas faites, d'espérances qu'elle n'a pas suscitées. Les affirmations, les espérances de cet ordre, et, par conséquent, leur banqueroute, sont au contraire attribuables aux religions : ce sont ces dernières qui doivent en porter la responsabilité... Ce n'est pas la science qui a prononcé le mot de création et retracé *a priori* l'histoire de la fabrication du soleil et de la lune, dans l'ignorance la plus complète du système général du ciel ; ce n'est pas la science qui a proclamé l'époque future et prochaine de la destruction de toutes choses, et qui en a retracé le plan chimérique : *peritura per ignem ;* ce n'est pas la science qui a subordonné l'univers à notre microscopique globe terrestre, et qui lui a donné

pour fin le Jugement dernier et l'Enfer égyptien, le
Paradis persan avec ses anges et ses démons, les
songes messianiques et apocalyptiques d'il y a deux
mille ans. Jamais les dogmes religieux n'ont apporté
aux hommes la découverte d'aucune vérité utile, ni
concouru en rien à améliorer leur condition. Ce ne sont
pas eux qui ont inventé l'imprimerie, le microscope,
le télescope, le télégraphe électrique, le téléphone, la
photographie, les matières colorantes, les agents thé-
rapeutiques, la vapeur, les chemins de fer, la direction
méthodique de la navigation, les règles de l'hygiène.
Ce ne sont pas eux qui ont dompté et tourné à notre
usage les forces naturelles. Ce ne sont pas davantage
les dogmes religieux qui ont institué le sentiment de
la patrie et celui de l'honneur, aboli l'esclavage et la
torture, proclamé le respect de la vie humaine, la tolérance et la liberté universelles, l'égalité et la solidarité des hommes...

« La morale humaine, pas plus que la science, ne
reconnaît une origine divine : elle ne procède pas des
religions. L'établissement de ses règles a été tiré du
domaine interne de la conscience et du domaine
externe de l'observation. Ce sont, au contraire, les
religions, ou, pour préciser davantage, quelques-unes
d'entre elles et les plus pures, qui ont cherché à
prendre leur point d'appui sur le fondement solide
d'une morale qu'elles n'avaient pas créée. Mais, en
vertu de cette même transposition illusoire née d'un
procédé purement logique que nous rencontrons partout, les religions ont déduit de la morale certains

symboles, certaines idoles divines, auxquelles elles ont attribué ensuite la vertu d'avoir créé les notions mêmes qui avaient au contraire servi à les imaginer...

« L'histoire des formations et des évolutions religieuses, qui se sont succédé dans l'humanité depuis sept mille ans, montre qu'il n'existe entre la morale et le mysticisme aucun lien génétique, aucune relation nécessaire... Parmi les nations comme parmi les individus, les personnalités les moins morales se rencontrent souvent parmi les plus religieuses[1]... »

La religion catholique, qui ne crée point la morale, est-elle au moins en état d'aider à son développement par la sanction qu'elle lui assigne et qu'elle base sur l'existence de Dieu et la personnalité immortelle de l'âme? Pas davantage.

Tout d'abord, les progrès de la science tendent à montrer d'une manière chaque jour plus manifeste l'inanité de ces deux abstractions métaphysiques.

En outre, l'idée du Dieu-Providence enseigné par l'Église catholique est opposée à la morale elle-même, puisqu'elle détruit la responsabilité humaine. Si, en effet, l'homme est déterminé dans ses actions par la volonté divine, il ne peut être question de son mérite ni de son démérite; si l'homme a la liberté de faire le mal, la responsabilité n'en remonte-t-elle pas au Dieu qui le permet?

Enfin, l'histoire atteste que la croyance à Dieu et à l'immortalité de l'âme n'est pas un fondement néces-

1. *Revue de Paris*, n° du 1er février 1895.

saire de la moralité. Le bouddhisme, qui est plus ancien que le christianisme, qui compte un plus grand nombre d'adhérents et dont les préceptes moraux sont d'une grande élévation, est absolument étranger à toute notion de Dieu et d'immortalité de l'âme.

« La religion de Confucius, dit Montesquieu, nie l'immortalité de l'âme, et la secte de Zénon ne la croyait pas. Qui le dirait? Ces deux sectes ont tiré de leurs mauvais principes des conséquences, non pas justes, mais admirables pour la société... Les diverses sectes de philosophie chez les anciens pouvaient être considérées comme des espèces de religion. Il n'y en a jamais eu dont les principes fussent plus dignes de l'homme et plus propres à former des gens de bien que celle des stoïciens... Elle n'outrait que les choses dans lesquelles il y a de la grandeur, le mépris des plaisirs et de la douleur. Elle seule savait faire les citoyens; elle seule faisait les grands hommes; elle seule faisait les grands empereurs... Pendant que les stoïciens regardaient comme une chose vaine les richesses, les grandeurs humaines, la douleur, les chagrins, les plaisirs, ils n'étaient occupés qu'à travailler au bonheur des hommes, à exercer les devoirs de la société... Nés pour la société, ils croyaient tous que leur destin était de travailler pour elle : d'autant moins à charge que leurs récompenses étaient toutes dans eux-mêmes; qu'heureux par leur philosophie seule, il semblait que le seul bonheur des autres pût augmenter le leur [1]. »

_____

1. *Esprit des lois*, liv. XXIV, ch. x et xix.

« Ceux qui professent, dit M. Louis Viardot, que le dogme de l'immortalité de l'âme est la base de toute morale commettent une grossière erreur ; ce serait une base bien fragile, et qui maintes fois ferait défaut. Comment obtiendrais-je le respect de ma vie et de mes biens d'un sauvage qui n'a aucune notion de vie future ? Comment lui ferais-je comprendre qu'il doit les respecter ? Et, d'une autre part, le civilisé, que la culture de sa raison porte à rejeter cette croyance, pensera-t-il que dès lors tous les crimes lui sont permis ? La morale universelle doit avoir pour fondement et pour sanction une croyance universelle, commune à tous les hommes[1]. »

En effet, puisque l'existence de Dieu et l'immortalité de l'âme ne sont que des hypothèses, dont la vraisemblance est constamment affaiblie par le progrès de la science, il est impossible d'asseoir sur des bases si fragiles une morale certaine ; il faut y substituer un principe plus solide, puisé dans les résultats incontestables de l'expérience humaine, susceptible d'être accepté et respecté de tous et dont les applications, guidées par la science, soient de nature à assurer ici-bas le bonheur de l'humanité. Ce principe, c'est la justice, c'est le dévouement de chacun à l'utilité de tous, c'est la recherche du bien physique et intellectuel de l'homme, poursuivi en dehors de toute idée de sanction ultra-terrestre, c'est l'activité bienveillante et féconde remplaçant l'inertie égoïste et stérile de ceux

---

1. *Libre examen.* — Paris, 1881.

qui, dans l'espoir du ciel, restent inutiles sur la terre, et trouvant sa récompense entière dans le sentiment même de ses efforts.

En résumé, par l'incertitude de ses principes, par son impuissance à fonder une morale suffisante et par son aversion pour la science, la religion catholique perd tout droit au gouvernement des esprits; elle ne saurait commander nos respects.

Toutefois, nous devons nous garder de confondre dans les mêmes sentiments la religion et ceux qui en subissent l'influence. Si la religion doit être combattue en elle-même, comme un vestige du fétichisme abject qui a obscurci si longtemps l'intelligence de la race humaine au sortir de l'animalité, il faut cependant considérer que les croyances religieuses n'existent chez la plupart des individus que comme une conséquence nécessaire des circonstances de leur naissance et de leur éducation, qu'elles ne se présentent qu'avec un caractère de liberté très restreinte, et que, dès lors, ceux qui en sont ainsi pénétrés ne pourraient, sans injustice, être poursuivis dans leurs personnes. Ici, l'hérédité et le milieu intellectuel sont les seuls coupables, et la tolérance s'impose à l'égard des croyants.

Mais si les idées religieuses doivent être respectées chez ceux qui en sont encore imbus à l'heure actuelle, il faut prendre toutes les mesures propres à en préserver les générations futures. Dans le cas présent, la « disposition indirecte » conseillée par Montesquieu qui peut préparer le plus sûrement l'anéantissement des influences religieuses, c'est la laïcisation de toutes nos institutions civiles, principalement de l'enseignement public. Cette mesure marquera, plus que toute autre, « le bon esprit du législateur ».

Ce serait excéder les limites de ce modeste travail que de rechercher tout ce qui peut être fait dans cet ordre d'idées considérable. D'ailleurs, dans le domaine spécial de l'instruction publique, d'excellentes réformes ont déjà été adoptées, telles que la suppression des facultés de théologie, celle des bourses des séminaires, la laïcité de l'enseignement primaire, etc. Nous voudrions seulement que l'enseignement secondaire fût plus complètement conforme à la règle que doit s'imposer l'État de ne proposer à la jeunesse que des notions d'une vérité démontrable. Il est immoral et imprudent d'appliquer l'enseignement dans les lycées et collèges à des idées et à des doctrines religieuses ou métaphysiques susceptibles de fausser sans retour l'esprit de ceux qui en entendent l'apologie. Aussi nous séparons-nous nettement de ceux qui croient, comme M. Jules Simon, que ces idées et ces doctrines peuvent sans inconvénient être imposées à l'adhésion de l'enfant, sauf à l'homme fait à les examiner plus tard à la lumière de la libre philosophie. Sans doute, quelques-uns rejettent à la longue des notions dont la réflexion leur fait reconnaître l'inanité ; mais combien sont plus nombreux ceux dont l'esprit ne s'applique à aucune recherche et qui restent attachés pour toujours aux impressions reçues dans leur jeunesse !

Nous pensons donc que l'instruction religieuse doit

être exclue de la façon la plus absolue de tous les établissements d'enseignement secondaire.

Nous demandons aussi que l'enseignement philosophique y soit aboli. Comme aucun système de philosophie n'est en état de s'élever dignement, s'il n'est fondé sur une base scientifique large et profonde, il s'ensuit qu'à défaut de cette base, que ne peut fournir l'enseignement restreint et superficiel des sciences dans les lycées et collèges, la philosophie professée dans ces établissements se réduit au dogmatisme spiritualiste. La plupart de ceux qui ne corrigent pas cet enseignement par des études supérieures restent donc perpétuellement imbus d'une doctrine mensongère qui les dispose à subir sans résistance les influences religieuses.

La laïcisation de l'instruction publique exige donc impérieusement la suppression de la philosophie dans les programmes de l'enseignement secondaire. Puisque les limites de cet enseignement ne comportent pas la philosophie scientifique dans toute son étendue, qu'on se borne à y comprendre les principes d'une méthode qui permettra plus tard à ceux que solliciteront les recherches philosophiques de les entreprendre avec un esprit libre de préjugés et, par conséquent, avec des chances de parvenir à des résultats conformes à la vérité. Nous partageons, à ce sujet, l'avis qu'exprime M. Léon Donnat : « Je ne crains pas de dire que le programme de philosophie du baccalauréat serait remplacé utilement par l'introduction à la médecine expérimentale de Claude Bernard et par quelques livres analogues. Les bacheliers ne sauraient pas ce qu'a pensé du monde et de l'homme tel philosophe de l'antiquité ou du moyen âge; mais le jour où il voudrait le savoir, il serait plus à même de juger[1]. »

Si, maintenant, l'on tient compte que, dans notre pays, la religion catholique fleurit depuis bientôt quinze cents ans, pendant lesquels elle a pu faire peser avec une liberté presque entière son influence sur toutes nos institutions, y compris l'enseignement du peuple, on demeure convaincu que les conséquences profondes de cette domination ne peuvent s'évanouir en un jour : la laïcisation de l'esprit public en France ne deviendra effective qu'au prix d'efforts prolongés et de luttes soutenues contre les résistances du cléricalisme.

« C'est énoncer, en effet, dit M. Léon Donnat, une vérité bien connue que d'affirmer la lenteur avec laquelle se modifie le cours des idées. Les idées sont filles du temps, parce qu'elles sont filles des milieux où elles s'engendrent. Elles tiennent aux traditions, aux habitudes, aux préjugés, aux intérêts et aux passions... C'est la conception des choses qu'il importe d'améliorer avec méthode. On ne saurait refaire avec succès une organisation politique sans refaire d'abord des cerveaux. Pour qu'une pensée nouvelle prédomine, il faut, sinon qu'elle chasse complètement du moule cérébral les influences contraires, mais au moins qu'elle y occupe une place assez grande pour déter-

----

1. *La Politique expérimentale.* — Paris, 1891.

miner nos volontés et nos actes. Cette place ne s'acquiert qu'à une condition, c'est que la supériorité de l'ordre nouveau, à établir au lieu de l'ancien, soit démontrée de telle sorte qu'elle ne puisse être méconnue par les hommes qui pensent[1]. »

On peut encore appliquer aux résultats à attendre des lois de laïcisation ces réflexions de Diderot : « Il n'en faut pas douter, les lois avec le temps changent les mœurs d'un peuple. Mais la loi a son effet dès qu'elle est publiée, et les mœurs, qui consistent dans un certain tour de tête commun à tous les membres d'une société, n'en restent pas moins d'abord dans toute leur force[2]. »

Le changement des mœurs religieuses en France sera, d'ailleurs, ralenti par le combat que l'Église catholique lui livrera avec toute l'énergie que donne l'instinct de conservation. Dans sa crainte de n'être plus rien, l'Église veut toujours être tout et n'entend faire à l'esprit moderne aucun sacrifice. Elle ne veut pas comprendre que l'humanité, sortie enfin de l'enfance et de l'ignorance, ne peut plus aujourd'hui être tenue en lisière, contenue et guidée par les chimères de la superstition ; que, parvenue à l'âge adulte et en possession de merveilleux instruments de connaissance, elle est maintenant en état, grâce à la science et à ses constants progrès, de s'acheminer librement et avec sûreté vers une moralité véritable et toujours plus haute, vers une solidarité et une égalité sociales

1. *La Politique expérimentale.*
2. *Requête au Parlement de Grenoble.*

de ses membres bien supérieures en dignité à l'aumône humiliante et à la résignation inerte qu'enseigne le christianisme, et seules susceptibles d'assurer à l'homme toute la somme de bonheur qu'il lui soit possible de goûter.

« Et pourtant, dit M. H. Depasse, s'il m'était permis d'imaginer pour l'Église une admirable fin, je la trouverais dans la simplicité du père de famille qui dit à ses fils devenus hommes : « Vous êtes libres, allez et pratiquez la justice ; je vous adresse encore cette exhortation, je ne vous fais plus de commandements ; vous aurez encore mes conseils, vous ne sentirez plus mes lois. Votre liberté m'est désormais plus précieuse que votre vertu même, qui ne peut être que le bon mouvement de cette liberté. Par cette dernière leçon, j'achève mon devoir ; allez et commencez le vôtre. »

« Que l'Église, après s'être proclamée pendant tant de siècles le père et la mère des hommes et des peuples, ose imiter un jour ce loyal désistement, disant à tous : « Travaillez et pensez ; vous êtes libres, il est vrai, et vous l'avez été toujours. Il n'est plus temps de le cacher et de prétendre que ceux-ci sont libres et que ceux-là ne le sont point, que les uns sont les maîtres et les autres les esclaves. Ces pieux subterfuges de ma tendresse sont désormais sans force et sans moralité, j'y renonce, je me démets de ma fonction de gouvernement. Votre mère l'Église proclame la liberté et l'égalité de tous les hommes et la souveraineté des peuples ! » C'est alors qu'on crierait au miracle, voyant l'Église opérer simplement cette séparation que nous cherchons avec effort.

« Le miracle ne se verra pas, sans doute ; l'Église n'aura pas une générosité qui devrait aller résolument jusqu'au sacrifice de sa constitution même et de toute sa forme extérieure ; mais il y a dans le monde une force qui ne consulte personne et qui, malgré les uns, malgré les autres, fait toujours le nécessaire [1]. »

Non, le miracle ne se verra pas, car l'Église nourrit une haine implacable contre la science et la liberté, et elle conserve toujours l'espoir de triompher finalement de l'une et de l'autre. Ceux qui la dirigent et qui, en réalité, sont animés moins par une foi sincère que par un détestable esprit de despotisme, savent bien que la science émancipe les intelligences, et que le jour où l'homme, grâce à la liberté des recherches et des discussions scientifiques, sera parvenu à une connaissance suffisamment complète de l'univers et de lui-même, la religion catholique succombera nécessairement sous l'absurdité de ses principes et de ses dogmes, démontrée jusqu'à l'évidence. C'est cette substitution des réalités scientifiques aux fictions religieuses que l'Église veut empêcher de s'opérer dans les esprits, en stigmatisant officiellement la science moderne. « A cette solidarité objective des phénomènes de la nature, dit M. Léon Donnat, correspond une solidarité subjective des diverses régions de la pensée humaine. Les savants n'en doutent plus et

______
1. *Le Cléricalisme.*

l'Église catholique n'en a jamais douté. En condamnant les propositions de Pic de la Mirandole, en torturant Campanella, en mettant à l'index le livre des Révolutions célestes et les œuvres de Descartes, en faisant censurer Buffon pour sa théorie des fossiles, en refusant à la mémoire de Copernic, même en 1829, les honneurs du culte, en opposant à Colomb les textes bibliques, en incarcérant Galilée, en envoyant au bûcher Dolet, Bruno et Vanini, en menaçant Vésale, en poursuivant durant dix années le doux et pieux Van Helmont ; en mettant son dogme en travers du mouvement de la terre, de sa forme et de son âge ; en protestant, par la voix de ses fidèles, contre l'antiquité de l'homme et la transformation des espèces animales, elle a témoigné, et témoigne encore d'une intuition fort nette de ses intérêts. Elle a fait acte de prévoyance ; comprenant à merveille que son dogme ne peut rien perdre, et voyant apparaître les fissures de tous côtés, elle a eu enfin recours à des mesures d'extrême-onction : elle a publié le *Syllabus* et proclamé l'infaillibilité du pape[1]. »

Dans le *Syllabus* de 1864, Pie IX a déclaré que l'Église catholique ne pouvait transiger avec le progrès, le libéralisme et la civilisation moderne, et il a condamné formellement la raison humaine, les sciences et la philosophie. Aux protestations universelles soulevées par cet étrange document, le pape répondit, en 1870, par la réunion du concile du Vatican, auquel

1. *La Politique expérimentale.*

il imposa la reconnaissance du dogme de l'infaillibilité pontificale, nonobstant les représentations préalables qui lui avaient été adressées de toutes parts, même par les membres de l'épiscopat, et qui signalaient la proclamation de ce dogme nouveau comme inopportune et dangereuse, « par la raison que l'Église a dans le temps présent une lutte, inconnue autrefois, à soutenir contre ceux qui combattent la religion en elle-même, comme une institution nuisible à l'humanité, et qu'il ne semble nullement à propos d'imposer aux nations catholiques la croyance à un plus grand nombre de dogmes que le concile de Trente n'en a défini ». Le dogme de l'infaillibilité une fois proclamé, à la profonde stupeur de tous les esprits éclairés, Pie IX s'empressa de s'y appuyer pour prononcer un nouvel anathème contre la science. D'après la *Constitution de la foi catholique*, définie par le Concile du Vatican : « l'Église, qui a reçu, outre la charge apostolique d'instruire les hommes, le dépôt sacré de la foi, tient également de Dieu le droit et le devoir de condamner la science (ainsi faussement nommée), de peur que les hommes ne soient séduits par la philosophie et par des illusions trompeuses. Il est donc défendu à tous les chrétiens fidèles de soutenir comme conclusions légitimes de la science ces opinions que l'on sait être contraires à la doctrine révélée, surtout quand elles ont été condamnées par l'Église, et il leur est, au contraire, ordonné de les tenir pour des erreurs revêtues des apparences de la vérité ». En conséquence, « qu'il soit anathème, celui qui dit que l'homme peut et doit, par ses propres efforts et par son progrès continu, arriver à la possession de toute vérité et de toute vertu; qu'il soit anathème, celui qui dit que la raison humaine est par elle-même sage et libre et que Dieu ne peut pas lui demander de se soumettre par la foi; qu'il soit anathème, celui qui dit que les sciences humaines doivent être étudiées dans une telle liberté d'esprit que l'on puisse tenir leurs assertions pour vraies, alors même qu'elles sont contredites par la doctrine révélée; qu'il soit anathème, celui qui dit qu'un temps viendra où, par le progrès de la science, les doctrines de l'Église recevront un autre sens que le sens qui leur a toujours été et qui leur est toujours donné par l'Église ».

Ainsi l'Église catholique s'établit en adversaire déclaré du progrès politique et scientifique, et à mesure que ce progrès prend des développements plus étendus, elle affirme davantage son aversion pour lui.

C'est à l'époque où les constitutions de tous les États se laissent pénétrer de plus en plus profondément par l'esprit de liberté, que l'on voit la société ecclésiastique se former en une monarchie absolue, dirigée par un chef reconnu incapable d'erreur, dont tous les décrets doivent être obéis sans examen; c'est au siècle des découvertes scientifiques les plus surprenantes, des conquêtes les plus nobles de la raison humaine, que l'Église stigmatise la science avec le plus de violence, et prétend avec le plus d'énergie immobiliser et anéantir l'intelligence de l'homme. L'antagonisme est dès lors irréductible, et on ne peut que s'attendre à voir désormais l'Église répondre aux affirmations de la science par des dénégations toujours plus audacieuses et des prétentions toujours plus arrogantes. Vraisemblablement, le dogme de l'infaillibilité papale sera suivi d'autres déclarations plus extravagantes encore.

Cet absolutisme inconsidéré ne sauvera pas l'Église. La science, dans sa marche peut-être lente, mais sûre, remplacera dans les cerveaux les fantômes de la superstition. La religion catholique demandera vainement son salut à de nouveaux dogmes : forcée de céder à l'envahissement irrésistible des acquisitions scientifiques, elle s'évanouira finalement, pour ne laisser plus dans l'histoire que le souvenir d'un fléau détestable.

« Personne, dit Draper, ne saurait douter des résultats du conflit qui approche. Tout ce qui s'appuie sur le mensonge et la fraude périra. Des institutions qui sont l'organisation de l'imposture devront enfin produire leurs titres au tribunal de la raison. La foi devra rendre compte d'elle-même, et les mystères céder la place aux faits. La religion sera forcée d'abandonner la position dominante qu'elle gardait pour lutter contre la science. La pensée sera véritablement affranchie[1]. »

« N'oublions pas que la science est le fondement de toute éducation, sociale ou personnelle, parce qu'elle remplace des instincts souvent erronés par des con-

---

1. *Conflict of religion and science.*

naissances démontrées et précises ; qu'elle est essentiellement progressive, au rebours des religions, stationnaires, immobiles ; qu'elle est, suivant Fichte, l'unique religion conduisant à la moralité, et qu'elle seule, religion de l'avenir, peut vaincre toutes les superstitions ; qu'elle seule, en resserrant les conditions de l'évidence, peut produire l'unité de croyance dans le monde entier, tandis que toute révélation, combattue par des révélations contraires ou par des hérésies nées dans son propre sein, n'a jamais pu produire nulle part l'unité de foi ; qu'elle seule amène la concorde dans les opinions, tandis que la théologie et la métaphysique y amènent forcément la discorde ; qu'elle seule, après la suppression de la théologie, finira par supprimer la métaphysique, et les ranger toutes deux, à côté de l'astrologie et de l'alchimie, parmi les débris d'un passé mort sans espoir de résurrection[1]. »

« Je reste convaincu plus que jamais, écrit M. E. Spuller, que la religion et la philosophie sont désormais séparées et que rien ne les subordonnera plus l'une à l'autre. C'est la plus importante et la plus décisive des conquêtes de l'esprit humain que la sécularisation de la science. Ceux qui sont vraiment émancipés le sont pour toujours. Hélas ! pourquoi faut-il qu'ils soient encore si peu nombreux, et que de conquêtes il nous reste à faire, au nom du savoir positif, parmi les intelligences humaines[2] ! »

1. *Libre examen,* par M. Louis Viardot.
2. *L'Évolution politique et sociale de l'Église,* avant-propos.

Ces réflexions de M. Spuller nous ramènent à l'objet précis du présent travail. L'état actuel des esprits en France, sur lesquelles les idées religieuses exercent encore une grande influence, ne permet pas d'opérer dès à présent, sans de réels dangers, la séparation de l'Église et de l'État. Il faut se borner à préparer cette réforme en laïcisant l'esprit public; mais comme la laïcisation ne peut elle-même résulter que d'efforts prolongés, il est nécessaire de conserver provisoirement celles des institutions existantes qui tendent à diminuer l'action politique de notre clergé et permettent, au besoin, de combattre ses résistances. Il faut, en un mot, maintenir le Concordat de 1801.

Il nous reste seulement à indiquer quelques mesures qui pourraient, croyons-nous, être utilement adoptées pour compléter, dans un sens conforme au but à atteindre, le régime des rapports du gouvernement de la République française et de l'Église catholique.

CHAPITRE XIV

Quelques mesures proposées.

On sait que notre Code pénal, indépendamment des dispositions générales applicables à tous les délits ou crimes commis par quelque catégorie de citoyens que ce soit, édicte des répressions spéciales concernant les ministres du culte qui, dans l'exercice de leur ministère, troublent l'ordre public. Ainsi sont punies : la critique ou la censure du gouvernement, d'une loi, d'une ordonnance, ou de tout autre acte de l'autorité publique, dans un discours ou dans un écrit pastoral (articles 201 et 204); la provocation directe par les mêmes moyens à la désobéissance aux lois ou aux autres actes de l'autorité publique (articles 202, 203, 205 et 206); la correspondance sur des questions ou matières religieuses avec une puissance ou cour étrangère, sans en avoir préalablement informé le ministre chargé de la surveillance des cultes et sans avoir obtenu son autorisation (articles 207 et 208). Nous avons vu aussi que les articles 199 et 200 du même Code sanctionnent les prescriptions de l'article 54 de la loi organique du 18 germinal an X, qui interdisent la célébration du mariage religieux **avant** celle du mariage civil[1].

D'autre part, et en dehors des lois qui sécularisent nos institutions civiles, telles que celles relatives à l'enseignement primaire, au divorce, à la liberté des funérailles, etc., diverses mesures ont été prises, depuis quelques années, par le gouvernement de la République, afin de ramener le Concordat de 1801 et la loi de germinal à une exécution conforme à leur texte et à leur but véritable, qui, on ne saurait le répéter trop souvent, est la soumission du clergé à la puissance civile. Dans cet ordre d'idées, il faut citer : la suppression des bourses des séminaires, celle des allocations aux cardinaux et aux chanoines des chapitres cathédraux et métropolitains, la suppression de traitement temporaire ou définitive, dont les évêques, les curés et les succursalistes peuvent être frappés, les pouvoirs donnés aux maires et aux conseils municipaux sur les fabriques, l'usage des cloches et les clefs des églises, etc.

Nous pensons que certaines autres dispositions pourraient être adoptées, qui fortifieraient encore le pouvoir du gouvernement vis-à-vis de l'Église.

En ce qui concerne le Concordat, il y aurait lieu d'exiger rigoureusement l'exécution effective des articles 6 et 7 de cette convention, qui prescrivent aux évêques et aux curés la prestation du serment d'obéis-

---

1. Voir le texte de ces divers articles du Code pénal à la fin du présent volume (annexe 2).

sance au gouvernement de la République française.
Ainsi que nous en avons fait précédemment la remarque, ces articles n'ont été abrogés par aucune disposition spéciale ni par le décret du 5 septembre 1870,
qui n'a supprimé le serment politique que pour les
« fonctionnaires » de certains ordres autres que l'ordre
ecclésiastique. Les évêques et les curés seraient, d'ailleurs, mal fondés, pour se soustraire au serment, à
invoquer ce décret, puisqu'ils ne cessent de protester
énergiquement contre toute application qui peut leur
être faite du titre de « fonctionnaires ». Ils ne sauraient
plus rationnellement exciper, dans le même but, de
l'absence possible de croyances religieuses chez les
membres du gouvernement ou les autorités civiles qui
seraient appelés à recevoir le serment : il suffit, pour
que la promesse d'obéissance soit valide et obligatoire, que l'ecclésiastique qui la formule, en prenant
à témoin « Dieu et les saints Évangiles », puisse être,
en raison de sa profession, considéré comme étant de
bonne foi. — Ajoutons que ce sont les évêques surtout
qu'il importe d'astreindre à la prestation du serment
lorsqu'ils prennent possession de leurs sièges, car c'est
à ce moment, où la plupart ont reçu du gouvernement
tout ce qu'ils pouvaient en attendre, qu'ils se préparent
à prendre ouvertement position contre lui, tandis que
les curés sont, dans une certaine mesure, retenus dans
leur désobéissance envers le pouvoir civil par l'intérêt
de leur avancement. — Enfin, on ne saurait considérer
comme une anomalie l'obligation du serment que la
République imposerait aux membres du clergé, alors

qu'elle leur impose déjà, en vertu de l'article 8 du Concordat, l'obligation de prier Dieu pour elle : l'une de ces exigences n'est pas plus oppressive que l'autre. Les ecclésiastiques, de leur côté, seraient inconséquents, s'ils se refusaient à promettre l'obéissance à un gouvernement dont ils demandent publiquement et fréquemment au ciel d'assurer la prospérité.

Aux termes de l'article 10 du Concordat, les *curés* ne peuvent être nommés par les évêques que sur l'agrément préalable du gouvernement, tandis que, d'après l'article 63 des organiques, la nomination des *desservants ou succursalistes* appartient aux évêques exclusivement. Le nombre des curés étant de 3,500 seulement, alors que les desservants atteignent celui de 31,000, il en résulte que l'État est privé de toute intervention dans la formation de la très grande majorité du clergé du second ordre.

Cet état de choses est regrettable, attendu qu'il donne aux évêques, sur le personnel des succursalistes, un pouvoir absolu et considérable, dont ces prélats, on le sait, font un usage souvent arbitraire et toujours contraire aux intérêts de l'autorité civile; il est, de plus, très anormal, car il est contre la logique qu'aucune participation ne soit réservée au gouvernement dans la nomination d'ecclésiastiques nombreux auxquels il sert, *sans y être obligé par la législation concordataire*, des allocations dont l'ensemble représente les deux tiers du budget des Cultes (32 millions de francs sur 45 millions).

Pour remédier à cette situation, on a proposé de

supprimer la distinction établie par les articles organiques entre les curés cantonaux et les succursalistes, et d'appliquer désormais à ceux-ci comme aux premiers les dispositions intégrales de l'article 10 du Concordat[1]. Par suite, tous les curés, aussi bien ceux des communes rurales que ceux des cantons, seraient choisis, par les évêques, parmi des personnes agréées par le gouvernement, et le privilège de l'inamovibilité, qui n'appartient actuellement qu'aux curés cantonaux, serait étendu aux succursalistes. La puissance de l'épiscopat se trouverait ainsi diminuée considérablement, en même temps que l'État acquerrait le droit de surveiller toutes les nominations des curés.

Nous sommes partisan de toute disposition qui donnerait au gouvernement le pouvoir d'exercer un contrôle efficace sur ces nominations; mais nous pensons que, d'un autre côté, l'attribution de l'inamovibilité aux desservants entraverait la liberté d'action dont il est désirable que le gouvernement jouisse également pour provoquer le changement de résidence ou la révocation des ecclésiastiques de cette catégorie, lorsque ces mesures de rigueur seraient motivées par des raisons d'ordre politique ou autres.

Nous demandons, en conséquence, que, par simple analogie avec l'article 10 du Concordat, l'article 63 des organiques soit complété par cette réserve que la nomination des desservants choisis par les évêques

---

1. Voir, notamment, une proposition de loi, présentée, en 1880, par M. Émile Lenoël, sénateur, sur « l'inamovibilité des desservants des paroisses et leur assimilation aux curés de canton ».

sera soumise à l'approbation du ministre des cultes. En outre, par modification à l'article 31, qui attribue aux évêques seuls le droit de révoquer les desservants, les prélats seraient tenus, à l'avenir, de les déplacer ou de les révoquer sur la réquisition du gouvernement.

Divers autres articles de la loi organique, actuellement dépourvus de toute sanction, devraient être complétés par des dispositions destinées à assurer leur observation. De ce nombre sont les articles 1, 2, 3 et 6. La *déclaration d'abus* n'est qu'une peine toute morale, tout à fait insuffisante à l'égard d'ecclésiastiques qui se font un mérite de leur désobéissance au pouvoir civil. « Une condamnation qu'aucune pénalité effective ne vient finalement sanctionner est-elle une condamnation ? Il est quelque peu ridicule de mettre en mouvement l'action disciplinaire d'un grand corps comme le Conseil d'État sans armer ses arrêts d'une sanction quelconque. En fait, le blâme moral contenu dans la *déclaration d'abus* est devenu un objet de dérision, et, par son inefficacité flagrante, un encouragement de plus à la résistance et aux bravades du clergé hostile. Les évêques *blâmés* se félicitent d'une telle poursuite comme d'une bonne fortune, qui leur vaut les félicitations de leurs collègues, quelquefois les acclamations enthousiastes de leur clergé, et presque toujours, en fin de compte, les faveurs de Rome [1] ». En conséquence, nous demandons que

---

1. Proposition de loi présentée par M. Corentin-Guyho.

lorsque l'acte reproché au ministre du culte est un abus, sans tomber sous l'application du Code pénal, cet acte soit puni par la suppression du traitement de l'ecclésiastique en faute, ou, si ce traitement est déjà suspendu, par une amende considérable.

L'article 20 des organiques dispose que les évêques sont tenus de résider dans leurs diocèses, et qu'ils ne peuvent en sortir qu'avec la permission du gouvernement. Il importe que ces prescriptions soient strictement observées, car elles ont pour objet d'empêcher les membres de l'épiscopat de faire des voyages à l'étranger ou de tenir des assemblées à l'intérieur, dans un but contraire à la tranquillité publique ; mais aucune sanction ne leur est appliquée. Il serait opportun que le traitement des évêques ne leur fût servi qu'autant qu'ils justifieraient qu'ils ont résidé effectivement dans le diocèse ou qu'ils ne s'en sont éloignés que sur autorisation du ministre des cultes. Si l'absence était irrégulière, le traitement serait refusé, et, en cas de suspension de traitement déjà prononcée, une amende serait infligée. Des mesures semblables seraient prises à l'égard des curés, à qui l'article 29 des organiques impose également l'obligation de la résidence.

Enfin, aux termes de l'article 33 des organiques, toute fonction du ministère ecclésiastique est interdite au prêtre qui n'appartient à aucun diocèse français, et l'article 50 prescrit que les sermons et les stations de l'avent et du carême ne soient faits que par des prêtres munis d'une autorisation spéciale de l'évêque. Ces dispositions combinées ont pour but d'écarter principalement de la chaire des églises publiques les prêtres du clergé régulier, sur lesquels le gouvernement n'a pas de moyens ordinaires d'action ; et qui abuseraient de cette circonstance pour attaquer dans leurs prédications les institutions politiques et le gouvernement du pays. Cependant, il arrive fréquemment que des prédications sont confiées à des prêtres étrangers au clergé paroissial et membres de congrégations religieuses, même non autorisées. Il serait utile, pour réprimer ces abus, de décider, par un texte formel, que les prédicateurs seront choisis exclusivement parmi les membres du clergé séculier salariés par l'État, et qu'en cas d'infraction à cette prescription, le prêtre contrevenant sera puni d'une amende. L'évêque qui aurait donné une autorisation irrégulière serait également frappé d'une mesure disciplinaire.

Indépendamment d'une application rigoureuse des articles du Code pénal visant spécialement les troubles apportés à l'ordre public par les ministres du culte, et des mesures que nous venons d'indiquer comme étant susceptibles d'assurer la subordination du clergé catholique au pouvoir civil et la sanction de plusieurs articles importants de la loi organique du 18 germinal an X, il est d'autres dispositions qui compléteraient utilement celles déjà adoptées touchant le recrutement du personnel ecclésiastique.

L'article 11 du Concordat dégageant le gouvernement français de toute obligation de doter les séminaires, c'est avec raison que la loi de finances du

8 août 1885 a supprimé les bourses de l'État qui avaient été fondées dans ces établissements : la religion catholique n'étant pas la religion particulière de l'État, celui-ci n'a nullement mission de favoriser les études ecclésiastiques. En vertu du même principe, nous exprimons le vœu que les séminaires, qui sont actuellement au nombre de trois cents environ, soient ramenés à la quotité prévue par le Concordat, soit un séminaire par diocèse. Le gouvernement de la Restauration lui-même, en créant les petits séminaires, avait fixé le nombre maximum de ces établissements secondaires à un par département, « ne voulant pas, dit l'ordonnance du 5 octobre 1814, que les écoles de ce genre se multiplient sans raison légitime ».

L'article 23, § 4° de la loi du 15 juillet 1889 sur le recrutement de l'armée soumet les élèves ecclésiastiques, destinés à exercer le ministère dans le culte catholique, à l'obligation de passer, en temps de paix, une année dans les rangs de l'armée active. Cette obligation met fin à une longue immunité que rien ne justifiait, mais elle n'est pas suffisante. Il est impossible de considérer de futurs rebelles à l'autorité civile comme ayant à la sollicitude de l'État des droits égaux à ceux de jeunes gens que recommandent des situations de famille tout particulièrement intéressantes (articles 21 et 22 de la loi), ou des études entreprises en vue de rendre au pays des services réels dans l'enseignement public ou la culture des sciences, des lettres et des arts (§§ 1°, 2° et 3° de l'article 23). D'ailleurs, le bénéfice de l'exemption partielle du service militaire accordée aux séminaristes attire aujourd'hui vers l'état ecclésiastique les jeunes gens qui ne peuvent invoquer les autres cas de dispense admis par la loi sur le recrutement de l'armée, et seraient, par conséquent, obligés de demeurer trois années sous les drapeaux. La loi du 15 juillet 1889 favorise donc, dans une certaine mesure, le recrutement du clergé. Elle devrait être modifiée par la suppression de toute dispense du service militaire pour les élèves ecclésiastiques.

Mais, si l'État n'est pas tenu de faciliter l'entrée des séminaristes dans les ordres, il peut très légitimement s'intéresser aux prêtres qui sont désireux d'en sortir. Nombreux sont les membres du clergé séculier chez qui la réflexion et l'expérience, issues du contact avec la société laïque, suscitent des idées nouvelles, d'où suit un dégoût profond pour une profession qu'ils ne se sentent plus en mesure d'exercer avec sincérité. Beaucoup y persistent cependant, quelques-uns, il est vrai, par crainte du discrédit dont un préjugé absurde frappe le prêtre honnête qui renonce au mensonge, mais le plus grand nombre en prévision des difficultés sérieuses qu'ils éprouveraient à se procurer des moyens d'existence susceptibles de remplacer, dès le moment où ils auraient quitté les ordres, les ressources que leur constituaient le traitement et le casuel. Il faut, pour que le prêtre désabusé puisse se décider à abandonner le sacerdoce, qu'il soit mis à même de rentrer dans la vie civile avec une perspective autre que celle d'un dénûment immédiat, c'est-à-dire avec la possibilité de vivre en attendant qu'il ait pu se créer lui-même des ressources nouvelles. Déjà, la loi civile reconnaît le mariage des prêtres renonciataires : la Cour de cassation a statué formellement dans ce sens, par un arrêt du 25 janvier 1888 ; mais cette faculté est insuffisante. Nous voudrions que le budget des cultes assurât *expressément* aux ecclésiastiques sortis des ordres la continuation de leur traitement pendant une certaine durée, deux ou trois ans, par exemple, sauf à le supprimer avant le terme de cette durée, s'il était établi que l'intéressé jouit d'autres revenus en raison desquels cette subvention cesse de lui être indispensable.

Il est encore une réforme qui s'impose : c'est la suppression de l'éligibilité des ecclésiastiques aux fonctions législatives. Il faut rendre à César ce qui revient à César. Or la détermination des intérêts positifs du pays et la confection des lois propres à les assurer appartiennent exclusivement au pouvoir civil. Quelle compétence un prêtre, dont la théologie compose tout le savoir, peut-il apporter dans la préparation d'une loi concernant les forces militaires ou les finances de l'État, les travaux publics ou l'agriculture? Les intérêts spirituels de ses concitoyens, les seuls auxquels il ait mission de veiller, ne peuvent être administrés qu'en dehors des réunions politiques. Les évêques ont leur place naturelle dans leurs diocèses ou dans les conciles ; ils ne doivent siéger ni au palais Bourbon, ni au Luxembourg. Dans l'œuvre de sécularisation qu'ils ont entreprise, les pouvoirs publics auraient dû tout d'abord laïciser leurs assemblées.

Il nous reste à dire, en terminant, quelques mots au sujet de deux mesures qui ont été proposées dans le but de mettre un terme à l'accroissement des biens de mainmorte qui composent les donations faites aux Églises, par application de l'article 15 du Concordat, et d'assurer le relèvement intellectuel du clergé, qui, a-t-on pensé, serait moins fanatique s'il était plus instruit.

En ce qui concerne les fondations, on a proposé [1] d'abroger la loi du 2 janvier 1817 qui permet de les constituer en immeubles aussi bien qu'en biens mobiliers, et de revenir à l'application stricte des articles 73 et 74 de la loi organique du 18 germinal an X, qui stipulaient que les fondations ayant pour objet l'entretien des ministres et l'exercice du culte devraient consister exclusivement en rentes sur l'État français, et que les immeubles, autres que les édifices publics, destinés au logement des ministres du culte et les jardins attenants, ne pourraient être affectés à des titres ecclésiastiques, ni possédés par ces ministres à raison de leurs fonctions.

Certainement, l'État ne saurait rester indifférent devant l'accroissement des biens du clergé ; mais nous ne croyons pas que l'interdiction de les constituer en immeubles aurait pour résultat d'en arrêter le développement, ni même d'en assurer la conversion en

---

1. Paul Bert, proposition de loi présentée à la Chambre des députés le 7 février 1882 ; M. Bernard-Lavergne, député, proposition de loi déposée le 31 mars 1882, etc.

rentes françaises. Grâce à l'immense extension qu'ont prise aujourd'hui les valeurs mobilières, le clergé, si cette interdiction était prononcée, n'en continuerait pas moins à acquérir sous cette forme nouvelle, ce qui lui permettrait de se soustraire aux placements sur l'État et même de dissimuler complètement l'importance de son avoir, puisque celui-ci pourrait être formé de titres étrangers. Aussi, nous préférons voir les immeubles entrer, pour la proportion la plus large possible, dans les donations faites au clergé. Ces biens restent ainsi en France ; leur valeur est connue du Gouvernement, et le jour où, le Concordat de 1801 étant rompu, la sécularisation des biens ecclésiastiques serait décidée[1], cette mesure aurait une portée réellement positive. Nous sommes donc d'avis que la loi du 2 janvier 1817 doit être maintenue tant que le Concordat reste en vigueur.

Quant à l'instruction du clergé, on a proposé de la rendre plus solide, dans l'espoir que son esprit plus cultivé s'ouvrirait davantage aux idées de tolérance et de pacification. On a pensé que ce résultat pourrait être atteint principalement en rétablissant le *concours* auquel les canons du concile de Trente prescrivent de subordonner l'accession aux fonctions ecclésiastiques et qui est un usage dans tous les pays catholiques autres que la France.

---

1. « Les acquisitions sans fin des communautés religieuses, dit Montesquieu, paraissent aux peuples si déraisonnables, que celui qui voudrait parler pour elles serait regardé comme un imbécile. » (*Esprit des lois*, liv. XXV, chap. v.)

Il est incontestable que la culture intellectuelle de notre clergé séculier est, en général, très imparfaite. C'est une situation dont se plaignent tous les amis de l'Église : « Le clergé se renouvelle avec peine, dit M. Émile Ollivier; les classes aisées ne donnent plus aucun de leurs membres au sacerdoce, qui se recrute dans la partie déshéritée des classes rurales, et encore on ne réussit à garder ceux qui viennent de là qu'à condition de les élever en serre close, loin de tout contact : chaque fois qu'on les a laissés jusqu'à un certain âge dans des séminaires mixtes, leur vocation s'est évaporée. Par suite, l'instruction de notre clergé, renommé jadis pour sa science, devient de plus en plus superficielle et pharisaïque : autrefois les études duraient neuf ans, elles sont maintenant de quatre, et, lorsque les sujets manquent, de trois. Les ordres religieux attirent à eux l'élite de ceux qui se sentent portés à la vie apostolique[1]. » Mais pourquoi le clergé paroissial se recrute-t-il difficilement? Parce que le despotisme des évêques en tient les membres dans un état d'abaissement qui éloigne tous les ecclésiastiques ayant quelque souci de leur dignité. M. Émile Ollivier adresse aux prélats cette sévère apostrophe : « La solitude, la misère, la haine du dehors se supporteraient : ce qui brise, c'est l'absence de sécurité et par suite de dignité qui met au dernier rang dans la commune celui qui devrait y être parmi les premiers. Plus les temps sont agités, plus il importerait de

1. *L'Église et l'État au concile du Vatican.*

donner au prêtre une racine solide, afin que, pouvant braver l'assaut des événements, il ne soit pas, véritable feuille morte, balayé à tout vent. Dans la situation actuelle du clergé, qui donc, n'ayant pas l'espérance de devenir évêque et pouvant aller ailleurs, viendrait à vous? Qui donc, ayant reçu de la Providence la faveur d'une existence indépendante, consentirait à mettre son avenir, son honneur, à la merci d'un homme qui d'un mot, dans un moment de colère ou de prévention, peut les ravir sans avoir aucun compte à rendre qu'au pape qui n'en demande plus, ou qu'à Dieu dont les justices ne sont pas de ce monde? Qui donc, né pauvre et se sentant de l'intelligence et du courage, dans un temps où partout augmente le respect de la dignité personnelle, ne préférerait n'importe quelle carrière à celle dans laquelle on semble ne vouloir tenir aucun compte de cette noble exigence? Qui donc, étant décidé de se consacrer à Dieu, ne préférerait la stricte obéissance du cloître aux épreuves pénibles de la vie paroissiale[1]? »

Étant donnée cette attitude de l'épiscopat français vis-à-vis du clergé inférieur, on peut être assuré que les évêques s'opposeraient de toute leur énergie au rétablissement du *concours* pour l'admission aux fonctions paroissiales, si l'État tentait d'imposer cette réforme : leur despotisme est intéressé à ce que le clergé relevant d'eux soit maintenu dans une ignorance relative qui leur assure sa soumission. Leur

---

1. *L'Église et l'État au concile du Vatican.*

résistance, d'ailleurs, ne serait pas contrariée par le Pape, qui, dans cette occurrence comme dans d'autres, n'oserait contredire les arrogants prélats, de peur que le denier de saint Pierre, dont les recettes sont à leur merci, n'eût à souffrir de son intervention.

Au surplus, il est douteux que l'État puisse retirer des avantages positifs d'une instruction plus étendue du clergé paroissial. Vraisemblablement, ce supplément de savoir servirait à fortifier les moyens d'action du cléricalisme, mais nullement à favoriser la pacification religieuse. L'infériorité intellectuelle du clergé subalterne étant, au contraire, un danger réel pour l'Église catholique en France[1], nous estimons qu'il n'appartient pas à l'État de le conjurer; bien plus, il ne nous déplaît pas de voir ce danger suscité par l'orgueil même des évêques et l'avarice du Saint-Siège.

En résumé, outre le maintien des dispositions générales du Concordat de 1801 et une application rigoureuse des articles du Code pénal visant spécialement les ministres du culte, dont les discours ou les écrits tendent à troubler la paix publique en attaquant les lois ou les actes du Gouvernement, nous demandons l'adoption immédiate des mesures suivantes :

1° Observation stricte des articles 6 et 7 du Concordat, c'est-à-dire remise en vigueur de la prestation

---

1. Voir *le Grand péril de l'Église de France au* xixe *siècle,* par l'abbé Bougaud.

effective du serment d'obéissance au gouvernement de la République par les évêques et les curés ;

2° Attribution au ministre des cultes d'un contrôle sur la nomination des desservants et du droit de décider leur déplacement ou leur révocation ;

3° Sanction de la *déclaration d'abus*, lorsque l'acte incriminé n'est pas réprimé par le Code pénal, au moyen d'une suspension de traitement plus ou moins longue ou d'une amende plus ou moins importante ;

4° Punition, par une suspension de traitement ou par une amende, de tout évêque ou curé qui s'absente irrégulièrement de son diocèse ou de sa paroisse ;

5° Interdiction de la prédication dans les églises à tout prêtre qui n'appartient pas au clergé séculier ; en cas de contravention, application d'une amende au prêtre en défaut et d'une mesure de rigueur à l'évêque qui a autorisé cette prédication ;

6° Réduction des séminaires au nombre fixé par l'article 11 du Concordat, soit à un par diocèse ;

7° Obligation du service militaire intégral imposée aux élèves ecclésiastiques qui se destinent aux fonctions du ministère paroissial ;

8° Inscription au budget des cultes d'un crédit spécial ayant pour objet d'assurer, pendant un certain laps de temps, la subsistance des ministres du culte qui renoncent à la vie ecclésiastique ;

9° Inéligibilité des ecclésiastiques de tout ordre aux fonctions législatives.

Ces diverses mesures, croyons-nous, auraient pour effet de fortifier le pouvoir civil en face du clergé catholique, et de compléter l'œuvre de sécularisation qui doit un jour permettre à l'État de se séparer de l'Église sans danger.

ANNEXES

ANNEXE 1.

Texte latin du Concordat de 1801.

Primus Consul Gallicanæ Reipublicæ atque Sanctitas Sua summus Pontifex Pius VII in suos respectivè plenipotentiarios nominaverunt :

Primus Consul, cives Josephum Bonaparte, Consiliarium Status ; Cretet, consiliarium pariter Status, ac Bernier, doctorem in S. theologia, parochus S. Laudi Andegavensis, plenis facultatibus munitos ;

Sanctitas Sua, Eminentissimum dominum Herculem Consalvi S. R. E. cardinalem, diaconum sanctæ Agathæ ad Suburram, suum a secretis Status ; Josephum Spina, archiepiscopum Corinthi, S. S. prælatum domesticum ac pontificio solio assistentem, et Patrem Caselli, theologum consultorem S. S., pariter munitos facultatibus in bona et debita forma ;

Qui post sibi mutuo tradita respectivæ plenipotentiæ instrumenta, de iis quæ sequuntur convenerunt :

CONVENTIO INTER GUBERNIUM GALLICANUM ET SUMMUM PONTIFICEM PIUM VII.

Gubernium Reipublicæ recognoscit religionem catholicam, apostolicam, Romanam eam esse religionem quam longè pars maxima civium Gallicanæ Reipublicæ profitetur.

Summus Pontifex pari modo recognoscit eamdem religionem maximam utilitatem, maximumque decus percepisse, et hoc quoque tempore præstolari ex catholico cultu in Gallia constituto, nec non ex peculiari ejus professione quam faciunt Reipublicæ consules.

Hæc cum ita sint, atque utrinque recognita, ad religionis bonum internæque tranquillitatis conservationem, ea quæ sequuntur inter ipsos conventa sunt :

Articulus primus.

Religio catholica, apostolica, Romana libere in Gallia exercebitur : cultus publicus erit, habita tamen ratione ordinationum quoad politiam, quas gubernium pro publica tranquillitate necessarias existimabit.

Articulus 2.

Ab apostolica sede, collatis cum Gallico gubernio consiliis, novis finibus Galliarum diœceses circumscribentur.

Articulus 3.

Summus Pontifex titularibus Gallicarum Ecclesiarum episcopis significabit, se ab iis pro bono pacis et unitatis omnia sacrificia firma fiducia expectare, eo non excepto quod ipsas suas episcopales sedes resignent.

Hac hortatione præmissa, si huic sacrificio quod Ecclesiæ bonum exigit, renuere ipsi vellent (fieri id autem posse summus Pontifex suo non reputat animo), gubernationibus Gallicarum Ecclesiarum novæ circonscriptionis de novis titularibus providebitur eo qui sequitur modo.

Articulus 4.

Consul Primus Gallicanæ Reipublicæ, intra tres menses qui promulgationem Constitutionis apostolicæ consequentur, archiepiscopos et episcopos novæ circonscriptionis diœcesibus præficiendos nominabit. Summus Pontifex institutionem canonicam dabit juxta formas relate ad Gallias ante regiminis commutationem statutas.

Articulus 5.

Idem Consul Primus ad episcopales sedes quæ in posterum vacaverint, novos antistites nominabit, iisque, ut in articulo præcedenti constitutum est, apostolica sedes canonicam dabit institutionem.

Articulus 6.

Episcopi antequam munus suum gerendum suscipiant, coram Primo Consule juramentum fidelitatis emittent, quod erat in more ante regiminis commutationem, sequentibus verbis expressum :

« Ego juro et promitto ad sancta Dei Evangelia obedientiam et fidelitatem gubernio per Constitutionem Gallicanæ Reipublicæ statuto. Item promitto me nullam communicationem habiturum, nulli consilio interfuturum, nullamque suspectam unionem neque intra, neque extra, conservaturum, quæ tranquillitati publicæ noceat, et si tam in diœcesi mea quam alibi, noverim aliquid in Status damnum tractari, gubernio manifestabo. »

Articulus 7.

Ecclesiastici secundi ordinis idem juramentum emittent coram auctoritatis civilibus a Gallicano Gubernio designatis.

Articulus 8.

Post divina officia in omnibus catholicis Galliæ templis sic orabitur :

> Domine, salvam fac Rempublicam ;
> Domine, salvos fac Consules.

Articulus 9.

Episcopi in sua quisque diœcesi novas parœcias circumscribent ; quæ circumscriptio suum non sortietur effectum, nisi postquam gubernii consensus accesserit.

Articulus 10.

Iidem episcopi ad parœcias nominabunt, nec personas seligent nisi gubernio acceptas.

Articulus 11.

Poterunt iidem episcopi habere unum capitulum in cathedrali Ecclesia, atque unum seminarium in sua quisque diœcesi sine dotationis obligatione ex parte gubernii.

Articulus 12.

Omnia templa metropolitana, cathedralia, parochialia, atque

18.

alia quæ non alienata sunt, cultui necessaria, episcoporum dispositioni tradentur.

Articulus 13.

Sanctitas Sua pro pacis bono felicique religionis restitutione, declarat eos, qui bona Ecclesiæ alienata acquisiverunt, molestiam nullam habituros neque a se, neque a Romanis Pontificibus successoribus suis, ac consequenter proprietas eorumdem bonorum, redditus et jura iis inhærentia immutabilia penes ipsos erunt atque ab ipsis causam habentes.

Articulus 14.

Gubernium Gallicanæ Reipublicæ in se recipit tum episcoporum, tum parochorum quorum diœceses atque parochias nova circumscriptio complectetur, sustentationem quæ cujusque statum deceat.

Articulus 15.

Idem gubernium curabit ut catholicis in Gallia liberum sit, si libuerit, ecclesiis consulere novis fundationibus.

Articulus 16.

Sanctitas Sua recognoscit in Primo Consule Gallicanæ Reipublicæ eadem jura ac privilegia, quibus apud Sanctam Sedem fruebatur antiquum regimen.

Articulus 17.

Utrimque conventum est quod in casu, quo aliquis ex successoribus hodierni Primi Consulis catholicam religionem non profiteretur, super juribus ac privilegiis in superiori articulo commemoratis, necnon super nominatione ad archiepiscopatus et episcopatus respectu ipsius nova conventio fiet.

Ratificationum traditio Parisiis fiet quadraginta dierum spatio.

Datum Parisiis, die decima quinta mensis julii 1801.

ANNEXE 2.

Articles du Code pénal spécialement applicables
aux ministres des cultes.

(Titre I, chapitre III, section III, articles 199 à 208.)

ARTICLE 199. — Tout ministre d'un culte qui procédera aux cérémonies religieuses d'un mariage, sans qu'il lui ait été justifié d'un acte de mariage préalablement reçu par les officiers de l'état civil, sera, pour la première fois, puni d'une amende de seize francs à cent francs.

ARTICLE 200. — En cas de nouvelles contraventions de l'espèce exprimée en l'article précédent, le ministre du culte qui les aura commises sera puni, savoir : pour la première récidive, d'un emprisonnement de deux à cinq ans, et, pour la seconde, de la détention.

ARTICLE 201. — Les ministres du culte qui prononceront, dans l'exercice de leur ministère et en assemblée publique, un discours contenant la critique ou censure du gouvernement, d'une loi, d'une ordonnance royale ou de tout autre acte de l'autorité publique, seront punis d'un emprisonnement de trois mois à deux ans.

ARTICLE 202. — Si le discours contient une provocation directe à la désobéissance aux lois ou autres actes de l'autorité publique, ou s'il tend à soulever ou armer une partie des citoyens contre les autres, le ministre du culte qui l'aura prononcé sera puni d'un emprisonnement de deux à cinq ans si la provocation n'a été suivie d'aucun effet; et du bannissement, si elle a donné lieu à la désobéissance, autre toutefois que celle qui aurait dégénéré en sédition ou révolte.

ARTICLE 203. — Lorsque la provocation aura été suivie d'une sédition ou révolte dont la nature donnera lieu contre l'un ou plusieurs des coupables à une peine plus forte que celle du bannissement, cette peine, quelle qu'elle soit, sera appliquée au ministre coupable de la provocation.

ARTICLE 204. — Tout écrit contenant des instructions pastorales, en quelque forme que ce soit, et dans lequel un ministre du culte se sera ingéré de critiquer ou censurer, soit le gouvernement, soit tout acte de l'autorité publique, emportera la peine du bannissement contre le ministre qui l'aura publié.

ARTICLE 205. — Si l'écrit mentionné en l'article précédent contient une provocation directe à la désobéissance aux lois ou autres actes de l'autorité publique, ou s'il tend à soulever ou armer une partie des citoyens contre les autres, le ministre qui l'aura publié sera puni de la détention.

ARTICLE 206. — Lorsque la provocation contenue dans l'écrit pastoral aura été suivie d'une sédition ou révolte dont la nature donnera lieu contre l'un ou plusieurs des coupables à une peine plus forte que celle de la déportation, cette peine, quelle qu'elle soit, sera appliquée au ministre coupable de la provocation.

ARTICLE 207. — Tout ministre des cultes qui aura, sur des questions ou matières religieuses, entretenu une correspondance avec une cour ou puissance étrangère sans en avoir préalablement informé le ministre du roi chargé de la surveillance des cultes et sans avoir obtenu son autorisation, sera, pour ce seul fait, puni d'une amende de cent francs à cinq cents francs et d'un emprisonnement d'un mois à deux ans.

ARTICLE 208. — Si la correspondance mentionnée en l'article précédent a été accompagnée ou suivie d'autres faits contraires aux dispositions formelles d'une loi ou d'une ordonnance du roi, le coupable sera puni du bannissement, à moins que la peine résultant de la nature de ces faits ne soit plus forte, auquel cas cette peine plus forte sera seule appliquée.

ANNEXE 3.

Syllabus annexé à l'Encyclique « Quanta cura » du 8 décembre 1864[1].

§ I

PANTHÉISME, NATURALISME ET RATIONALISME ABSOLU.

I. — Il n'existe aucun Être divin, suprême, parfait dans sa sagesse et sa providence, qui soit distinct de l'universalité des choses, et Dieu est identique à la nature des choses, et par conséquent assujetti aux changements. Dieu, par cela même, se fait dans l'homme et dans le monde, et tous les êtres sont Dieu et ont la propre substance de Dieu. Dieu est ainsi une seule et même chose avec le monde, et, par conséquent, l'esprit avec la matière, la nécessité avec la liberté, le vrai avec le faux, le bien avec le mal et le juste avec l'injuste.

II. — On doit nier toute action de Dieu sur les hommes et sur le monde.

III. — La raison humaine, considérée sans aucun rapport à Dieu, est l'unique arbitre du vrai et du faux, du bien et du mal : elle est à elle-même sa loi, elle suffit par ses forces naturelles pour procurer le bien des hommes et des peuples.

IV. — Toutes les vérités de la religion découlent de la force native de la raison humaine : d'où il suit que la raison est la règle souveraine d'après laquelle l'homme peut et doit acquérir la connaissance de toutes les vérités de toute espèce.

V. — La révélation divine est imparfaite, et, par conséquent, sujette à un progrès continuel et indéfini, correspondant au développement de la raison humaine.

VI. — La foi du Christ est en opposition avec la raison humaine, et la révélation divine non seulement ne sert de rien, mais encore elle nuit à la perfection de l'homme.

---

1. Les doctrines énoncées dans le *Syllabus* ont été condamnées par Pie IX dans son encyclique, et tous ceux qui les professent sont par lui déclarés ennemis de l'Église catholique et de la société.

VII. — Les prophéties et les miracles exposés et racontés dans les Saintes Écritures sont des fictions poétiques, et les mystères de la foi chrétienne sont le résumé d'investigations philosophiques ; dans les livres des deux Testaments sont contenues des inventions mythiques, et Jésus-Christ lui-même est un mythe.

§ II

RATIONALISME MODÉRÉ.

VIII. — Comme la raison humaine est égale à la religion elle-même, les sciences théologiques doivent être traitées comme les sciences philosophiques.

IX. — Tous les dogmes de la religion chrétienne sans distinction sont l'objet de la science naturelle ou philosophie, et la raison humaine, n'ayant qu'une culture historique, peut, d'après ses principes et ses forces naturelles, parvenir à une vraie connaissance de tous les dogmes, même les plus cachés, pourvu que ces dogmes aient été proposés à la raison comme objet.

X. — Comme autre chose est le philosophe et autre chose la philosophie, celui-là a le droit et le devoir de se soumettre à une autorité dont il s'est démontré à lui-même la réalité ; mais la philosophie ne peut ni ne doit se soumettre à aucune autorité.

XI. — L'Église non seulement ne doit, dans aucun cas, sévir contre la philosophie, mais elle doit tolérer les erreurs de la philosophie et lui abandonner le soin de se corriger elle-même.

XII. — Les décrets du Siège apostolique et des Congrégations romaines empêchent le libre progrès de la science.

XIII. — La méthode et les principes d'après lesquels les anciens docteurs scolastiques ont cultivé la théologie ne sont plus en rapport avec les nécessités de notre temps et les progrès des sciences.

XIV. — On doit s'occuper de philosophie, sans tenir aucun compte de la révélation surnaturelle.

N.-B. — Au système du rationalisme se rapportent pour la majeure partie les erreurs d'Antoine Günther, qui sont condamnées dans la lettre au cardinal-archevêque de Cologne, *Eximiam tuam*, du 15 juin 1857, p. 395, et dans la lettre à l'évêque de Breslau *Dolore haud mediocri*, du 30 avril 1860, p. 411.

§ III

INDIFFÉRENTISME, LATITUDINARISME.

XV. — Il est libre à chaque homme d'embrasser et de professer la religion qu'il aura réputée vraie d'après la lumière de la raison.

XVI. — Les hommes peuvent trouver le chemin du salut éternel et obtenir ce salut éternel dans le culte de n'importe quelle religion.

XVII. — Tout au moins doit-on avoir bonne confiance dans le salut éternel de tous ceux qui ne vivent pas dans le sein de la véritable Église du Christ.

XVIII. — Le protestantisme n'est pas autre chose qu'une forme diverse de la même vraie religion chrétienne, forme dans laquelle on peut être agréable à Dieu aussi bien que dans l'Église catholique.

§ IV

SOCIALISME, COMMUNISME, SOCIÉTÉS SECRÈTES, SOCIÉTÉS BIBLIQUES, SOCIÉTÉS CLÉRICO-LIBÉRALES.

Ces sortes de pestes sont à plusieurs reprises frappées de sentences formulées dans les termes les plus graves par l'Encyclique *Qui pluribus*, du 9 novembre 1846, p. 173 ; par l'allocution *Quibus quantisque*, du 20 avril 1849, p. 221 ; par l'Encyclique *Nostis et Nobiscum*, du 8 décembre 1849, p. 239 ; par l'allocution *Singulari quâdam*, du 9 décembre 1854, p. 335 ; par l'Encyclique *Quanto conficiamur mœrore*, du 10 août 1863, p. 477.

§ V.

ERREURS RELATIVES A L'ÉGLISE ET A SES DROITS.

XIX. — L'Église n'est pas une vraie et parfaite société pleinement libre ; elle ne jouit pas de ses droits propres et constants que lui a conférés son divin fondateur, mais il appartient au pouvoir civil de définir quels sont les droits de l'Église et les limites dans lesquelles elle peut les exercer.

XX. — La puissance ecclésiastique ne doit pas exercer son

autorité sans la permission et l'assentiment du gouvernement civil.

XXI. — L'Église n'a pas le pouvoir de définir dogmatiquement que la religion de l'Église catholique est uniquement la vraie religion.

XXII. — L'obligation qui concerne les maîtres et les écrivains catholiques se borne aux choses qui ont été définies par le jugement infaillible de l'Église, comme des dogmes de foi qui doivent être crus par tous.

XXIII. — Les Souverains Pontifes et les conciles œcuméniques ont dépassé les limites de leur pouvoir ; ils ont usurpé les droits des princes et ils ont même erré dans les définitions relatives à la foi et aux mœurs.

XXIV. — L'Église n'a pas le droit d'employer la force ; elle n'a aucun pouvoir temporel, direct ou indirect.

XXV. — En dehors du pouvoir inhérent à l'épiscopat, il y a un pouvoir temporel qui lui a été concédé ou expressément ou tacitement par l'autorité civile, révocable par conséquent à volonté par cette même autorité civile.

XXVI. — L'Église n'a pas le droit naturel et légitime d'acquérir et de posséder.

XXVII. — Les ministres sacrés de l'Église et le Pontife romain doivent être exclus de toute gestion et possession des choses temporelles.

XXVIII. — Il n'est pas permis aux évêques de publier même les lettres apostoliques sans la permission du Gouvernement.

XXIX. — Les faveurs accordées par le Pontife romain doivent être regardées comme nulles si elles n'ont pas été demandées par l'entremise du Gouvernement.

XXX. — L'immunité de l'Église et des personnes ecclésiastiques tire son origine du droit civil.

XXXI. — Le for ecclésiastique pour les procès temporels des clercs, soit au civil, soit au criminel, doit absolument être aboli, même sans consulter le Siège apostolique et sans tenir compte de ses réclamations.

XXXII. — L'immunité personnelle en vertu de laquelle les clercs sont exempts de la milice peut être abrogée sans aucune violation de l'équité et du droit naturel. Le progrès civil demande cette abrogation, surtout dans une société constituée d'après une législation libérale.

XXXIII. — Il n'appartient pas uniquement par droit propre et inné à la juridiction ecclésiastique de diriger l'enseignement des vérités théologiques.

XXXIV. — La doctrine de ceux qui comparent le Pontife romain à un prince libre et exerçant son pouvoir dans l'Église universelle est une doctrine qui a prévalu au moyen âge.

XXXV. — Rien n'empêche que, par un décret d'un Concile général ou par le fait de tous les peuples, le souverain pontificat soit transféré de l'évêque romain et de la ville de Rome à un autre évêque et à une autre ville.

XXXVI. — La définition d'un Concile national n'admet pas d'autre discussion, et l'administration civile peut traiter toute affaire dans ces limites.

XXXVII. — On peut instituer des Églises nationales soustraites à l'autorité du Pontife romain et pleinement séparées de lui.

XXXVIII. — Trop d'actes arbitraires de la part des Pontifes romains ont poussé à la division de l'Église en orientale et occidentale.

§ VI

ERREURS RELATIVES A LA SOCIÉTÉ CIVILE,
CONSIDÉRÉE SOIT EN ELLE-MÊME,
SOIT DANS SES RAPPORTS AVEC L'ÉGLISE

XXXIX. — L'État, comme étant l'origine et la source de tous les droits, jouit d'un droit qui n'est circonscrit par aucune limite.

XL. — La doctrine de l'Église catholique est opposée au bien et aux intérêts de la société humaine.

XLI. — La puissance civile, même quand elle est exercée par un prince infidèle, possède un pouvoir indirect négatif sur les choses sacrées. Elle a, par conséquent, non seulement le droit qu'on appelle d'*exequatur*, mais encore le droit qu'on nomme d'*appel comme d'abus.*

XLII. — En cas de conflit légal entre les deux pouvoirs, le droit civil prévaut.

XLIII. — La puissance laïque a le pouvoir de casser, de déclarer et rendre nulles les conventions solennelles *(Concordats)* conclues avec le Siège apostolique, relativement à l'usage des droits qui appartiennent à l'immunité ecclésiastique, sans le consentement de ce Siège et malgré ses réclamations.

XLIV. — L'autorité civile peut s'immiscer dans les choses qui regardent la religion, les mœurs et le régime spirituel. D'où il suit qu'elle peut juger des instructions que les pasteurs de l'Église publient, d'après leur charge, pour la règle des consciences; elle peut même décider sur l'administration des sacrements et les dispositions nécessaires pour les recevoir.

XLV. — Toute la direction des écoles publiques dans lesquelles la jeunesse d'un État chrétien est élevée, si l'on en excepte dans une certaine mesure les séminaires épiscopaux, peut et doit être attribuée à l'autorité civile, et cela de telle manière qu'il ne soit reconnu à aucune autre autorité le droit de s'immiscer dans la discipline des écoles, dans le régime des études, dans la collation des grades, dans le choix ou l'approbation des maîtres.

XLVI. — Bien plus, même dans les séminaires des clercs, la méthode à suivre dans les études est soumise à l'autorité civile.

XLVII. — La bonne constitution de la société civile demande que les écoles populaires, qui sont ouvertes à tous les enfants de chaque classe du peuple, et en général que les institutions publiques destinées aux lettres, à une instruction supérieure et à une éducation plus élevée de la jeunesse, soient affranchies de toute autorité de l'Église, de toute influence modératrice et de toute ingérence de sa part, et qu'elles soient pleinement soumises à la volonté de l'autorité civile et politique, suivant le désir des gouvernants et le niveau des opinions générales de l'époque.

XLVIII. — Des catholiques peuvent approuver un système d'éducation en dehors de la foi catholique et de l'autorité de l'Église, et qui n'ait pour but, ou du moins pour but principal, que la connaissance des choses purement naturelles et la vie sociale sur cette terre.

XLIX. — L'autorité séculière peut empêcher les évêques et les fidèles de communiquer librement entre eux et avec le Pontife romain.

L. — L'autorité séculière a par elle-même le droit de présenter les évêques et peut exiger d'eux qu'ils prennent en main l'administration de leurs diocèses avant qu'ils aient reçu du Saint-Siège l'institution canonique et les lettres apostoliques.

LI. — Bien plus, la puissance séculière a le droit d'interdire aux évêques l'exercice du ministère pastoral, et elle n'est pas tenue d'obéir au Pontife romain en ce qui concerne l'institution des évêchés et des évêques.

LII. — Le gouvernement peut, de son propre droit, changer l'âge prescrit pour la profession religieuse, tant des femmes que des hommes, et enjoindre aux communautés religieuses de n'admettre personne aux vœux solennels sans son autorisation.

LIII. — On doit abroger les lois qui protègent l'existence des familles religieuses, leurs droits et leurs fonctions ; bien plus, la puissance civile peut donner son appui à tous ceux qui voudraient quitter l'état religieux qu'ils avaient embrassé et enfreindre leurs vœux solennels ; elle peut aussi supprimer complètement ces mêmes communautés religieuses, aussi bien que les églises collégiales et les bénéfices simples, même de droit de patronage, attribuer et soumettre leurs biens et revenus à l'administration et à la volonté de l'autorité civile.

LIV. — Les rois et les princes non seulement sont exempts de la juridiction de l'Église, mais même ils sont supérieurs à l'Église quand il s'agit de trancher les questions de juridiction.

LV. — L'Église doit être séparée de l'État et l'État séparé de l'Église.

§ VII

ERREURS CONCERNANT LA MORALE NATURELLE ET CHRÉTIENNE.

LVI. — Les lois de la morale n'ont pas besoin de la sanction divine, et il n'est pas du tout nécessaire que les lois humaines se conforment au droit naturel ou reçoivent de Dieu le pouvoir d'obliger.

LVII. — La science des choses philosophiques et morales, de même que les lois civiles, peuvent et doivent être soustraites à l'autorité divine et ecclésiastique.

LVIII. — Il ne faut reconnaître d'autres forces que celles qui résident dans la matière, et tout système de morale, toute honnêteté, doit consister à accumuler et augmenter ses richesses de toute manière et à satisfaire ses passions.

LIX. — Le droit consiste dans le fait matériel ; tous les devoirs des hommes sont un mot vide de sens, et tous les faits humains ont force de droit.

LX. — L'autorité n'est autre chose que la somme du nombre et des forces matérielles.

LXI. — Une injustice de fait couronnée de succès ne préjudicie nullement à la sainteté du droit.

LXII. — On doit proclamer et observer le principe de *non-intervention*.

LXIII. — Il est permis de refuser l'obéissance aux princes légitimes et même de se révolter contre eux.

LXIV. — La violation d'un serment, quelque saint qu'il soit, et toute action criminelle et honteuse opposée à la loi éternelle, non seulement ne doit pas être blâmée, mais elle est tout à fait licite et digne des plus grands éloges, quand elle est inspirée par l'amour de la patrie.

§ VIII

ERREURS CONCERNANT LE MARIAGE CHRÉTIEN.

LXV. — On ne peut établir par aucune preuve que le Christ a élevé le mariage à la dignité de sacrement.

LXVI. — Le sacrement de mariage n'est qu'un accessoire du contrat et peut en être séparé, et le sacrement lui-même ne consiste que dans la seule bénédiction nuptiale.

LXVII. — De droit naturel, le lien du mariage n'est pas indissoluble, et, dans différents cas, le divorce proprement dit peut être sanctionné par l'autorité civile.

LXVIII. — L'Église n'a pas le pouvoir d'établir des empêchements dirimants au mariage ; mais ce pouvoir appartient à l'autorité séculière, par laquelle les empêchements existants peuvent être levés.

LXIX. — L'Église, dans le cours des siècles, a commencé à introduire les empêchements dirimants non par son droit propre, mais en usant du droit qu'elle avait emprunté au pouvoir civil.

LXX. — Les canons du concile de Trente, qui prononcent l'anathème contre ceux qui osent nier le pouvoir qu'a l'Église d'opposer des empêchements dirimants, ne sont pas dogmatiques ou doivent s'entendre de ce pouvoir emprunté.

LXXI. — La forme prescrite par le concile de Trente n'oblige pas sous peine de nullité, quand la loi civile établit une autre forme à suivre et veut qu'au moyen de cette forme le mariage soit valide.

LXXII. — Boniface VIII a le premier déclaré que le vœu de chasteté prononcé dans l'ordination rend le mariage nul.

LXXIII. — Par la force du contrat purement civil, un vrai mariage peut existser entre chrétiens, et il est faux, ou que le contrat de mariage entre chrétiens soit toujours un sacrement, ou que ce contrat soit nul en dehors du sacrement.

LXXIV. — Les causes matrimoniales et les fiançailles, par leur nature propre, appartiennent à la juridiction civile.

N.-B. — Ici peuvent se placer d'autres erreurs : l'abolition du célibat ecclésiastique et la préférence due à l'état du mariage sur l'état de virginité. Elles sont condamnées : la première, dans la lettre encyclique *Qui pluribus*, du 9 novembre 1846, page 175 ; la seconde, dans la lettre apostolique *Multiplices inter*, du 10 juin 1851, page 287.

§ IX

ERREURS SUR LE PRINCIPAT CIVIL DU PONTIFE ROMAIN.

LXXV. — Les fils de l'Église chrétienne et catholique disputent entre eux sur la compatibilité de la royauté temporelle avec le pouvoir spirituel.

LXXVI. — L'abrogation de la souveraineté civile dont le Saint-Siège est en possession servirait, même beaucoup, à la liberté et au bonheur de l'Église.

N.-B. — Outre ces erreurs explicitement notées, plusieurs autres erreurs sont implicitement condamnées par la doctrine qui a été exposée et soutenue sur le principat civil du Pontife romain, que tous les catholiques doivent fermement professer. Cette doctrine est clairement enseignée dans l'allocution *Quibus quantisque*, du 20 avril 1849, page 211 ; dans l'allocution *Si semper antea*, du 20 mai 1850, page 265 ; dans la lettre apostolique *Cum catholica Ecclesia*, du 26 mars 1860, page 401 ; dans l'allocution *Novos*, du 28 septembre 1860, p. 415 ; dans l'allocution *Jamdudum*, du 18 mars 1861, page 435 ; dans l'allocution *Maxima quidem*, du 9 juin 1862, page 455.

§ X

ERREURS QUI SE RAPPORTENT AU LIBÉRALISME MODERNE.

LXXVII. — A notre époque, il n'est plus utile que la religion catholique soit considérée comme l'unique religion de l'État, à l'exclusion de tous les autres cultes.

LXXVIII. — Aussi c'est avec raison que, dans quelques pays catholiques, la loi a pourvu à ce que les étrangers qui s'y rendent y jouissent de l'exercice public de leurs cultes particuliers.

LXXIX. — Il est faux que la liberté civile de tous les cultes et que le plein pouvoir laissé à tous de manifester ouvertement et publiquement toutes leurs pensées et toutes leurs opinions jettent plus facilement les peuples dans la corruption des mœurs et de l'esprit, et propagent la peste de l'*Indifférentisme*.

LXXX. — Le Pontife romain peut et doit se réconcilier et transiger avec le progrès, le libéralisme et la civilisation moderne.

Donné à Rome, près Saint-Pierre, le 8 décembre de l'année 1864, dixième année depuis la définition dogmatique de l'Immaculée Conception de la Vierge Marie, Mère de Dieu, et de notre Pontificat la dix-neuvième.

Pie IX, Pape.

ANNEXE 4.

Avis du Conseil d'État du 26 avril 1883 relatif aux traitements ecclésiastiques.

Le Conseil d'État, consulté par M. le ministre de la justice et des cultes sur la question de savoir si la distinction établie par la loi de finances du 30 décembre 1882, entre les allocations des vicaires généraux, chanoines, desservants et vicaires, et les traitements des évêques et curés, ne porte aucune modification aux droits de police du Gouvernement et notamment à son pouvoir de prononcer la suppression des traitements comme des allocations par voie disciplinaire;

Vu les articles 1er, 14 et 16 de la convention du 26 messidor an IX, ensemble les articles 68 et 70 de la loi de germinal an X;

Vu le décret du 17 novembre 1811;

Vu l'article 27 du décret du 6 novembre 1813;

Considérant que l'État possède, sur l'ensemble des services publics, un droit supérieur de direction et de surveillance qui dérive de sa souveraineté;

Qu'en ce qui concerne les titulaires ecclésiastiques, ce droit a existé à toute époque et s'est exercé, dans l'ancien régime, par voie de saisie du temporel ;

Qu'il n'a pas été abrogé par la législation concordataire, et que son maintien résulte de l'article 16 de la convention du 26 messidor an IX, qui a formellement reconnu au chef de l'État les droits et prérogatives autrefois exercés par les rois de France ;

Que, depuis, il n'a été dérogé à cette législation traditionnelle par aucune mesure législative ou réglementaire ; qu'au contraire, les Chambres en ont approuvé l'application toutes les fois qu'elle leur a été soumise, notamment en 1832, en 1861 et en 1882 ;

Considérant, d'autre part, que, ni dans les discussions auxquelles le principe a donné lieu, ni dans les applications qui en ont été faites, il n'y a eu de distinction entre les différents titulaires ecclésiastiques ;

Que la modification apportée à l'intitulé du chapitre iv du budget des cultes, pour 1883, n'a eu ni pour but ni pour effet de changer l'état de choses antérieur,

Est d'avis :

Que le droit du Gouvernement de suspendre ou de supprimer les traitements ecclésiastiques par mesure disciplinaire s'applique indistinctement à tous les ministres du culte salariés par l'État.

ANNEXE 5.

Déclaration des cardinaux français du 16 janvier 1892.

Exposé de la situation faite à l'Église en France et déclaration des Emin. cardinaux : Desprez, *archevêque de Toulouse;* Langénieux, *archevêque de Reims;* Place, *archevêque de Rennes;* Richard, *archevêque de Paris;* Foulon, *archevêque de Lyon.*

La question des rapports de l'Église et de l'État vient d'être de nouveau soulevée dans notre pays. Seuls les esprits superficiels pourraient voir, dans de récents incidents, l'explication suffisante du mouvement qui agite l'opinion et qui préoccupe les pouvoirs publics. Les causes de cette inquiétude sont plus anciennes et plus profondes.

Il nous appartient de donner aux catholiques, dans les circonstances actuelles, une direction de pensée et de conduite, en leur montrant dans le passé l'origine du mal, dans le présent les devoirs qu'il nous crée.

Avant toutes choses, nous déclarons une fois de plus, conformément aux enseignements du Saint-Siège et à la tradition catholique, que nous ne faisons aucune opposition à la forme de gouvernement que la France s'est donnée. Nous croyons que « le pays a besoin de stabilité gouvernementale et de liberté religieuse[1] ».

Si nous élevons la voix, c'est pour demander que « les sectes antichrétiennes n'aient pas la prétention d'identifier avec elles le gouvernement républicain, et de faire d'un ensemble de lois antireligieuses la constitution essentielle de la République[2] ».

I

On a dit, du haut de la tribune française, au nom du Gouvernement : *La République est pleine d'égards pour la religion. Aucun gouvernement républicain n'a eu la pensée de froisser, en quoi que ce soit, la religion, ou de restreindre l'exercice du culte. Nous ne voulons pas, et le parti républicain tout entier ne veut pas être représenté comme ayant à aucun moment voulu empiéter sur le domaine religieux et attenter à la liberté des consciences.*

Ce qui est malheureusement vrai, c'est que, depuis douze ans, le gouvernement de la République a été autre chose qu'une personnification de la puissance publique ; il a été la personnification d'une doctrine et d'un programme en opposition absolue avec la foi catholique, et il a appliqué cette doctrine, réalisé ce programme, de telle sorte qu'il n'est rien aujourd'hui, ni personnes, ni institutions, ni intérêts, qui n'ait été méthodiquement frappé, amoindri, et, autant que possible, détruit.

I. — L'athéisme pratique est devenu la règle d'action de quiconque, en France, porte un titre officiel et la loi de tout ce qui

---

1. Réponse de S. Émin. le cardinal-archevêque de Paris aux catholiques qui l'ont consulté sur leur devoir social.
2. *Ibidem.*

se fait au nom de l'État. Tandis que tous les gouvernements du monde civilisé inscrivent le nom de Dieu dans leur Constitution et l'invoquent dans les circonstances solennelles de leur vie nationale, chez nous il n'est plus invoqué, et les prières publiques, édictées par la Constitution républicaine de 1875 pour la rentrée des Chambres, ont été abolies.

La prière a été supprimée, de fait, dans la plupart des écoles officielles, les crucifix proscrits des salles de classe, la loi du repos dominical abrogée.

Pour bien faire sentir aux soldats qu'ils ne doivent avoir rien de commun avec la religion, il leur est interdit d'assister en corps à aucune cérémonie religieuse, et même de pénétrer dans nos églises pour y rendre à leurs morts les derniers honneurs.

Enfin, la législation encourage la profession publique d'athéisme en décernant les mêmes honneurs à tous les genres de sépulture, et en facilitant les cérémonies funèbres d'où est banni jusqu'à l'idée de Dieu.

II. — On nous menace de ressusciter et d'appliquer avec une nouvelle rigueur les articles organiques annexés au Concordat, articles contre lesquels le Saint-Siège n'a pas cessé de protester, et dont un grand nombre sont tombés en désuétude par la force des choses.

Mais déjà la liberté des évêques est notablement amoindrie; toutes leurs démarches surveillées, même celles qui n'ont d'autre but que leurs rapports nécessaires avec le Saint-Siège.

Leur administration est constamment tenue en échec par les refus que l'État oppose aux nominations faites par eux aux titres ecclésiastiques.

On a porté une grave atteinte à la dignité du sacerdoce catholique par des arrêts, jusque-là inouïs, qui, au mépris des lois les plus saintes, autorisent le prêtre infidèle à contracter une union sacrilège que l'Église réprouve.

On ne s'est pas contenté d'effectuer des réductions budgétaires qui atteignent les premiers pasteurs, mais on procède à des suspensions arbitraires de traitement, infligées par voie disciplinaire à des prêtres : pénalité étrange, qu'aucune loi ne justifie, qu'aucun jugement ne sanctionne, et que le Gouvernement n'a pu baser que sur des précédents empruntés aux pires abus de l'ancien régime et sur le texte tronqué et dénaturé de l'article 16 du Concordat.

19.

Nous rappelons : la suppression, par extinction, du traitement des chanoines ; le plus grand nombre des vicaires privés de la minime subvention qui leur était allouée sur les fonds de l'État ; le traitement des aumôniers de prison réduit à un chiffre dérisoire ; les biens des menses épiscopales livrés, pendant la vacance du siège, à des commissaires civils qui dépassent, dans leur gestion, tout ce qu'avait pratiqué l'ancien droit régalien, et qui, non contents d'administrer ces biens, les aliènent aux enchères publiques ; enfin, le budget des cultes progressivement réduit à des proportions qui laissent en souffrance des services utiles et les intérêts les plus respectables.

III. — Les religieux français ont été expulsés de leurs demeures au mépris de leurs droits de citoyens, au nom de lois surannées dont l'existence même a pu être contestée par de hautes autorités juridiques et en vertu des décrets arbitraires dont les victimes ont vainement demandé des juges. Même à l'état de dispersion auquel la violence les a réduits, ils sont durement atteints dans leurs intérêts matériels, et avec eux les congrégations de femmes, que semblaient devoir protéger la personnalité civile que l'État leur reconnaît, et plus encore les bienfaits qu'elles répandent sous la double forme de l'enseignement et de la charité.

Les lois fiscales, en effet, préparent à bref délai la ruine d'un grand nombre de communautés. La rigueur avec laquelle ces maisons sont frappées dépasse tout ce qu'on avait vu jusqu'ici. Aux impôts ordinaires qu'elles payent en vertu du droit commun, à l'impôt de mainmorte réglé par la loi de 1849, on a ajouté deux charges d'exception : 1° un impôt sur un revenu qui n'existe pas dans la plupart des cas, impôt qui manque de base par conséquent ; 2° un droit dit d'accroissement, droit doublement injuste, puisqu'il a pour prétexte une mutation qui n'a pas lieu, et puisqu'il fait double emploi avec l'impôt de mainmorte destiné à racheter la mutation absente. En sorte que, contrairement à tous les principes qui régissent cette matière, les congrégations payent, en réalité et dans des proportions exceptionnellement lourdes, plusieurs fois l'impôt pour le même objet.

IV. — C'est principalement dans l'enseignement qu'ont été prises des mesures contraires à la religion et à la liberté des consciences. En premier lieu, l'instruction religieuse a été bannie de tous les examens auxquels peut être soumise la jeunesse, afin, sans doute, qu'elle s'accoutume à n'y attacher aucune importance et à la regarder comme une chose superflue; puis, peu à peu, elle a été éliminée du programme des études et même, ce qu'on a peine à croire, du programme des écoles maternelles.

L'enseignement primaire a été rendu « gratuit », passant ainsi aux mains de l'État, qui seul paye les maîtres. Bientôt il fut proclamé « obligatoire », et, du même coup, l'enfance fut mise à la discrétion de l'État; enfin, l'enseignement fut rendu « laïque », c'est-à-dire soustrait à toute influence religieuse.

On voudrait s'abriter sous le nom spécieux de neutralité, comme si la neutralité en éducation était possible; comme si le silence sur Dieu n'était pas une manière de le nier. Au reste, on voit tous les jours cette neutralité se transformer en une hostilité flagrante. L'enseignement religieux n'est pas seulement écarté de l'école primaire, il y est souvent couvert de mépris par des hommes sans croyances, incapables de se contenir et sûrs de n'être pas désavoués.

Les ministres du culte, même les évêques, sont dépossédés de leur droit de surveillance sur l'enseignement. Ils ne peuvent plus franchir le seuil de l'école primaire; d'autre part, les instituteurs sont autorisés et encouragés à ne plus conduire leurs élèves au catéchisme ni à l'Église. Il leur est interdit, même en dehors des heures de classe, de laisser étudier le catéchisme dans les locaux scolaires.

Enfin, comme couronnement de l'œuvre, le droit d'enseigner dans les écoles publiques est enlevé aux membres des congrégations religieuses, frappés ainsi d'incapacité malgré les maximes qui garantissent l'accessibilité des fonctions publiques à tous les citoyens.

L'enseignement secondaire et supérieur s'est inspiré des mêmes principes. Dans les lycées et collèges, l'instruction religieuse a été déclarée facultative; les aumôniers y sont plutôt tolérés que maintenus, mais leur action est paralysée autant que possible. Le même prosélytisme s'étend ouvertement aux jeunes filles, et l'on ne peut nier que c'est dans le même dessein d'hostilité à la foi chrétienne que l'on a installé en pleine Sorbonne un cours d'histoire des religions, destiné à confondre dans le même dédain l'erreur et la vérité, et à propager ainsi le scepticisme.

Pendant ce temps, nos écoles libres, fondées au prix de tant de sacrifices, sont en butte à mille difficultés, soumises de la part de l'État à des exigences, à des formalités de tout genre qui en compromettent le développement et le succès, et elles ne trouvent personne pour les défendre dans les conseils de l'instruction publique, d'où l'on a eu soin d'exclure les représentants de la religion.

Plusieurs de nos écoles ecclésiastiques ont été fermées par décrets. Les autres sont aujourd'hui privées du droit de former des stagiaires pour la direction de nos collèges libres.

Nos grands séminaires, remplis des enfants du peuple, ont été complètement privés des bourses accordées jusque-là aux écoles ecclésiastiques, alors que l'État les multiplie partout ailleurs.

Enfin, notre enseignement supérieur, après quelques jours de liberté, s'est vu tout à coup découronné par la suppression du titre d'Université, puis arrêté dans son expansion par la mesure qui a exclu ses maîtres de la participation aux examens.

V. — A l'heure où le service militaire est obligatoire pour tous les citoyens et où, par conséquent, les familles ont plus que jamais le droit d'exiger de l'État des mesures de préservation pour la foi et les mœurs de leurs fils, on abroge la loi de 1874 qui avait organisé l'aumônerie militaire. Ce service essentiel est réduit à des proportions insuffisantes en temps de guerre; en temps de paix, on peut dire qu'il n'existe plus.

On a gravement compromis le recrutement du clergé par l'enrôlement des séminaristes, et gravement méconnu le caractère du prêtre par la loi militaire qui, en certains cas, menace de l'arracher à l'autel pour lui mettre, au mépris des lois de l'Église, les armes à la main. Et cependant le ministère sacerdotal, qui dure autant que la vie, n'est-il pas un service social et patriotique plus qu'équivalent au service militaire; et en temps de guerre le clergé séculier et les religieux n'ont-ils pas toujours fait généreusement leur devoir?

VI. — La législation, qui méconnaissait déjà le caractère sacré du mariage, livre la famille aux ravages des passions, à l'instabilité, à tous les malheurs qui en sont la suite, par la loi antichrétienne et antisociale du divorce.

VII. — Le clergé est systématiquement exclu, comme tel, des commissions hospitalières, des bureaux de bienfaisance; on lui

refuse la plus simple participation à la charité dans les établissements publics, alors que l'assistance publique des pauvres et des
malades est, personne ne l'ignore, une institution créée par
l'Église catholique.

VIII. — Sans prétendre dresser une liste complète des mesures
prises par le gouvernement contre la religion, nous devons encore
signaler les entraves apportées au libre fonctionnement des caisses
de retraite pour le clergé, le retrait de la personnalité civile des
diocèses, les difficultés toujours croissantes élevées contre les
libéralités faites au profit des établissements religieux; l'obligation imposée à ces établissements, sans aucun texte de loi et
contre la volonté des bienfaiteurs, d'aliéner les immeubles qui
leur sont donnés ou légués même avec des charges; le pouvoir
exorbitant attribué aux maires sur l'usage des cloches et sur les
clefs des églises; la sujétion excessive des conseils de fabrique à
l'égard des conseils municipaux, et bientôt leur désorganisation
complète, sinon leur destruction, par suite du nouvel article
ajouté à la loi de finance d'après lequel « les comptes et budgets
des fabriques doivent être soumis à toutes les règles de la compta-
bilité des autres établissements publics ».

Nous le demandons à tout homme impartial, quelles que soient
ses croyances ou ses opinions religieuses : Peut-on, après cet
exposé, qui est loin d'être complet, affirmer que le *gouvernement
républicain n'a jamais eu la pensée de froisser en quoi que ce soit
la religion ou de restreindre l'exercice du culte; qu'à aucun
moment il n'a voulu empiéter sur le domaine religieux et attenter
à la liberté de conscience?*

II

Quelle doit être, en face de la vérité ainsi établie et des éventualités de l'avenir, l'attitude des catholiques?

I. — En premier lieu, leur devoir est de faire trève aux
dissentiments politiques et, en se plaçant résolument sur le terrain constitutionnel, se proposer avant tout la défense de leur foi
menacée. « Quand la foi chrétienne est en péril, a dit Léon XIII,
tout dissentiment doit cesser et l'on doit d'un commun accord

prendre la défense de la religion, qui est le bien suprême de la société et le but auquel tout doit être rapporté. »

II. — L'Église ne veut pas s'interposer entre le gouvernement et les citoyens pour restreindre les prérogatives du pouvoir politique à l'égard de ses subordonnés. Mais l'État ne doit pas non plus s'interposer entre l'Église et les fidèles pour entraver l'exercice d'une mission spirituelle qui n'émane pas de lui, mais de Dieu.

III. — Les catholiques ne prétendent nullement former un État dans l'État. Mais ils n'admettent pas davantage que l'Église soit incorporée à la puissance séculière comme un des rouages de son administration. Et, plutôt que de subir cet asservissement, ils doivent être prêts à tout souffrir et disposés à tout entreprendre pour la résistance.

IV. — On a dit du haut de la tribune française, au nom du gouvernement : *Nous ne reviendrons pas sur les lois que la République a votées depuis qu'elle est consolidée. — Les lois scolaires sont pour nous des lois de neutralité et d'indépendance. — Les lois militaires sont des lois d'égalité, des lois de droit civique. — Nous considérons ces lois comme une partie du patrimoine que la République actuelle a lentement constitué et qu'elle n'a en aucune façon l'arrière-pensée de laisser dissiper à aucun moment.*

Ces lois ne sont nullement essentielles à une forme de gouvernement et ne peuvent faire partie intégrante de la constitution d'une République respectueuse de tous les droits.

Les catholiques peuvent donc, sans paraître même s'ériger en adversaires de la République, et ils doivent, en conscience, les considérer comme mauvaises en elles-mêmes, injustes envers l'Église; ils peuvent être dans la nécessité de les subir; mais les accepter, jamais. Par conséquent, leur devoir est de travailler par tous les moyens légitimes à faire rapporter ces lois, ou tout au moins à en faire disparaître tout ce qui blesse la conscience chrétienne.

V. — Il ne saurait convenir aux catholiques de provoquer la rupture entre l'Église et la République française. L'attitude révolutionnaire n'a jamais été celle des fidèles enfants de l'Église. Ils doivent respecter, dans le Concordat, la foi des traités, les droits acquis, une condition de la paix morale, une forme séculaire de l'harmonie qui doit exister entre les deux pouvoirs, enfin un hommage rendu par la puissance séculière au rôle civilisateur de l'Église, au sein des sociétés humaines.

VI. — Ils doivent considérer la subvention budgétaire, garantie par le Concordat, comme une dette sacrée de l'État envers l'Église, dont les biens, représentant une rente de beaucoup supérieure à celle du budget des cultes, ont été mis, il y a cent ans, à la disposition de la nation.

VII. — Mais les avantages matériels et moraux que le Concordat leur assure ne sont pas de ceux que l'on doive préférer à tout.

Quand Pie VII a négocié cette convention avec le Premier Consul, il l'a fait pour relever l'Église de France de ses ruines. Nul doute que, s'il eût envisagé le Concordat comme un instrument de gouvernement, entre les mains de la puissance séculière, il eût préféré abandonner l'Église de France à la situation précaire où la Révolution l'avait laissée.

La même sollicitude du vicaire de Jésus-Christ veille encore et veillera toujours sur les grands intérêts dont Pie VII a pris soin, il y a bientôt cent ans.

C'est à lui seul qu'il appartient de stipuler au nom de l'Église. L'éventualité de la rupture du Concordat n'est donc pas de celles que nous ayons à envisager. Nous comptons, de la part des représentants du pouvoir, sur le respect des traités, comme nous sommes assurés que le Pape s'inspirera toujours, dans les circonstances les plus difficiles, de cette parole si souvent citée de saint Anselme : « Dieu n'aime rien tant, ici-bas, que la liberté de son Église. »

VIII. — En résumé : respect des lois du pays, hors le cas où elles se heurtent aux exigences de la conscience; respect des représentants du pouvoir; acceptation franche et loyale des institutions politiques; mais, en même temps, résistance ferme aux empiétements de la puissance séculière sur le domaine spirituel, dévouement actif et généreux aux œuvres qui ont pour objet de fournir à la société chrétienne les éléments de sa vie propre, notamment aux œuvres d'enseignement, d'apostolat et de charité;

enfin, fidélité au devoir électoral, dont l'accomplissement par tous les gens de bien assurerait une représentation nationale vraiment conforme au vœu du pays et capable d'opérer dans la législation les réformes nécessaires à la paix publique.

Tels sont les devoirs qui s'imposent, à l'heure actuelle, à la conscience et au patriotisme de tous les catholiques français.

En terminant cet exposé, qu'il nous soit permis d'exprimer un regret : celui d'avoir été contraints, par la gravité des circonstances, à occuper l'opinion des légitimes griefs des pasteurs de l'Église à l'égard de ceux qui font entrer dans la politique des pensées hostiles à la religion.

Les droits de l'Église, que nous défendons, ne sont, entre nos mains, qu'une condition de l'accomplissement de nos devoirs. Ces devoirs, nous voulons nous en acquitter selon toute l'étendue des besoins que révèle l'état présent de la société.

En les remplissant, les évêques sont les plus utiles auxiliaires du pouvoir civil; mais, pour l'aider efficacement, ils ont besoin, à leur tour, d être traités en amis, non en suspects; en alliés, non en adversaires.

Le 16 janvier 1892.

† Florian, cardinal DESPREZ, archevêque de Toulouse et de Narbonne.

† Benoît-Marie, cardinal LANGÉNIEUX, archevêque de Reims.

† Charles-Philippe, cardinal PLACE, archevêque de Rennes, Dol et Saint-Malo.

† François, cardinal RICHARD, archevêque de Paris.

† Joseph-Alfred, cardinal FOULON, archevêque de Lyon.

ANNEXE 6.

**Lettre encyclique de Sa Sainteté le pape Léon XIII
aux archevêques, évêques,
au clergé et à tous les catholiques de France.**

*A nos frères les archevêques, évêques, au clergé
et à tous les catholiques de France.*

Vénérables frères,
Très chers fils,

I. — Au milieu des sollicitudes de l'Eglise universelle, bien
des fois, dans le cours de Notre Pontificat, Nous nous sommes
plu à témoigner de Notre affection pour la France et pour son
noble peuple. Et Nous avons voulu, par une de Nos encycliques
encore présente à la mémoire de tous, dire solennellement, sur
ce sujet, tout le fond de Notre âme. C'est précisément cette
affection qui Nous a tenu sans cesse attentif à suivre du regard,
puis à repasser en Nous-même l'ensemble des faits, tantôt tristes,
tantôt consolants, qui depuis plusieurs années se sont déroulés
parmi vous.

II. — En pénétrant à fond, à l'heure présente encore, la portée
du vaste complot que certains hommes ont formé d'anéantir en
France le christianisme, et l'animosité qu'ils mettent à poursuivre
la réalisation de leur dessein, foulant aux pieds les plus élémen-
taires notions de liberté et de justice pour le sentiment de la
majorité de la nation et de respect pour les droits inaliénables
de l'Église catholique, comment ne serions-nous pas saisi d'une
vive douleur? Et quand Nous voyons se révéler, l'une après l'autre,
les conséquences funestes de ces coupables attaques qui conspi-
rent à la ruine des mœurs, de la religion et même des intérêts
politiques sagement compris, comment exprimer les amertumes
qui Nous inondent et les appréhensions qui Nous assiégent?

III. — D'autre part, Nous nous sentons grandement consolé,
lorsque Nous voyons ce même peuple français redoubler, pour le

Saint-Siège, d'affection et de zèle, à mesure qu'il le voit plus délaissé, Nous devrions dire plus combattu sur la terre. A plusieurs reprises, mus par un profond sentiment de religion et de vrai patriotisme, les représentants de toutes les classes sociales sont accourus de France jusqu'à Nous, heureux de subvenir aux nécessités incessantes de l'Église, désireux de Nous demander lumière et conseil, pour être sûrs qu'au milieu des présentes tribulations, ils ne s'écarteront en rien des enseignements du Chef des croyants. Et Nous, réciproquement, soit par écrit, soit de vive voix, Nous avons ouvertement dit à nos fils ce qu'ils avaient droit de demander à leur père. Et loin de les porter au découragement, Nous les avons fortement exhortés à redoubler d'amour et d'efforts dans la défense de la foi catholique, en même temps que de leur patrie : deux devoirs de premier ordre, auxquels nul homme, en cette vie, ne peut se soustraire.

IV. — Et aujourd'hui encore, Nous croyons opportun, nécessaire même, d'élever de nouveau la voix pour exhorter plus instamment, Nous ne dirons pas seulement les catholiques, mais tous les Français honnêtes et sensés, à repousser loin d'eux tout germe de dissentiments politiques, afin de consacrer uniquement leurs forces à la pacification de leur patrie. Cette pacification, tous en comprennent le prix; tous, de plus en plus, l'appellent de leurs vœux. Et Nous qui la désirons plus que personne, puisque Nous représentons sur la terre le *Dieu de la paix*[1], Nous convions, par les présentes Lettres, toutes les âmes droites, tous les cœurs généreux à Nous seconder pour la rendre stable et féconde.

V. — Avant tout, prenons comme point de départ une vérité notoire, souscrite par tout homme de bon sens et hautement proclamée par l'histoire de tous les peuples, à savoir que la religion, et la religion seule, peut créer le lien social; que seule elle suffit à maintenir sur de solides fondements la paix d'une nation. Quand diverses familles, sans renoncer aux droits et aux devoirs de la société domestique, s'unissent, sous l'inspiration de la nature, pour se constituer membres d'une autre famille plus vaste, appelée la société civile, leur but n'est pas seulement d'y trouver le moyen de pourvoir à leur bien-être matériel, mais surtout d'y puiser le bienfait de leur perfectionnement moral.

---

1. Non enim est dissensionis Deus, sed pacis. (I, *Cor.*, xiv.)

Autrement la société s'élèverait peu au-dessus d'une agrégation d'êtres sans raison, dont toute la vie est dans la satisfaction des instincts sensuels. Il y a plus : sans ce perfectionnement moral, difficilement on démontrerait que la société civile, loin de devenir pour l'homme, en tant qu'homme, un avantage, ne tournerait pas à son détriment.

VI. — Or la moralité dans l'homme, par le fait même qu'elle doit mettre de concert tant de droits et tant de devoirs dissemblables, puisqu'elle entre comme élément dans tout acte humain, suppose nécessairement Dieu, et, avec Dieu, la religion, ce lien sacré dont le privilège est d'unir, antérieurement à tout autre lien, l'homme à Dieu. En effet, l'idée de moralité emporte avant tout un ordre de dépendance à l'égard du vrai, qui est la lumière de l'esprit ; à l'égard du bien, qui est la fin de la volonté : sans le vrai, sans le bien, pas de morale digne de ce nom. Et quelle est donc la vérité principale et essentielle, celle dont toute vérité dérive? C'est Dieu. Quelle est donc encore la bonté suprême dont tout autre bien procède? C'est Dieu. Quel est enfin le créateur et le conservateur de notre raison, de notre volonté, de tout notre être, comme il est la fin de notre vie? Toujours Dieu. Puis donc que la religion est l'expression intérieure et extérieure de cette dépendance que nous devons à Dieu à titre de justice, il s'en dégage une grave conséquence qui s'impose : tous les citoyens sont tenus de s'allier pour maintenir dans la nation le sentiment religieux vrai et pour le défendre au besoin, si jamais une école athée, en dépit des protestations de la nature et de l'histoire, s'efforçait de chasser Dieu de la société, sûre par là d'anéantir bientôt le sens moral au fond même de la conscience humaine. Sur ce point, entre hommes qui n'ont pas perdu la notion de l'honnête, aucune dissidence ne saurait subsister.

VII. — Dans les catholiques français, le sentiment religieux doit être encore plus profond et plus universel, puisqu'ils ont le bonheur d'appartenir à la vraie religion. Si, en effet, les croyances religieuses furent, toujours et partout, données comme base à la moralité des actions humaines et à l'existence de toute société bien ordonnée, il est évident que la religion catholique, par le fait même qu'elle est la vraie Église de Jésus-Christ, possède plus que toute autre l'efficacité voulue pour bien régler la vie, dans la société comme dans l'individu. En faut-il un éclatant exemple? La France elle-même le fournit. A mesure qu'elle progressait dans la foi chrétienne, on la voyait monter graduellement à cette grandeur morale qu'elle atteignit, comme puissance politique et militaire. C'est qu'à la générosité naturelle de son cœur, la charité chrétienne était venue ajouter une abondante source de nouvelles énergies, c'est que son activité merveilleuse avait rencontré, tout à la fois comme aiguillon, lumière directrice et garantie de constance, cette foi chrétienne qui, par la main de la France, traça dans les annales du genre humain des pages si glorieuses. Et encore aujourd'hui, sa foi ne continue-t-elle pas d'ajouter aux gloires passées de nouvelles gloires? On la voit, inépuisable de génie et de ressources, multiplier sur son propre sol les œuvres de charité; on l'admire partant pour les pays lointains, où, par son or, par les labeurs de ses missionnaires, au prix même de leur sang, elle propage d'un même coup le renom de la France et les bienfaits de la religion catholique. Renoncer à de telles gloires, aucun Français, quelles que soient par ailleurs ses convictions, ne l'oserait; ce serait renier la patrie.

VIII. — Or l'histoire d'un peuple révèle d'une manière incontestable quel est l'élément générateur et conservateur de sa grandeur morale. Aussi, que cet élément vienne à lui manquer, ni la surabondance de l'or ni la force des armes ne sauraient le sauver de la décadence morale, peut-être de la mort. Qui ne comprend maintenant que, pour tous les Français qui professent la religion catholique, la grande sollicitude doit être d'en assurer la conservation; et cela avec d'autant plus de dévouement, qu'au milieu d'eux le christianisme devient, de la part des sectes, l'objet d'hostilités plus implacables? Sur ce terrain, ils ne peuvent se permettre ni indolence dans l'action, ni division de partis: l'une accuserait une lâcheté indigne du chrétien; l'autre serait la cause d'une faiblesse désastreuse.

IX. — Et ici, avant de pousser plus loin, il nous faut signaler une calomnie astucieusement répandue, pour accréditer contre les catholiques et contre le Saint-Siège lui-même des imputations odieuses. On prétend que l'entente et la vigueur d'action, inculquées aux catholiques pour la défense de leur foi, ont, comme secret mobile, bien moins la sauvegarde des intérêts religieux que l'ambition de ménager à l'Église une *domination politique sur l'État*. Vraiment, c'est vouloir ressusciter une calomnie bien ancienne, puisque son invention appartient aux premiers ennemis du christianisme. Ne fut-elle pas formulée tout d'abord contre la personne adorable du Rédempteur? Oui, on l'accusait d'agir par des visées politiques, alors qu'il illuminait les âmes par sa prédication, et qu'il soulageait les souffrances corporelles ou spirituelles des malheureux avec les trésors de sa divine bonté : *Nous avons trouvé cet homme travaillant à bouleverser notre peuple, défendant de payer le tribut à César et s'intitulant le Christ-roi. Si vous lui rendez la liberté, vous n'êtes pas ami de César; car quiconque se prétend roi fait de l'opposition à César... César est pour nous le seul roi* [1].

X. — Ce furent ces calomnies menaçantes qui arrachèrent à Pilate la sentence de mort contre celui qu'à plusieurs reprises il avait déclaré innocent. Et les auteurs de ces mensonges ou d'autres de la même force n'omirent rien pour les propager au loin, par leurs émissaires, ainsi que saint Justin martyr le reprochait aux Juifs de son temps : *Loin de vous repentir, après que vous avez appris sa résurrection d'entre les morts, vous avez envoyé de Jérusalem des hommes habilement choisis pour annoncer qu'une hérésie et une secte impie avait été suscitée par un certain séducteur appelé Jésus de Galilée* [2].

XI. — En diffamant si audacieusement le christianisme, ses ennemis savaient ce qu'ils faisaient; leur plan était de susciter contre sa propagation un formidable adversaire, l'empire romain. La calomnie fit son chemin; et les païens, dans leur crédulité, appelaient à l'envi les premiers chrétiens *des êtres inutiles, des citoyens dangereux, des factieux, des ennemis de l'empire et des empereurs* [3]. En vain les apologistes du christianisme par leurs écrits, en vain les chrétiens par leur belle conduite, s'appliquèrent-ils à démontrer tout ce qu'avaient d'absurde et de criminel ces qualifications : on ne daignait même pas les entendre. Leur nom seul leur valait une déclaration de guerre, et les chrétiens, par le simple fait qu'ils étaient chrétiens, non pour aucune autre

---

1. Hunc invenimus subvertentem gentem nostram, et prohibentem tributa dare Cæsari, et dicentem se Christum regem esse. (*Luc*, XXIII, 2.) — Si hunc dimittis, non es amicus Cæsaris : omnis enim qui se regem facit contradicit Cæsari... Non habemus regem nisi Cæsarem. (*Joan.*, XIX, 12-15.)

2. Tantum abest ut pœnitentiam egeritis, postquam eum a mortuis resurrexisse accepistis, ut etiam... eximiis delectis viris, in omnem terrarum orbem eos miseritis, qui renunciarent hæresim et sectam quamdam impiam et iniquam excitatam esse a Jesu quodam galilæo seductore. (*Dialog. cum Tryphone.*)

3. Tertull., *In Apolog.*; — Minutius Felix, *in Octavio*.

cause, se voyaient forcément placés dans cette alternative : ou l'apostasie, ou le martyre. Les mêmes griefs et les mêmes rigueurs se renouvelèrent plus ou moins dans les siècles suivants, chaque fois que se rencontrèrent des gouvernements déraisonnablement jaloux de leur pouvoir et animés contre l'Église d'intentions malveillantes. Toujours ils surent mettre en avant, devant le public, le prétexte des prétendus envahissements de l'Église sur l'État, pour fournir à l'État des apparences de droit, dans ses empiétements et ses violences envers la religion catholique.

XII. — Nous avons tenu à rappeler en quelques traits ce passé, pour que les catholiques ne se déconcertent pas du présent. La lutte, en substance, est toujours la même : toujours Jésus-Christ mis en butte aux contradictions du monde ; toujours mêmes moyens mis en œuvre par les ennemis modernes du christianisme, moyens très vieux au fond, modifiés à peine dans la forme, mais toujours aussi mêmes moyens de défense clairement indiqués aux chrétiens des temps présents par nos apologistes, nos docteurs, nos martyrs. Ce qu'ils ont fait, il nous incombe de le faire à notre tour. Mettons donc au-dessus de tout la gloire de Dieu et de son Église ; travaillons pour elle avec une application constante et effective, et laissons le soin du succès à Jésus-Christ qui nous dit : *Dans le monde, vous serez opprimés ; mais ayez confiance, j'ai vaincu le monde* [1].

XIII. — Pour aboutir là, nous l'avons déjà remarqué, une grande union est nécessaire ; et si l'on veut y parvenir, il est indispensable de mettre de côté toute préoccupation capable d'en amoindrir la force et l'efficacité. Ici, nous entendons principalement faire allusion aux divergences politiques des Français sur la conduite à tenir envers la République actuelle : question que Nous désirons traiter avec la clarté réclamée par la gravité du sujet, en partant des principes et en descendant aux conséquences pratiques.

XIV. — Divers gouvernements politiques se sont succédé en France dans le cours de ce siècle, et chacun avec sa forme distinctive : empires, monarchies, républiques. En se renfermant dans les abstractions, on arriverait à définir quelle est la meil-

---

1. In mundo pressuram habebitis ; sed confidite, ego vici mundum. (*Joan.*, XVI, 33.)

leure de ces formes, considérées en elles-mêmes; on peut affirmer
également en toute vérité que chacune d'elles est bonne, pourvu
qu'elle sache marcher droit à sa fin, c'est-à-dire au bien commun, pour lequel l'autorité sociale est constituée; il convient
d'ajouter finalement qu'à un point de vue relatif, telle ou telle
forme de gouvernement peut être préférable, comme s'adaptant
mieux au caractère et aux mœurs de telle ou telle nation. Dans
cet ordre d'idées spéculatif, les catholiques, comme tout citoyen,
ont pleine liberté de préférer une forme de gouvernement à
l'autre, précisément en vertu de ce qu'aucune de ces formes sociales ne s'oppose par elle-même aux données de la saine raison
ni aux maximes de la doctrine chrétienne. Et c'en est assez pour
justifier pleinement la sagesse de l'Église, alors que, dans ses relations avec les pouvoirs politiques, elle fait abstraction des
formes qui les différencient, pour traiter avec eux les grands intérêts religieux des peuples, sachant qu'elle a le devoir d'en
prendre la tutelle, au-dessus de tout autre intérêt. Nos précé-
dentes encycliques ont exposé déjà ces principes; il était toutefois
nécessaire de les rappeler, pour le développement du sujet qui
nous occupe aujourd'hui.

XV. — Que si l'on descend des abstractions sur le terrain des
faits, il faut nous bien garder de renier les principes tout à
l'heure établis; ils demeurent inébranlables. Seulement, en s'in-
carnant dans les faits, ils y revêtent un caractère de contingence
déterminé par le milieu où se produit leur application. Autrement dit, si chaque forme politique est bonne par elle-même et
peut être appliquée au gouvernement des peuples, en fait, cependant, on ne rencontre pas chez tous les peuples le pouvoir politique sous une même forme; chacun a la sienne propre. Cette
forme naît de l'ensemble des circonstances historiques ou nationales, mais toujours humaines, qui font surgir dans une nation
ses lois traditionnelles et même fondamentales; et par celles-ci
se trouve déterminée telle forme particulière de gouvernement,
telle base de transmission des pouvoirs suprêmes.

XVI. — Inutile de rappeler que tous les individus sont tenus
d'accepter ces gouvernements et de ne rien tenter pour les renverser ou pour en changer la forme. De là vient que l'Église, gar-
dienne de la plus vraie et de la plus haute notion sur la souveraineté politique, puisqu'elle la fait dériver de Dieu, a toujours
réprouvé les doctrines et toujours condamné les hommes rebelles

à l'autorité légitime. Et cela dans le temps même où les dépositaires du pouvoir en abusaient contre elle, se privant par là du plus puissant appui donné à leur autorité et du moyen le plus efficace pour obtenir du peuple l'obéissance à leurs lois. On ne saurait trop méditer, sur ce sujet, les célèbres prescriptions que le Prince des apôtres, au milieu des persécutions, donnait aux premiers chrétiens : *Honorez tout le monde; aimez la fraternité; craignez Dieu; rendez honneur au roi* [1]. Et celles de saint Paul : *Je vous en conjure donc avant toutes choses : ayez soin qu'il se fasse au milieu de vous des obsécrations, des oraisons, des demandes, des actions de grâces, pour tous les hommes; pour les rois et pour tous ceux qui sont élevés en dignité, afin que nous menions une vie tranquille en toute piété et chasteté; car tout cela est bon et agréable devant Dieu notre Sauveur* [2].

XVII. — Cependant, il faut soigneusement le remarquer ici : quelle que soit la forme des pouvoirs civils dans une nation, on ne peut la considérer comme tellement définitive qu'elle doive demeurer immuable, fût-ce l'intention de ceux qui, à l'origine, l'ont déterminée. — Seule, l'Église de Jésus-Christ a pu conserver et conservera sûrement, jusqu'à la consommation des temps, sa forme de gouvernement. Fondée par celui qui *était,* qui *est* et qui *sera dans les siècles* [3], elle a reçu de lui, dès son origine, tout ce qu'il lui faut pour poursuivre sa mission divine à travers l'océan mobile des choses humaines. Et, loin d'avoir besoin de transformer sa constitution essentielle, elle n'a même pas le pouvoir de renoncer aux conditions de vraie liberté et de souveraine indépendance, dont la Providence l'a munie dans l'intérêt général des âmes. — Mais, quant aux sociétés purement humaines, c'est un fait gravé cent fois dans l'histoire, que le temps, ce grand transformateur de tout ici-bas, opère dans leurs institutions politiques de profonds changements. Parfois il se borne à modifier quelque chose à la forme de gouvernement établie; d'autres fois, il va jus-

1. Omnes honorate; fraternitatem diligite; Deum timete; regem honorificate. (1, *Petr.*, ii, 17.)

2. Obsecro igitur primum omnium fieri obsecrationes, orationes, postulationes, gratiarum actiones, pro omnibus hominibus : pro regibus, et omnibus qui in sublimitate sunt, ut quietam et tranquillam vitam agamus, in omni pietate et castitate : hoc enim bonum est, et acceptum coram Salvatore nostro Deo. (1, *Timoth.*, ii, 1, *seq.*)

3. Jesus Christus heri et hodie : ipse in sæcula. (*Hebr.*, xiii, 8.)

qu'à substituer, aux formes primitives, d'autres formes totalement différentes, sans en excepter le mode de transmission du pouvoir souverain.

XVIII. — Et comment viennent à se produire ces changements politiques dont Nous parlons? Ils succèdent parfois à des crises violentes, trop souvent sanglantes, au milieu desquelles les gouvernements préexistants disparaissent en fait; voilà l'anarchie qui domine; bientôt l'ordre public est bouleversé jusque dans ses fondements. Dès lors, une *nécessité sociale* s'impose à la nation; elle doit sans retard pourvoir à elle-même. Comment n'aurait-elle pas le droit et plus encore le devoir de se défendre contre un état de choses qui la trouble si profondément, et de rétablir la paix publique dans la tranquillité de l'ordre? Or cette nécessité sociale justifie la création et l'existence des nouveaux gouvernements, quelque forme qu'ils prennent; puisque, dans l'hypothèse où Nous raisonnons, ces nouveaux gouvernements sont nécessairement réquis par l'ordre public, tout ordre public étant impossible sans un gouvernement. Il suit de là que, dans de semblables conjonctures, toute la nouveauté se borne à la forme politique des pouvoirs civils ou à leur mode de transmission; elle n'affecte nullement le pouvoir considéré en lui-même. Celui-ci continue d'être immuable et digne de respect : car, envisagé dans sa nature, il est constitué et s'impose pour pourvoir au bien commun, but suprême qui donne son origine à la société humaine. En d'autres termes, dans toute hypothèse, le pouvoir civil, considéré comme tel, est de Dieu et toujours de Dieu : *Car il n'y a point de pouvoir si ce n'est de Dieu*[1].

XIX. — Par conséquent, lorsque les nouveaux gouvernements qui représentent cet immuable pouvoir sont constitués, les accepter n'est pas seulement permis, mais réclamé, voire même imposé par la nécessité du bien social qui les a faits et les maintient. D'autant plus que l'insurrection attise la haine entre citoyens, provoque les guerres civiles et peut rejeter la nation dans le chaos de l'anarchie. Et ce grand devoir de respect et de dépendance persévérera tant que les exigences du bien commun le demanderont, puisque ce bien est, après Dieu, dans la société, la loi première et dernière.

1. Non est enim potestas nisi a Deo. (*Rom.,* xiii, 1.)

XX. — Par là s'explique d'elle-même la sagesse de l'Église dans le maintien de ses relations avec les nombreux gouvernements qui se sont succédé en France en moins d'un siècle, et jamais sans produire des secousses violentes et profondes. Une telle attitude est la plus sûre et la plus salutaire ligne de conduite pour tous les Français dans leurs relations civiles avec la République, qui est le gouvernement actuel de leur nation. Loin d'eux ces dissentiments politiques qui les divisent; tous leurs efforts doivent se combiner pour conserver ou relever la grandeur morale de leur patrie.

XXI. — Mais une difficulté se présente : « Cette République, fait-on remarquer, est animée de sentiments si antichrétiens que les hommes honnêtes, et beaucoup plus les catholiques, ne pourraient consciencieusement l'accepter. » Voilà surtout ce qui a donné naissance aux dissentiments et les a aggravés. On eût évité ces regrettables divergences, si l'on avait su tenir soigneusement compte de la distinction considérable qu'il y a entre *pouvoirs constitués* et *législation*. La législation diffère à tel point des pouvoirs politiques et de leur forme que, sous le régime dont la forme est la plus excellente, la législation peut être détestable; tandis qu'à l'opposé, sous le régime dont la forme est la plus imparfaite, peut se rencontrer une excellente législation. Prouver, l'histoire à la main, cette vérité, serait chose facile; mais à quoi bon? tous en sont convaincus. Et qui mieux que l'Église est en mesure de le savoir, elle qui s'est efforcée d'entretenir des rapports habituels avec tous les régimes politiques? Certes, plus que toute autre puissance, elle saurait dire ce que lui ont souvent apporté de consolations ou de douleurs les lois des divers gouvernements qui ont successivement régi les peuples de l'empire romain jusqu'à nous.

XXII. — Si la distinction tout à l'heure établie a son importance majeure, elle a aussi sa raison manifeste : la législation est l'œuvre des hommes investis du pouvoir et qui, de fait, gouvernent la nation. D'où il résulte qu'en pratique, la qualité des lois dépend plus de la qualité de ces hommes que de la forme du pouvoir. Ces lois seront donc bonnes ou mauvaises, selon que les législateurs auront l'esprit imbu de bons ou de mauvais principes, et se laisseront diriger ou par la prudence politique ou par la passion.

XXIII. — Qu'en France, depuis plusieurs années, divers actes importants de la législation aient procédé de tendances hostiles à la religion, et par conséquent aux intérêts de la nation, c'est l'aveu de tous, malheureusement confirmé par l'évidence des faits. Nous-même, obéissant à un devoir sacré, Nous en adressâmes des plaintes vivement senties à celui qui était alors à la tête de la République. Ces tendances cependant persistèrent, le mal s'aggrava, et l'on ne saurait s'étonner que les membres de l'épiscopat français, placés par l'Esprit-Saint pour régir leurs différentes et illustres Églises, aient regardé, encore tout récemment, comme une obligation d'exprimer publiquement leur douleur, touchant la situation créée en France à la religion catholique. Pauvre France ! Dieu seul peut mesurer l'abîme de maux où elle s'enfoncerait, si cette législation, loin de s'améliorer, s'obstinait dans une telle déviation, qui aboutirait à arracher de l'esprit et du corps des Français la religion qui les a faits si grands.

XXIV. — Et voilà précisément le terrain sur lequel, tout dissentiment politique mis à part, les gens de bien doivent s'unir comme un seul homme, pour combattre, par tous les moyens légaux et honnêtes, ces abus progressifs de la législation. Le respect que l'on doit aux pouvoirs constitués ne saurait l'interdire : il ne peut emporter ni le respect, ni beaucoup moins l'obéissance sans limites à toute mesure législative quelconque, édictée par ces mêmes pouvoirs. Qu'on ne l'oublie pas, la loi est une prescription ordonnée selon la raison et promulguée, pour le bien de la communauté, par ceux qui ont reçu à cette fin le dépôt du pouvoir. En conséquence, jamais on ne peut approuver des points de législation qui soient hostiles à la religion et à Dieu ; c'est au contraire un devoir de les réprouver. C'est ce que le grand évêque d'Hippone, saint Augustin, mettait en parfaite lumière dans ce raisonnement plein d'éloquence : *Quelquefois, les puissances de la terre sont bonnes et craignent Dieu ; d'autres fois, elles ne le craignent pas. Julien était un empereur infidèle à Dieu, un apostat, un pervers, un idolâtre. Les soldats chrétiens servirent cet empereur infidèle. Mais, dès qu'il s'agissait de la cause de Jésus-Christ, ils ne reconnaissaient que celui qui est dans le ciel. Julien leur prescrivait-il d'honorer les idoles et de les encenser, ils mettaient Dieu au-dessus du prince. Mais, leur disait-il : Formez vos rangs pour marcher contre telle nation ennemie ; à l'instant ils obéissaient. Ils distinguaient le Maître éternel du maître temporel, et cependant, en vue du Maître éternel, ils se soumettaient même à un tel maître temporel* [1]. Nous le savons, l'athée, par un lamentable abus de sa raison et plus encore de sa volonté, nie ces principes. Mais, en définitive, l'athéisme est une erreur si monstrueuse, qu'elle ne pourra jamais, soit dit à l'honneur de l'humanité, y anéantir la conscience des droits de Dieu pour y substituer l'idolâtrie de l'État.

XXV. — Les principes qui doivent régler notre conduite envers Dieu et envers les gouvernements humains étant ainsi définis, aucun homme impartial ne pourra accuser les catholiques français, si, sans épargner ni fatigues ni sacrifices, ils travaillent à conserver à leur patrie ce qui est pour elle une condition de salut, ce qui résume tant de traditions glorieuses enregistrées par l'histoire, et que tout Français a le devoir de ne pas oublier.

XXVI. — Avant de terminer notre lettre, Nous voulons toucher à deux autres points connexes entre eux, et qui, se rattachant de plus près aux intérêts religieux, ont pu susciter parmi les catholiques quelque division. L'un d'eux est le *Concordat* qui, pendant tant d'années, a facilité en France l'harmonie entre le gouvernement de l'Église et celui de l'État. Sur le maintien de ce Pacte solennel et bilatéral, toujours fidèlement observé de la part du Saint-Siège, les adversaires de la religion catholique eux-mêmes ne s'accordent pas. Les plus violents voudraient son abolition, pour laisser à l'État toute liberté de molester l'Église de Jésus-Christ. D'autres, au contraire, avec plus d'astuce, veulent, ou du moins assurent vouloir la conservation du Concordat : non pas qu'ils reconnaissent à l'État le devoir de remplir envers l'Église les engagements souscrits, mais uniquement pour le faire bénéficier des concessions faites par l'Église ; comme si l'on pouvait à son gré séparer les engagements pris des concessions obtenues, alors que ces deux choses font partie substantielle d'un seul tout. Pour eux, le Concordat ne resterait donc que comme une chaîne propre à entraver la liberté de

---

1. Aliquando... potestates bonæ sunt, et timent Deum ; aliquando non timent Deum. Julianus extitit infidelis imperator, extitit apostata, iniquus, idololatra : milites christiani servierunt Imperatori infideli ; ubi veniebatur ad causam Christi, non agnoscebant nisi Illum qui in cœlis erat. Si quando volebat ut idola colerent, ut thurificarent, præponebant illi Deum : quando autem dicebat : producite aciem, ite contra illam gentem ; statim obtemperabant. Distinguebant Dominum æternum, a domino temporali ; et tamen subditi erant propter Dominum æternum, etiam domino temporali. (*Enarrat*. in Psalm., cxxiv, n. 7, fin.)

l'Église, cette liberté sainte à laquelle elle a un droit divin et inaliénable. De ces deux opinions, laquelle prévaudra ? Nous l'ignorons. Nous avons voulu seulement les rappeler, pour recommander aux catholiques de ne pas provoquer de scission sur un sujet dont il appartient au Saint-Siège de s'occuper.

XXVII. — Nous ne tiendrons pas le même langage sur l'autre point, concernant le principe de la séparation de l'État et de l'Église, ce qui équivaut à séparer la législation humaine de la législation chrétienne et divine. Nous ne voulons pas nous arrêter à démontrer ici tout ce qu'a d'absurde la théorie de cette séparation; chacun le comprendra de lui-même. Dès que l'État refuse de donner à Dieu ce qui est à Dieu, il refuse, par une conséquence nécessaire, de donner aux citoyens ce à quoi ils ont droit comme hommes ; car, qu'on le veuille ou non, les vrais droits de l'homme naissent précisément de ses devoirs envers Dieu. D'où il suit que l'État, en manquant, sous ce rapport, le but principal de son institution, aboutit en réalité à se renier lui-même et à démentir ce qui est la raison de sa propre existence. Ces vérités supérieures sont si clairement proclamées par la voix même de la raison naturelle, qu'elles s'imposent à tout homme que n'aveugle pas la violence de la passion. Les catholiques, en conséquence, ne sauraient trop se garder de soutenir une telle séparation. En effet, vouloir que l'État se sépare de l'Église, ce serait vouloir, par une conséquence logique, que l'Église fût réduite à la liberté de vivre selon le droit commun à tous les citoyens. Cette situation, il est vrai, se produit dans certains pays. C'est une manière d'être qui, si elle a ses nombreux et graves inconvénients, offre aussi quelques avantages, surtout quand le législateur, par une heureuse inconséquence, ne laisse pas que de s'inspirer des principes chrétiens; et ces avantages, bien qu'ils ne puissent justifier le faux principe de la séparation, ni autoriser à le défendre, rendent cependant digne de tolérance un état de choses qui, pratiquement, n'est pas le pire de tous.

XXVIII. — Mais en France, nation catholique par ses traditions et par la foi présente de la grande majorité de ses fils, l'Église ne doit pas être mise dans la situation précaire qu'elle subit chez d'autres peuples. Les catholiques peuvent d'autant moins préconiser la séparation qu'ils connaissent mieux les intentions des ennemis qui la désirent. Pour ces derniers, et ils le disent assez clairement, cette séparation, c'est l'indépendance entière de la législation politique envers la législation religieuse ; il y a plus, c'est l'indifférence absolue du pouvoir à l'égard des intérêts de la société chrétienne, c'est-à-dire de l'Église, et la négation même de son existence. Ils font cependant une réserve qui se formule ainsi : Dès que l'Église, utilisant les ressources que le droit commun laisse aux moindres des Français, saura, par un redoublement de son activité native, faire prospérer son œuvre, aussitôt l'État intervenant pourra et devra mettre les catholiques français hors du droit commun lui-même. Pour tout dire, en un mot, l'idéal de ces hommes serait le retour au paganisme : l'État ne reconnaît l'Église qu'au jour où il lui plaît de la persécuter.

XXIX. — Nous avons expliqué, vénérables frères, d'une manière abrégée, mais nette, sinon tous, au moins les principaux points sur lesquels les catholiques français et tous les hommes sensés doivent pratiquer l'union et la concorde, pour guérir, autant qu'il est possible encore, les maux dont la France est affligée, et pour relever même sa grandeur morale. Ces points sont : la religion et la patrie, les pouvoirs politiques et la législation, la conduite à tenir à l'égard de ces pouvoirs et à l'égard de cette législation, le Concordat, la séparation de l'État et de l'Église. Nous nourrissons l'espoir et la confiance que l'éclaircissement de ces points dissipera les préjugés de plusieurs hommes de bonne foi, facilitera la pacification des esprits, et par elle l'union parfaite de tous les catholiques, pour soutenir la grande cause du *Christ qui aime les Francs.*

XXX. — Quelle consolation pour Notre cœur de vous encourager dans cette voie et de vous contempler tous répondre docilement à notre appel ! Vous, vénérables frères, par votre autorité et avec le zèle si éclairé pour l'Église et la patrie, qui vous distingue, vous apporterez un puissant secours à cette œuvre pacificatrice. Nous aimons même à espérer que ceux qui sont au pouvoir voudront bien apprécier nos paroles, qui visent à la prospérité et au bonheur de la France.

En attendant, comme gage de notre affection paternelle, Nous donnons à vous, vénérables frères, à votre clergé, ainsi qu'à tous les catholiques de France, la bénédiction apostolique.

Donné à Rome, le 16 février de l'année 1892, de Notre Pontificat la quatorzième.

Léo PP. XIII.

ANNEXE 7.

Budget des Cultes pour l'exercice 1895.
(Loi du 16 avril 1895.)

FRANCE

CHA-PITRES.		CRÉDITS.
1.	Personnel des bureaux des cultes.	225,000 fr.
2.	Matériel des bureaux des cultes	23,000
3.	Impressions	8,000
4.	Secours et dépenses diverses	4,000
5.	Traitements des archevêques et évêques. . .	925,000
6.	Traitements des curés.	4,421,500
7.	Allocations aux vicaires généraux.	482,500
8.	Allocations aux chanoines.	491,900
9.	Allocations aux desservants et vicaires. Binage.	31,257,100
10.	Pensions et secours ecclésiastiques.	693,500
11.	Mobilier des archevêchés et évêchés.	19,000
12.	Loyers et rentes pour évêchés.	11,023
13.	Entretien des édifices diocésains	590,000
14.	Grosses réparations des édifices diocésains. .	990,000
15.	Crédits spéciaux pour diverses cathédrales. .	355,000
16.	Secours pour églises et presbytères.	1,970,000
17.	Personnel des cultes protestants.	1,280,600
18.	Indemnités et secours aux deux Églises. . .	188,000
19.	Dépenses des séminaires protestants.	26,500
20.	Personnel du culte israélite.	133,530
21.	Dépenses du séminaire israélite.	22,000
22.	Secours pour les édifices des cultes protestant et israélite	58,800
23.	Dépenses des exercices périmés non frappées de déchéance	Mémoire
24.	Dépenses des exercices clos.	Mémoire
	TOTAL.	44,175,953 fr.

ALGÉRIE

CHA-PITRES.		CRÉDITS.
1.	Traitement des archevêque et évêques . . .	35,000 fr.
2.	Allocations aux vicaires généraux.	25,200
3.	Allocations aux chanoines.	21,600
4.	Allocations aux desservants.	667,900
5.	Secours ecclésiastiques	6,500
6.	Mobilier des archevêché et évêchés	1,000
7.	Entretien des édifices diocésains.	10,000
8.	Grosses réparations des édifices diocésains. .	10,000
9.	Secours pour églises et presbytères	30,000
10.	Personnel des cultes protestants.	93,500
11.	Personnel du culte israélite	25,370
12.	Secours pour les édifices des cultes protestant et israélite.	1,200
13.	Personnel du culte musulman	222,430
14.	Matériel du culte musulman	75,000
15.	Frais de passage.	13,000
16.	Dépenses des exercices périmés non frappées de déchéance.	Mémoire
17.	Dépenses des exercices clos.	Mémoire
	Total.	1,237,700 fr.

RÉCAPITULATION

France.	44,175,953 fr.
Algérie	1,237,700
Total général du budget des cultes pour 1895.	45,413,653 fr.

TABLE DES MATIÈRES

10551. — Lib.-Imp. réunies, MAY et MOTTEROZ, Directeurs,
7, rue Saint-Benoît, Paris.